전통과 현대의 대화를 위한

동양의 지혜

전통과 현대의 대화를 위한

동양의 지혜

초판 1쇄 인쇄 2015년 2월 17일
초판 2쇄 발행 2015년 7월 7일
초판 3쇄 발행 2016년 2월 25일

지 은 이 권상우, 엄진성
펴 낸 이 신일희
펴 낸 곳 계명대학교 출판부
출판등록 제347-1998-1호(1970. 9. 1)
주 소 대구광역시 달서구 달구벌대로 1095
대표전화 053-580-6233
팩 스 053-580-6235
홈페이지 www.kmupress.com

ISBN 978-89-7585-698-3 93150 정가 15,000원

이 도서의 국립중앙도서관 출판예정도서목록(CIP)은 서지정보유통지원시스템
홈페이지(http://seoji.nl.go.kr)와 국가자료공동목록시스템(http://www.nl.go.kr/kolisnet)에서
이용하실 수 있습니다.(CIP제어번호: CIP2015005474)

전통과 현대의 대화를 위한

동양의 지혜

권상우 · 엄진성 공저

계명대학교 출판부

서 문

인문학이 대세이다. 최근 인문학은 학교뿐만 아니라 기업과 관공서 등 한국 사회 전 영역에서 중시되고 있다. 인문학의 부흥과 더불어 동양학도 부각되고 있다. 민주화와 산업화가 가속도를 냈던 1970~80년대에는 동양학은 서양학에 밀려나면서 전통에 대한 향수나 전문가의 관심거리로 간주되었을 뿐 현실에서의 실천적 기능은 찾아볼 수 없었다. 그러나 이런 상황은 최근 변하고 있다. 필자가 대중을 대상으로 한 강의에서 대중의 동양학에 대한 소양과 관심이 나날이 증대되고 있음을 경험할 수 있었다. 그러면, 최근 한국사회에서 동양학의 관심이 증대되는 이유를 어떻게 이해해야 할까?

한국사회에 근대문명이 유입되면서 겉으로 풍요로운 사회를 이룩한 것처럼 보이지만 그 안을 들어다 보면 도덕성 타락, 생태계의 파괴, 우울증, 고립감, 자괴감, 집단 간의 갈등 등 심각한 사회병리현상이 초래되고 있다. 이런 사회적 폐단이 인류전체가 직면한 문제일 수 있지만 동북아가 서구보다도 더욱 심각하다. 왜 한국을 비롯한 동북아가 더 심각한가에 관해서 생각해 볼 필요가 있다. 동북아의 근. 현대사를 보면, 우리는 서양문화를 맹목적으로 수용하면서 외계와 자신을 구별하는 자아 경계가 와해되면서, 서구 근대 문화는 맹신적으로 수용하고 동양 전통 문화는 부정해 왔다. 이런 역사로 인해 동북아가 서구보다 더 심각한 문제를 안고 있다. 그래서 이제는 서구 근대 문화 자체에 대한 반성도 중요하지만 그 문화를 받아들인 수용주체인 '우리'에 대해 반성해 볼 필요가 있다. 이제까지 외부로 향하던 마음을 자신에게 되돌리는 회광반조(廻光反照)의 자세가 반영되어진 것이 아닐까 싶다.

동양학은 한국인의 정서에 부합하는 가치관과 바람직한 인간상을 제시하고 있을 뿐만 아니라 현대사회의 문제를 해결할 수 있는 사상적 자원을 지니고 있다. 그래서 이런 자원을 활용해 동북아의 문화폐단을 어떻게 치유할 것인가에 대해서 생각해 보아야 한다. 물론 동양학이 모든 문제를 해소할 수 있다고는 생각하지 않는다. 하지만 최소한 현대적인 문제를 해소할 수 있는 실마리는 찾을 수 있지 않을까 하고 생각한다. 그러나 이를 위해서는 전통의 동양학에 대한 이해만으로는 부족하다. 동양학이 현대사회에 호응하기 위해서는 무엇보다도 '동양학에 어떻게 접근해야 하는가?' 라는 방법론적인 물음이 선행되어야 한다. 기존의 동양학 연구는 현실에서 벗어난 고증학이나 공허한 이론 담론에만 치우친 경향이 없지 않다. 동양철학 전문가는 관련 지식을 생산하고 전달하는 역할을 충실히 수행하고는 있지만, 대중과는 적지 않은 간격이 존재한다. 필자는 최근 동양학 연구 경향을 중국 명청(明淸)시기 이이곡(李二曲)의 언급을 통해 평가해 볼 수 있다. 이이곡은 당시의 고증 위주의 학문을 비판하면서 다음과 같이 말하였다.

> 유학의 밝고 어두움은 사풍의 성쇠와 같은 것과 관련이 있을 뿐만 아니라 실은 일반 백성의 고통문제나 세상의 막히고 태평한 운행과 관계가 있다. 유학이 밝으면 선비가 배우려고 하는 것은 명체실용(明體實用)의 학이다. 그러면 바른 일로 머물러 있어도 지킴이 있고 벼슬에 나아가서도 하는 바가 있게 되어 백성들이 그 혜택과 구제를 입을 수 있으니, 세상의 운행이 어찌 태평하지 않을 수가 있겠는가? 유학이 어두우면 선비들이 힘쓰는 것은 사장이나 기송이라는 지엽적인 것으로 머물러 있어도 지킴이 없고 벼슬에 나아가서도 하는 바가 없어서 백성들이 조금도 기댈 바가 없으니 세상의 운행이 어찌 막히지 않는 바가 있겠는가?

이이곡은 유학을 백성의 고통문제나 현실적 문제에 직접적으로 호응하는 학문으로 보고 있다. 유학함은 단지 사장이나 기송의 지엽적인 공부에만 천착하지 않고 백성들의 고통과 사회 구성원 간의 소통에 관심을 가져야 한다. 그래서 이이곡은 진정한 유학은 바로 기송이나 사장과 같은 지엽적인 연구에 종사하는 유학자를 '가유(假儒)'라고 하면서 현실문제에 관심을 가진 유학자를 바로 '진유(眞儒)'라고 하고 있다. 그리고 유학은 본질을 파악하고(明體) 그 본질을 현실에서 운영하는데(實用) 있다고 본다. 이는 유학뿐만 아니라 도가. 동북아 불교 모두가 그렇다. 그래서 동양철학 연구는 무엇보다 오늘날 우리가 살아가고 있는 현실에 대한 반성에서 시작해야 한다. 즉, 동양학은 무엇보다도 현대사회의 특수한 정서와 상황에 대해 충분한 고려가 있어야 한다. 만약 이러한 상황에 대한 충분한 이해가 없다면 동양학 연구는 단지 지식전달 차원에서 벗어날 수 없다. 동양철학은 결코 지식의 학문이 아니라 인간의 문제와 인생의 의미를 되돌아보고 바람직한 삶을 살아갈 수 있는 방향을 제시해 주는 지혜의 학문이다.

전통 지식인은 전통과 현대의 대화를 위한 방법론을 지니고 있었다. 그들은 전통을 통해서 현대를 해석하고 현대의 관점에서 전통을 되돌아보는 전통과 현대의 상호 해석 과정을 통해 학문함을 하였다. 이러한 과정에서 선진유학(先秦儒學), 한대유학(漢代儒學), 현학(玄學), 성리학(性理學), 심학(心學) 등이 등장하였고, 또한 천태종(天台宗), 화엄종(華嚴宗), 선종(禪宗) 등 불교의 다양한 종파가 출현하였다. 오늘날 우리가 필요한 지혜는 무엇보다도 동양 선현들의 학문방법이 아닐까? 현실의 입장에서 전통철학에 접근하면서 고증학의 폐단에 벗어날 수 있고, 전통철학에서 현대를 해석하면서 주관주의적 해석을 경계할 수 있지 않을까 싶다. 전통과 현대의 대화에서 전통은 '공자의 전통'이나 '주자의 전통'이 아니라 바로 '오늘날의 전통'이며, 현대는 바로 '전통의 현대'임을 알아야 한다. 그래서 동양철학의 정수를 오늘의 관점에서 재해석할 수 있어야 하고, 현대사회에 어떻게 운영될 수 있는지에 대해 살펴보아야 한다.

동양의 지혜는 단절과 대립을 지양하고 소통과 융합의 지혜를 추구한다. 그러나 이러한 동양사상의 소통의 지혜가 현대사회에서 의미를 지니기 위해서는 현대사회에 적용될 수 있는 응용능력과 구체적인 문제를 해결할 수 있는 실천능력이 중요하다. 그래서 동양학에 대한 이론 습득과 이에 근거한 응용능력, 실천능력을 계발할 수 있는 연구가 수행되어야 한다. 이럴 때 동양학은 박물관이나 도서관의 학문이 아니라 삶의 현장에서 살아 있는 동양학으로 거듭날 수 있으리라 생각된다. 그래서 동양사상의 지혜에 대한 이해, 현대사회에서의 동향 그리고 현대사회에서 어떻게 운용될 수 있는지를 생각해 볼 필요가 있다. 그래서 본서에서는 두 단계로 구분해 생각해 보고자 한다.

1부에서는 동양 전통사회에서 주류사상인 유가, 도가, 불교사상. 그리고 단군신화를 현대적인 관점에서 해석해 보았다. 동양철학의 공통된 기반은 개인을 독립적인 존재로 설정하지 않고 타자와의 소통에서 그 존재의미를 해석하고 있다는 것이다. 이는 유가의 '예악문화', '음양론', '불교의 연기설', '도가의 이해', 단군신화의 융합성 등을 중심으로 생각해 보고자 한다. 그리고 이러한 동양사상이 현대사회에서 어떠한 학술적 의미를 지닐 수 있는지를 논의 해보고자 한다.

2부에서는 동양사상의 지혜가 현대 한국사회에서 어떻게 운영될 수 있는지를 생각해 보았다. 동양철학의 특징은 이론과 실천의 합일에서 찾을 수 있다. 이런 목적으로 동양에서의 진리는 지식론의 차원에 머무를 수 없으면 반드시 현실 속에서 어떻게 운용될 수 있는지를 중심으로 논의해 보고자 한다. 그래서 유가의 경영, 심리치료 도가의 리더십, 불교의 현대사회에서 실천 운동을 소개하고, 한민족의 정신인 풍류가 어떻게 한류로 연결될 수 있는지를 생각해 보고자 한다.

이 책은 동양철학을 어떻게 해야 하는가 하는 필자들이 고심한 흔적일 뿐 전문서적은 아니다. 이 책을 통해 동양철학의 학문방법에 관해서 학자와 대중들이 함께 대화하고 생각해 볼 수 있는 기회가 될 수 있기를 바란다.

목차

1부_ 동양철학의 지혜

2부_ 동양철학과 현대사회

1부

동양철학의 지혜

1부

동양철학의 지혜

1장

동양적 지혜의 특징

독일의 현대철학자인 칼 야스퍼스(Karl Jaspers, 1883-1969)는 『역사의 기원과 목표』에서 서양, 인도, 동양문명의 발전과정을 이야기하면서, 인류문명은 모두 B.C 800~200년에 거의 동시적으로 발생하였다고 주장한다. 야스퍼스가 언급한 바와 같이 세계문명은 거의 동시대에 서양문명은 로고스(Logos, 이성. 언어)를, 인도는 열반(nirvana, 욕망을 소멸시킴)을 중심으로 발전한 반면에, 동양문명은 도(道, 길)를 중심으로 발전하였다고 본다. 야스퍼스가 말한 세 문명의 차이성은 근원적으로는 자연 및 사회적 환경의 차이에 기인한다. 야스퍼스의 주장대로 동양의 주류사상인 유가. 도가. 불교는 추구하는 인생의 목적과 의미는 서로 다르다고 하더라도 모두 道를 중심으로 전개되었다는 점에 있어서는 동일하다. 道는 바로 인간이 가야 할 길, 또는 자연의 변화과정을 이야기한다. 그러면 동양철학에서 道는 어떤 특징을 가지고 있는가?

1. 관계적 존재방식

인간은 스스로 존재할 수 있는가? 아리스토텔레스는 개인이야말로 진정한 실체라고 말한 적이 있다. 세계에는 사물이 복잡하게 얽혀 존재하는 것처럼 보이지만 그 세계는 단지 개체들이 모여서 존재할 수 밖에 없다. 그래서 아리스토텔레스는 개체를 실체로 보았다. 이는 사회에 대한 이해에서도 마찬가지이다. 서양에서는 사회는 궁극적인 존재인 개체가 있기 때문에 형성될 수 있다고 본다. 그래서 사회는 없어도 개인은 존재할 수밖에 없다. 서양에서 개인은 스스로 생각하고 판단하고 또 행위하는 존재인 것처럼 보이지만 현실에서는 결코 그렇지 않다. 인간은 자신이 처한 환경에서 타인과 더불어 살아갈 수밖에 없는 존재이다. 그렇다고 동양에서 인간이 환경과 타인의 구속을 받고 살아간다는 것을 의미하는 것은 아니다.

유가 문화권에서는 한 개인의 자아동일성을 타인으로부터 분리시키거나 배제시키면서 확립하지 않고, 오히려 자신과 주변 존재들과의 끊임없는 관계 속에서 자신의 의미와 행위를 결정하였다. 타인과 분리되어진 고유한 '나'는 존재할 수 없다. 이는 유학에서 강조하는 오륜(五倫)에서도 알 수 있다. 즉, 군주와 신하, 부모와 자식, 아내와 남편, 선배와 후배 그리고 친구 간의 관계를 통해서 자신을 드러낸다. 다시말해 '신하의 군주로서의 나', '자식에게 부모로서의 나', '아내의 남편으로서의 나', '후배의 선배로서의 나', '친구의 친구로서의 나'로써 존재한다. 이와 같이 유가에서는 관계망에서만 내가 존재할 수 있다고 본다. 그래서 '관계적 삶의 방식'은 개인이 독립체로 존재할 수 없으며 반드시 타인과의 적절한 관계를 통해 존재 의미와 가치를 부여하는 삶의 방식이다. 홀로 있을 때 의미 있는 존재가 될 수는 없다. 다른 존재와의 관계 속에서 그 의미가 주어진다. 그래서 유가에서 개인은 관계망을 통해 사회 안에서의 존재이기 때문에 외부적인 요소(사회)에 영향을 받지 않을 수 없게 된다. 이와 같이 나를 주변인에게서 분리시킨 추상적 개체는 결코 존재할 수 없다. 그리고 동양철학에서는 인간관계 뿐만 아니라 자연의 관계 속에서 개체를 설정하기도 한다. 특히 도가철학에서 분명하게 드러난다.

도가철학에서는 인간과 자연의 관계를 다루고 있다. 인간은 자연에서 살아가는 한 존재이다. 그래서 인간은 자연을 초월해 있는 불변하고 절대적인 지위를 지닌 존재가 결코 아니다. 인간은 자연과의 관계에서 여러 사물 중에 하나의 존재이며, 다른 존재와의 관계를 통해서 존재해야 함을 말한다. 노자는 다음과 같이 말한다. [노자] 42장에서 “만물은 음을 지고 양을 품는다. 이 음양의 두 기운이 혼연일체가 된 충화의 기운에 따라 조화를 이룬다.”[1)]고 한 바와 같다. 만물은 스스로 음양을 내포하고 있다는 것이다. 이는 마치 남성과 여성이 각자의 고유성을 지니면서도 조화를 이루는 방식으로 만물이 생성 존재한다고 본다. 노자는 음과 양의 분별이 일어나기 이전에는 만물이 조화를 이루면서 존재한다고 본다. 하지만 개체 사물 간에 또한 [노자] 2장에서, 고하, 장단 등의 일체 모든 것이 상대적이라고 했던 것과도 통하는 변증법적 존재방식이다.

> 하늘 아래 사람들은 모두 아름다운 것이 아름답다고 알고 있다.
> 그런데 그것은 추한 것이다.
> 하늘 아래 사람들이 모두 선한 것이 선하다고만 알고 있다
> 그런데 그것은 선하지 않은 것이다.
>
> 그러므로 있음과 없음은 서로 생하고
> 어려움과 쉬움은 서로 이루며
> 김과 짧음은 서로 겨루며
> 높음과 낮음은 서로 기울며

---

1) 도덕경 42, 萬物負陰而陽, 沖氣以爲和

노래와 소리는 서로 어울리며
앞과 뒤는 서로 따른다.
그러하므로 성인은 함이 없이 일에 처하고
말이 없음의 가르침을 행한다.
만물은 스스로 자라나는데

성인은 내가 그를 자라게 한다고 간섭함이 없고
잘 생성시키면서도 그것을 소유하지 않는다.
공을 이루어져도 그 공의 대가를 챙기지 않는다.
대저 오로지 그 속에 살지 아니하니 영원히 살리로다.[2)]

위의 내용은 모든 사물과 가치는 상관적 관계에서 파악해야 함을 말하고 있다. 있음은 그 자체로서 존재할 수 없고 없음을 통해서 이루어지며, 높음은 바로 낮음에서 이루어지며, 앞은 뒤가 있기 때문에 존재한다고 본다. 이를 도가에서는 '만물제동(萬物諸同)'이라 한다.(天均, 天和) '만물제동'은 만물이 똑같다는 단순한 동일성을 의미하는 것이 아니라, 만물이 서로 다르지만 그 다름의 차이가 서로 차별의 법칙으로 연쇄 관계를 이루면서 서로 간에 접목되고 상감되고 있는 것이다. 장자는 도의 상태를 인간 의식이 형성되기 이전의 자연의 상태로 보고 있다. 이러한 본연의 상태는 바로 주체와 타자, 주관과 객관이 분리되기 이전의 유기적인 상태로 이해하고 있다.

불교의 연기설에서도 관계적 존재방식을 말한다. 부처의 깨달음은 언어로서 표현할 수 없지만, 그럼에도 불구하고 그것을 언어로 나타내면 '연기에 대한 자각'으로 이야기 할 수 있다고 본다. 부처의 자각이란 '사

---

2) 『도덕경』. 2장. 天下皆知美之爲美, 斯惡已, 皆知善之爲善, 斯不善已, 故有無相生, 難易相成, 長短相較, 高下相傾, 音聲相和, 前後相隨, 是以聖人處無爲之事, 行不言之教, 萬物作焉而不辭, 生而不有, 爲而不恃, 功成而弗居, 夫唯弗居, 是以不去.

물이 자성으로 존재한다'는 실체론적 인식에서, '모든 사물들이 연기에 구성되어 있다'는 관계론적 사유로의 전환을 말한다. (석가왈:"연기를 보면 법을 안다") 『잡아함경(雜阿含經)』에서 다음과 같이 기록되어 있다.

> 이것이 있으므로 저것이 있고,
> 이것이 생하므로 저것이 생한다.
> 이것이 없으므로 저것이 없고,
> 이것이 멸하므로 저것이 멸한다.

불교에서는 이것과 저것의 상관성을 연기로 설명한다. 현상 세계는 어떠한 기본실재에 근거하고 있는 것이 아니라 현상들 상호 간의 상호 인과의 의존 관계를 통해 존재한다고 본다. 혼자서는 결코 서 있지 못하는 볏짚도 여러 개가 서로 기대어 놓으면 설 수 있는 것과 같다. 그 힘없는 볏짚을 서게 하는 단단한 기둥이 따로 있기 때문이 아니라 볏짚들 서로가 인이 되고 과가 되어 서로를 받쳐 주고 있기 때문이다. 이처럼 모든 현상은 상호연관 관계 안에 있으며, 그 관계를 통해 각각의 개체가 자기 자리와 자기 정체성을 부여받게 되는 것이다. 이런 존재방식을 '관계적 존재방식'으로 볼 수 있다.

'관계적 존재'의 반대는 '실체적 존재'이다. '실체적 존재'는 "다른 사물에 앞서서 존재하면서도 다른 것에 의존하지 않고, 독립적으로 존재하는 것"으로 정의되며, 서양철학에서 이성, 기독교의 하나님이 여기에 해당된다. 그리고 이외의 제 1원인을 실체로 보았다. 그래서 서양에서는 이성과 물질, 신과 인간, 개인과 전체 가운데 어느 것을 근본적으로 보는가에 따라 다양한 입장이 제시되기도 한다. 어떠한 입장을 취하든간에 이러한 존재방식은 모두 실체적 존재방식이다. 이에 반해 동양철학에서의 관계적 존재는 "자신의 존재 근거를 자신에게서 찾는 것이 아니라 타자와의 관계선상에서 찾는 것"을 말한다. 예를 들면 악어새가 존재할 수 있는 것은 악어가 존재하기 때문이며, 반대로 악어가 존재할 수 있는 것은 악어새가 존재하기 때문이다. 또 밤이 있는 것은 낮이 있기 때문이며, 낮이 있는 것은 밤이 있기 때문이다. 이와 같이 모든 사물은 그 자체로서 존재할 수 있는 것이 아니라 다른 것들과 의존관계에 의해 존재한다는 것이다. 이런 존재방식에 대해 불교의 한 종파인 화엄종은 "종이 한 장을 통해서 세계를 본다."고 한다. 즉, 종이 한 장은 세계에 존재하는 모든 사물과 관련성에 의거해서 존재하기 때문에 종이 한 장을 통해서 세계를 통찰 수 있다는 의미이다.

2. 상호주체성

인간은 우주와 인생의 문제를 해결하기 위해 주체에 대한 이해가 있어야 한다. 주체 개념은 일반적으로 서양 근대 철학에서 중시될 철학적 범주이다. 서양철학이 인간이 자연 세계를 인식하고 실천할 수 있는 주체에 대한 탐구는 서양 철학에서 뿐만 아니라 동양철학에서도 중시되어 왔다. 동양철학에서 존재방식은 인간 개인은 주위환경과의 의존관계에 의해서 존재한다. 하지만 개인이 주위 환경이나 타자에 의해서 구속받으면서 살아가는 존재는 아니다. 맹자는 인간의 주체(심)에 의해서 인간 본성을 이해하고 나아가 세계만물도 알 수 있다고 하였다. 그리고 「중용」과 「주역」에서도 인간이 자연의 화육에 참여해 경영할 수 있는 주체로서 중시한다. 그러나 동양철학에서 주체성은 주체와 객체를 분리하고 대립시키는 서구 근대의 주체 개념과는 다른 특징을 지닌다. 동양철학에서 주체는 기본적으로 주체와 객체, 인간과 자연의 소통을 전제로 한다. 동양철학에서 객관적인 원칙은 주체 자신 속에 이미 내재해 있으며, 주체와 객체, 인간과 자연의 소통은 주체의 의식과 실천을 통해 실현된다. 인간의 주체성은 인간이 만물의 주재일 뿐만 아니라 천지의 사업에 직접 참여하는 존재이기 때문이다. 인간은 우주의 중심으로서 "천지를 위해 마음을 세울 수 있다"고 하였다. 인간의 주체성을 드러내면서도 주관성을 강조하지 않는다는 특징을 지닌다.

유가의 관계 주체는 타자와의 관계를 통해 자신의 안으로 세계를 포섭하기도 한다. 관계 주체는 주변의 모든 존재와 끊임없이 관계를 맺기 위해서 자신에게 특정한 형태를 부여하지 않는다. 그래서 공자는 "군자는 일정한 용도로 쓰이는 그릇과 같은 것이 아니다."[3] 고 하였다. 이는 군자는 특정한 대상에 제한적으로 관계를 맺을 수 있는 존재가 아님을 말하고 있다. 관계 주체가 특정한 형태만을 고집한다면 결국 자신의 그릇에 담을 수 있는 존재와 관계를 맺을 뿐 그 이외의 존재에 대해서는 관계의 창을 닫아 버리기 때문이다. 이를 극복하기 위해서는 수신(修身)을 통해 편향성에서 벗어나 모든 존재와 관계를 맺을 수 있어야 한다. 이와 같을 때 관계 주체는 타인의 차이성에 따라 다양한 형태로 드러나게 된다. 이런 형태를 『중용』[4]에서는 다음과 같이 표현하고 있다.

> 중심(中)과 조화를 잘 이루게 하면 천지가 제자리를 잡고, 만물이 그곳에서 생육될 것이다.[5]

> 중심(中)은 천하의 커다란 근본이요, 조화는 천하 어디든지 통달할 수 있는 길이다.[6]

---

3) 『論語』, 「爲政」, 君子不器

4) 『中庸』은 원래 『예기』의 한 편이였지만 남송 주희가 이편을 따로 떼어 내어 단행본이 되었다. 그래서 『중용』의 본질적인 의미는 주희 「중용장구」에 제한 되어서는 이해될 수 없으며, 반드시 『예기』 테스트 전체와 관련성 속에서 파악 되어져야 한다.

5) 『中庸』, 致中和, 天地位焉 萬物育焉

6) 『中庸』, 中也者, 天下之大本也. 和也者, 天下之達道也

위에서 '中'은 주자의 주석에 따르면 어느 하나의 형태로 치우치거나 기울어지지 않는 것인데, 이를 주자는 '무정체(無定體)'라고 하였다. 그리고 和는 관계 주체가 타인과 적절하게 서로 상응(관계)함으로써 이루어지는 것이다. 이와 같이 유가의 삶의 방식은 결코 폐쇄된 체계가 아니라 세계와의 관계 맺음을 통해 끊임없이 자신을 창조해나가는 '관계의 중심', 이며 '세계의 중심'이다. 이 '관계의 주체'는 밖의 모든 존재와 관계를 맺으면서 대상의 차이에 따라 다양한 형태로 드러난다는 측면에서 볼 때 '내 마음 안에 세계를 갖추고 있다'[7]라고 한 맹자의 발언이나 '만물과 내가 한 몸이 되는 것이 바로 인(仁)이다'[8]라고 한 정명도의 발언도 결코 과장된 표현만은 아니다. 이 때 사회(세계)는 바로 나에 의해서 존재하게 된다.

그러나 현실적인 인간은 타인과의 바람직한 관계를 맺지 못한다. 이는 바로 도덕주체의 상실에서 찾아 볼 수 있다. 인간의 자아는 원래 만물과 소통할 수 있는 능력을 지니고 있지만(公), 이기적 자아(私)가 소통본성을 가로막으면서 기질이 주체가 되어 외부대상에 응하면서 각종 명예와 권력 등 사회가 만들어 놓은 온갖 유혹에 빠지게 되면서 마음이 혼란하게 된다고 본다.[9] 인간이 도덕적 본성을 실현할 때 내적인 즐거움을 얻을 수 있지만, 그렇지 못할 경우에는 인간의 마음은 감각적인 즐거움을 추구하면서 외부대상에 집착하게 된다. 그래서 유학에서는 인간의 마음이 무엇에 근거해서 작용하는가에 따라서 도덕적 마음과 욕망적인 마음으로 구분한다. 이러한 두 유형의 마음을 道心과 人心으로 구분하고 있다. 심의 지각이 도의에 부합하면 道心이고, 개인의 욕구에 따

7) 『孟子』, 「盡心上」, 萬物皆備於我

8) 『二程集』, 萬物一體爲仁

9) 『맹자』, 「고자상」, 旣得人爵, 而其棄天爵 則惑之甚者也, 終亦必亡而已矣

르면 人心이 된다. 그래서 道心은 인의예지에 근거한 마음, 즉 관계대상의 차이성을 존중하면서도 사랑으로 대하는 마음이라면, 인심은 관계대상을 자신의 이익과 욕망을 실현하는 수단으로 대하는 마음이다. 그래서 유학에서는 인심이 위태로운 것이라면 도심은 실현하기가 어렵다고 보고 있다.[10] 자아가 개체의 욕망을 충족하고자 하는 마음을 지닐 경우에는 타인의 자율성과 고유성은 부정되어지면서 타인을 도구적인 대상으로 보게 된다. 이럴 때 유가에서는 내면적인 부끄러움을 느끼게 되고 이럴 경우에 마음의 병이 발생한다고 본다.[11] 이 때 대부분 사람들은 부끄러움을 느끼지만, 이를 회복하지 못하면 소통적 자아는 쭈그려지게(餒) 되고, 결국에는 소통적 자아를 포기하거나(自暴) 버리게 되면서(自棄) 고립된 존재로 전락할 수 있다고 본다.

도가철학에서도 소통주체를 강조한다. 장자는 사물 간의 융합되어진 상태를 道로 파악하고, 그 상태를 인간 의식 이전의 자연으로 이해한다. 이러한 자연 상태는 주체와 타자, 주관과 객관이 분리되기 이전의 소통적인 상태이다. 그러나 장자가 말한 소통적 상태는 모든 사물이 상관성을 전제로 하는 상태이다. 장자철학의 목적은 그가 살았던 당시 인간과 인간 간의 불통, 학술 간의 불통의 상태를 소통시키고자 함에 있다. 장자는 소통적 상태를 본연적 상태로 인식하면서도 왜 현실적인 인간은 소통이 되지 못하고서 고립적인 자아로 전락한다고 보았는가? 장자는 인간이 이러한 물에 구속되어 주체성을 상실한 채 그리고 자유스럽지 못한 상태에서 살아간다고 보았다. 이런 상대적 인식이 생기는 원인을 장자는 사람들이 각자의 성심(成心)에 의해 생긴 것으로 보고, 成心(상대적 자아)을 제거하고 주관과 객관의 분리가 없는 자아를 깨달

10) 『중용』, 如人心惟危, 道心惟微, 都是心

11) 『河南程氏 遺書』, 有人胸中, 常若有兩人焉. 爲欲善, 如有惡以爲之間. 欲爲不善, 又若有羞惡之心者, 本無二人. 此正交戰之險也

을 때 개체는 어느 상황에도 구애받지 않고 자유자재할 수 있다고 보았다. 장자는 현실적인 인간의 분별력 때문에 주체와 객체가 분리된다고 보면서, 분별 이전의 자연적인 상태로 회복해야 한다고 본다. 장자는 이러한 자아의 존재론을 허의 상태로 표현하기도 한다. 즉 비어있음의 존재로 말한다. 그러나 이러한 비어있음은 절대적 무가 아니라 타자와 소통할 수 있는 존재이다. 즉, 무이지만 유일 수 있는 존재, 즉 유와 무 그리고 신체와 정신이 하나가 되는 존재라고 할 수 있다. 즉 나의 유한성을 가지면서도 세계의 모든 사물과 소통할 수 있는 주체로서의 존재가 되는 것이다. 장자는 이러한 존재는 앞에서 말한 바와 같이 대상세계와 개념, 그리고 언어의 세계에 의해서 드러나지 못한 것으로 본다. 그래서 이러한 존재가 될 수 있는 것은 바로 모든 언어의 세계를 넘어설 수 있을 때 가능하게 된다고 본다.

불교 또한 연기의 주체를 회복해야 한다고 본다. 자아와 타자의 상즉의 전제조건은 바로 주체(또한 타자)가 자신을 실체화하여 타자(주체)를 환원해서 이루어지는 것이 아니라 한편으로 자신의 유한성을 지각하고, 또 다른 한편으로 타자의 장단점을 인식하는 가운데에 서로의 부족한 점을 보충하고자 한 것이다. 법장은 "자아가 온전히 작용력을 가진 까닭에 능히 타자를 받아들이며, 타자가 전혀 작용이 없는 까닭에 능히 주체에 들게 한다"[12]고 설명한다. 주체와 타자가 지니고 있는 고유한 성향을 주고 받으면서 자신으로 하여금 관계 전체로 나아가게 해 주는 것이다. 이와 같이 양자가 작용을 주고 받는다는 것은 바로 '상입(相入)'이 되고, 양자가 관계맺음을 가진다는 것은 바로 '상즉(相卽)'이 된다. 그래서 상즉과 상입은 결코 분리되는 것이 아니다.

동양철학은 몸으로 실천하기를 강조하고 그것을 근본 종지로 삼는다. 성인이나 현인 같은 이상 인격을 실현하는 것을 현실적인 목표로 삼는

12) 같은 책, 같은 곳, "自有全力故, 所以能攝他, 他全無力故, 所以能入首."

다. 이러한 목표를 성취하는 데 인생의 근본적인 목적과 인생의 의미가 있다고 여긴다. 그런데 성인이나 현인이 된다는 것은 인식의 문제가 아니라 실천의 문제이다. 몸으로 실천하기는 이상 인격을 완성하는 근본적인 방법이다. 유가가 자신의 학문을 성인지학이라고 부르는 것은 유학이 어떻게 성인이 되어야 하는가를 말한 학문임을 나타낸다. 성인이 된다는 것은 근본적으로 실천의 문제이기에 그들은 자신들의 학문을 몸으로 실천하는 학문이라 부르기도 한다. 유학에서는 본래 자아, 즉 소통 자아를 회복하기 위한 공부가 필요하다. 이러한 공부방법에는 육예(六藝) 등의 실천공부와 경(敬)과 같은 명상공부가 강조되어진다. 이러한 공부는 모두 몸으로 실천하기를 통해서 자아를 확립하는 것을 근본종지로 삼는다. 그래서 공자는 육예(六藝)를 가르친 바 있다. 육예란 예, 음악, 활쏘기, 말타기, 글쓰기, 셈하기의 여섯 가지로서, 모두가 학습해야 하는 것이다. 육예는 인문지식으로서, 이전 사람들이 쌓아놓은 것이다. 유가에서 더욱 중요한 것은 바로 진정으로 지식을 파악하고 자기의 진지로 변화시키기 위해서는 배우고서 때때로 익히는 공부가 필요하다. 새가 나는 법을 익힐 때 반복적으로 연습해야 하듯이 익힘은 반복해서 연습하고 반복해서 실천해야 하는 것으로 본다. 도가가 자신들의 학문을 도덕지학이라 부르는 것은 어떻게 득도해야만 성인. 진인. 신인이 될 수 있는가에 대해 말한 학문임을 나타낸다. 득도는 근본적으로 일종의 실천의 문제인데 자신들의 학문을 도를 깨닫는 학문 또는 도를 실천하는 학문이라 부르기도 한다. 도교는 선인지학이라고 일컬어진다. 곧 어떻게 수련하여 선인이 되어야 하는가를 말한 것이다. 불가는 그들의 이론을 내학이라고 불렀는데, 실제로는 안으로 성스런 지혜를 증득하는가? 즉 부처가 되기 위해서는 어떻게 수행해야 하는가의 문제에 대해 말한 것이다. 모두 실천을 근본 특징으로 하고 실천을 최후의 목표로 여긴다. 곧 주체의 실천에 호소하여 주체를 완성하려고 한다.

3. 자연과 인간의 합일의 도

인간과 자연의 관계를 어떻게 규정하는가 하는 문제는 결국 어떤 태도로 자연을 이해하는가 하는 문제와 동일하다. 유가와 도가에서는 인간과 자연의 합일된 형태를 도로 파악한다. 그런데 도는 천도(天道)와 인도(人道)로 구분된다. 천도는 자연의 법칙을 의미한다면, 인도는 인간이 마땅히 지켜야 할 도리를 말한다. 동양철학에서는 人道와 天道를 어떻게 유기적으로 결합하여 하나의 완전한 이론체계를 구축하는가를 학문의 궁극적인 목적으로 보았다. 人道는 자연 속의 다른 존재와는 달리 주체적이고 능동적인 존재라는 점을 강조하지만, 天道는 人道와는 달리 무심하고 냉철한 객관적 자연법칙을 탐색해야 할 대상으로 삼고 있다. 과연 이 양자가 하나의 이론체계로 구성될 수 있는가 하는 문제는 인문학과 자연학이 어떻게 하나로 통섭될 수 있는가? 하는 것과 유사한 문제이다. 과연 인문학과 자연학이 탐구범위와 내용상에 있어서 서로 이질적임에도 불구하고 하나의 이론체계로 결합될 수 있는가?

전통 철학자 가운데 소수만이 천도와 인도의 구분을 주장할 뿐, 대부분의 학파에서는 천도와 인도의 합일을 주장한다. 이러한 동양철학의 특징은 서양 근대철학과는 다르다. 서양과 같이 인간의 인지 이성을 발전시켜 지식을 구하거나 자연계를 개조하여 물질적인 이익을 획득하는데 있지 않고, 실천이성을 발전시켜 이상적인 목적을 실현하는데 있음을 그리고 자연계와 일치를 보존하여 정신적인 평형을 얻는 데 있음을 보여준다. 그래서 동양철학에서 인간은 자연과 합일되어져야 할 대상으로 파악한다. 이와 같이 했더라도 인간과 자연의 차이가 없다고 말하는 것은 아니다. 동양철학에서도 자연과 인간을 분명히 구별한다. 하지만 양자가 연결될 수밖에 없음을 언급한다. 결론적으로 동양철학에서 강조점은 자연 대상을 관찰하여 객관적 지식을 확보하는 것에 있는 것이 아니라 인간의 의미를 찾는데 있다.

동양철학에서는 시작부터 인간을 중심 위치에 놓았고, 많은 철학적 문제들을 인간을 중심으로 전개하였다. 철학적 사유의 핵심은 자연계가 어떻게 존재하고, 그 자연계를 어떻게 인식하느냐고 하는 인식의 문제가 아니라 인생의 의의에 관한 문제, 즉 인간의 존재 본질 가치의 문제에 있었다. 이러한 사유 방식에서 인간과 자연계는 대립적인 것이 아니라 내재적으로 통일된 것이다. 사유의 주체도 자연계를 향해 있거나 자연계를 인식하고 정복하는 것을 목적으로 삼지 않았다.

동양철학은 인간이 어떻게 살아가야 하는가의 지침을 밖으로는 객관적 자연의 법칙에서 찾고, 안으로는 인간이 가지고 있는 본성에서 찾는다. 그러나 자연의 법칙과 인간 본성의 규칙이 결코 다른 것은 아니다. 인간도 자연의 일부분이기 때문에 자연과 동일한 규칙을 본성으로 삼는다. 그래서 동양철학의 범위는 현상세계를 넘어서 있는 이성이나 초월적인 신을 대상으로 하지 않고, 인간이 살아가고 있는 생활세계를 그 범위로 하고, 그 안에 관통하고 있는 보편법칙을 그 내용으로 한다. 즉 자연과 인간, 그리고 사회는 구체적으로 표현되는 형태는 각각 다를지라도 그 법칙은 모두 동일한 법칙을 가지고 있다는 것이다. 그러나 이런 법칙은 결코 심오한 내용이 아니라 일반인이 구체적 생활에서 이미 사용하고 있는 내용이다. 하지만 일반인은 그 법칙을 분명하게 인식하지 못하고 단지 맹목적으로 사용할 뿐이라면, 철학자는 그 법칙을 이론화하여 구체적인 상황에 합리적으로 대응할 수 있게 함을 자신의 사명으로 삼는다.

유가는 하늘을 형이상의 우주 본체인 동시에 인간의 도덕본체로 설명한다. 그러하여 우주본체론은 인간본체론으로 변화되었다. 그 결과 천도는 인성으로서 인간에게 내재하는 것이지 인간 바깥에 있는 것은 아니다. 동양철학에서 하늘 또는 천도는 형이상학적인 의미를 가진다. 하늘을 명한 것을 본성이라 한다. 천지가 유행하여 만물을 생하고, 만물은하늘의 선(善)을 계승하여 본성을 이룬다. 일반적으로 천도는 자연계의 형이상의 도를 가리키며, 우주본체론이라 할 수 있다. 그러나 천도는 인간의 본성으로 실현될 때에만 참된 의미를 지닌다. 성명(性命)이란 천도가 인간에게 명령하고 인간이 그것을 받아서 본성으로 삼는 것이다. 천도는 최종적으로는 인성에 의지하여 실현된다. 따라서 인성이 없다면 천명도 없고 천도도 그 존재 의미를 잃어버리게 된다. 그래서 천도를 실현하려면 내재적 자아에 대한 초월이 필요하다. 안에서부터 바깥으로의 초월은 필요하지도 않고 가능하지도 않다. 맹자가 말한 "마음을 다해 본성을 알고 하늘을 안다는 것"은 바로 천도는 심성의 바깥에 있는 것이 아니므로 마음을 다하고 본성을 알면 하늘도 알 수 있다고 본다.

도가에서 도는 자연을 본받는다고 한다. 노자의 최종적인 목적은 객관적인 세계의 존재와 인식에 관한 문제를 해결하는 것보다 인간의 존재와 인식에 관한 문제를 해결하는 데 있다. 노자는 인간의 도와 자연의 도를 연결시키고, 자연의 도로써 인간을 설명하였다. 그래서 "사람은 땅을 본받고 땅은 하늘을 본받으며, 하늘은 도를 본받고 도는 자연을 본받는다." 라고 하였다. 장자 또한 다음과 같이 말하였다.

> 하늘 땅의 근본인 도에서 떠나지 아니하는 자를 천인(天人)-자연의 사람이라고 한다. 도의 정묘한 작용에서 떠나지 아니하는 자를 신인(神人) 이라 한다. 천진의 상태에서 떠나지 아니하는 자를 지인(至人)이라 한다. 천도의 자연을 근거로 하고, 자연의 덕을 근본으로 삼고, 자연의 도를 진리의 세계로 들어가는 문으로 삼아, 만물의 변화의 조짐을 보고 대응하는 자를 성인(聖人)

이라 한다.[13]

도가에서는 인간을 자연적인 인간, 즉 도와 합일된 인간으로 변화시키고자 한다. 도가는 종교, 철학적인 하늘을 부정하고 자연적인 하늘의 의미를 확립하였다. 그리고 도가에서는 자연을 인간의 본체로 설명한다.

동양철학에서 천도에 대한 인식은 인도에 대한 자아 인식을 통해서만 실현될 수 있다. 인도를 아는 것은 천도를 아는 까닭이다. 동양철학에서는 주류든 비주류든 모두가 천도보다 인도에 큰 관심을 가진다. 도가는 천도를 주장하지만 그것은 천도가 바로 인도임을 논증하기 위함이었다. 유가에서의 천도도 인도를 위한 천도를 강조한다. 따라서 사실 두 학파의 입각점은 모두 하늘이 아니라 인간에 있다고 할 수 있다. 인도의 핵심은 인간이 인간으로 되는 까닭으로서의 본성 곧 인간의 본질적이고 형이상적인 존재에 있다.

4. 내성외왕(內聖外王)의 도

동양철학은 근대 이후 서양 근대철학의 영향을 받았다. 서구 근대철학은 각 학문을 분리시켜서 분과학문으로 전개되었다. 철학, 문학, 역사, 정치학, 사회학, 자연과학 등으로 분화되어졌다. 이러한 분화는 각 학문분야를 전문화하였다는 장점도 있지만 인접 학문과의 관계를 도외시한 결과를 초래하기도 하였다. 철학과 자연과학의 관계성, 철학과 사회과학의 관계성에 대해서 중시하지 않았다. 이러한 서구 근대

13) 『장자』. 「천하편」, 不離於宗, 謂之天人. 不離於精, 謂之神人. 不離於眞, 謂之至人, 以天爲宗, 以德爲本, 以道爲門, 兆於變化, 謂之聖人.

의 학문적 경향성은 동양철학 연구에도 영향을 주었다. 그래서 동양학 연구에도 동양철학, 동양문학, 동양역사, 동양정치 등으로 세분화되면서 그 전체의 모습을 드러내지 못한 결과를 낳았다. 장자는 이러한 학문 풍토에 대해 다음과 같이 비판한 적이 있다.

> 세상에는 학문을 연구하는 사람이 많다. 그러면서 그들은 자기 학설만이 유용하며 다른 것을 더 보탤 필요가 없다고 본다. 하지만 옛날의 학문은 그렇지 않았다. 어디라도 그 무엇이라도 포괄하지 않음이 없었던 것이다……그러던 것이 세상이 크게 어지러워져 성현이 자취를 감추고 도와 덕이 그 온전함을 잃어버리자, 사람들은 그것의 어느 한 부분만 연구하고는 그것으로 도와 덕을 알았다고 좋아들 한다. 이는 마치 이목구비가 각기 서로 다른 인식 기능을 지니고 있어 감각 자료를 한데 모아야만 통일된 지식을 이룰 수 있는데도 서로 회통하기를 싫어하는 것과 같다. 마찬가지로 제자백가의 학설 또한 갖가지 기능과 같다. 그것은 모두 그 나름의 장기가 있고 쓰일 때가 있는 것이다. 하지만 이것을 회통하지 않고 한 군데만 세우거나 한 부분만 보고 그것을 전부인 양 고집한다면 이야말로 일곡지사-(우물 안 개구리같이 넓은 지식의 세계를 모르고 자기 세계에만 갇혀 있는 지식인)가 아닌가? 그들은 천지의 완전한 아름다움을 쪼개고 만물의 유기적인 관계를 분해하며, 옛 사람들의 순전함을 세세히 분석하여 천지의 완미와 신명의 묘용을 터득하거나 감상할 수 없게 만들어 버렸다. 그래서 내성외왕의 길이 가려져 밝게 드러나지 못하고 막혀서 소통되지 못한다. 이런 상황인데도 세상 사람들은 계속해서 자기가 좋아하는 지식만이 大道라고 고집한다. 슬프도

다![14]

장자는 각자의 학파가 자신의 입장만을 고집하는 분위기를 비판하고 있다. 다양한 학문 간에 소통되지 못하고 있음을 비판하면서 모든 학문이 융합된 형태의 학문을 내성외왕학으로 보고 있다. 장자는 이러한 내성외왕이 분리되어 분과학문만이 강조되는 풍토를 '혼돈의 죽음'에 비유한 적이 있다. 동양학의 정체적인 모습은 서구 근대 학문의 영향으로 구분되면서 동양학의 진정한 정신을 잃어버리게 되었다. 그러나 최근에 학문 간의 통합과 융합이 강조되고 있다. 이러한 학문적인 경향성에 부합하기 위해서라도 동양학의 본래 면모를 회복할 필요가 있다.

장자는『장자』「천하편」에서 당시에 유행하는 여러 학파들의 사상적 특징을 규정하면서 유학의 학문적 정체성을 內聖外王(성인경영)에서 찾고 있다.

> 옛 사람들은 사람으로서의 본성을 갖추고 있었을 것이다. 그들은 神明한 妙理와 하나가 되어 천지의 大道를 따라 행동하고, 만물을 키우며 천하 사람을 조화시켜, 그 은택이 온 백성에게 미치고 있다. 곧 治世의 근본 원리를 밝히고, 거기에다 法制를 관련시켜 세상을 다스렸다. 그래서 道는 사방팔방으로 통하고 만물은 크고 작거나, 촘촘하고 거친 것에 구애받지 않은 채 모든 것

14) 天下之治方術者多矣, 皆以其有爲不可加矣. 古之所謂道術者, 果惡乎在? 曰..「无乎不在.」...天下大亂, 賢聖不明, 道德不一, 天下多得一察焉以自好. 譬如耳目口鼻, 皆有所明, 不能相通. 猶百家衆技也, 皆有所長, 時有所用. 雖然, 不該不偏, 一曲之士也. 判天地之美.析萬物之理, 察古人之全, 寡能備於天地之美, 稱神明之容. 是故內聖外王之道, 闇而不明, 鬱而不發, 天下之人各爲其所欲焉以自爲方. 悲夫,

이 道와 함께 운행되었던 것이다.[15)]

장자는 儒家의 道를 內와 外가 유기적으로 통일되어진 통일체로 규정하면서, 학문의 내적인 측면을 '聖'이라 하고, 외적인 측면을 '王'이라 표현하였다. 위의 구절에서 내성의 도는 "神明과 一體가 되고, 천지를 법칙으로 삼아", "치세의 근본 원리를 밝히는 것"이며, 외왕의 도는 "만물을 키우며, 천하 사람을 조화시켜, 그 은택이 백성에게 미쳐", "법제를 만들어 세상을 다스렸다"는 것이다. 장자는 안으로 도덕적 인격을 지닌 자가 제왕의 자리를 얻어서 국가를 경영해야 한다고 본다. 성인은 결코 자신의 고결한 도덕성을 보존하는 차원을 넘어서 현실의 문제를 고민하고, 이를 해결하기 위한 전략과 실천성을 지니고서 현실을 경영해야 한다고 본다.

동양철학에서 이론과 당시의 정치. 경제, 사회 등의 작용은 그 공능을 발휘하여야 하며 이론과 공능의 관계를 학술용어로 말하는 '內聖外王之道(내성외왕의 도)'라 한다. '내성'은 안으로는 성인이 되어야 함을 말하고, '외왕'은 밖으로는 분과학문에 종사함을 말한다. 그래서 내성외왕은 철학적 지혜와 도덕적 인격을 갖춘 사람이 세상의 일을 경영해야 한다는 것이다. 철학적 지혜는 분과학문에 대한 합리성과 도덕적 선택을 할 수 있게 하고, 분과학문은 철학을 실현하는 장소가 된다. 철학적 지혜가 없는 분과학문을 맹목적이라 한다면, 분과학문에서 응용되지 못한 철학은 공허하다고 할 수 있다. 그래서 동양철학 연구자는 동양철학의 특징을 실용이성에 있다고 주장한다. 즉, 모든 일에 실용, 실제와 실

15) 『莊子』, 「天下篇」, "古之人其備呼! 配神明, 配天地, 育萬物, 和天下, 澤及百姓. 明於本數, 係於末度, 六通四辟, 小大精粗, 其運無乎不在. 其明而在數度者, 舊法世傳之史尙多有之. 其在於詩書禮樂者, 鄒魯之士搢紳先生多能明之. 詩以道志, 書以道事, 禮以道行, 樂以道和, 易以道陰陽, 春秋以道名分. 其數散於天下而說於中國者, 百家之學時或稱而道之."

행을 강조하여 문제를 해결하는 경험중시의 사유방식 혹은 생활태도를 보여준다고 말한다. 서양철학이 이지적 사변이나 분석을 강조하여 실용과는 무관하게 발전하면서 매우 치밀한 철학체계를 구축하였다면, 이에 반해 동양철학은 현실세계의 실천적 측면에 더욱 치우쳐 온 것이 사실이다. 이택후는 동양철학의 이런 특징을 서양철학과 비교해 볼 때 '반철학'이라 하였다. 그는 동양철학이 '반철학'이라는 특징으로 인해서 추상적인 사변논증, 엄밀한 논리적 추리, 체계적인 이론 수립 등은 중시하지 않았다고 주장한다. 그래서 중국고대에 명가가 등장하기도 하였으며, 인도의 유식론이 중국에 유입되기도 하였지만 중국문화사에서 주도적인 역할을 하지 못했다. 그래서 동양철학에서 이론은 반드시 실천적인 것과 실용적인 품격을 지니고 있어야 함을 강조하고 있다. 여기서 실용은 바로 현실생활 가운데서 어떠한 공능을 발휘하는 것이며, 이론이 성은 현실적인 공능을 등한시 하게 될 때 공허하게 된다. 그래서 동양철학의 특징은 이론측면에 있는 것이 아니라 공능측면에서 찾아야 할 것이다.

유가철학의 가장 큰 성취는 내성외왕의 학문을 확립하는데 있다. 이러한 학문적 특징은 동양정치에서 '성왕' 개념에서 쉽게 이해될 수 있다. 즉 안(內)으로 성인(聖人)이 되고 바깥(外)으로 천하를 다스리는 군주(王)가 되어야 함, 곧 내성에서 시작해 외왕으로 완성되어야 한다고 말한다. 유학에서 말하는 '안으로 성인'이 되어야 함은 도덕실천을 갖추어야 함으로 말하면, 밖으로는 개인의 도덕실천을 실제 사회 정치에서 운용할 수 있는 능력을 갖추어야 함을 말한다. 동양사에서 사람의 도덕성에 의한 통치를 하고, 법에 의한 통치를 반대하는 이유도 바로 이러한 내성외왕의 도에 근거한다. 맹자는 불쌍함을 참지 못하는 인간의 마음으로 참지 못하는 정치를 실행할 것을 주장하였다. 곧 어진 마음으로 어진 정치를 실행해야 한다는 것이다. 이것은 유가 내성외왕의 근본원칙이다. 맹자는 통치자가 어진 마음을 사회 정치에서 실행하면 천하 국가를 다스리는 일은 손바닥을 뒤집는 것처럼 쉽다고 하였다. 그런데 가장 근본적인 문제는 어떻게 어진 마음을 실현할 것인가에 있다. 따라서 통치자 개인이 도덕실천이 좋기만 하면, 천하 국가도 자연히 잘 다스려질 수 있다고 보았다. 「대학」에서는 이른바 삼강령과 팔조목이란 설이 있는데 그 핵심은 모두 수신을 근본으로 여김, 곧 주체 자신의 수양을 근본으로 여기는 데 있다. 격물치지(격물치지) 정심성의의 학문은 수신의 학문이자 내성의 학문이다. 나라를 다스리고 천하를 태평하게 만든다는 것은 그 결과로서 외왕의 학문이 된다. 안으로 성스러운 지혜를 깨닫는데서 천하를 다스리는 데로 나아감, 그리고 안에서 바깥으로 향해야 한다는 실천을 근본 원칙으로 삼은 것이다.

내성외왕의 도는 유가에서 뿐만 아니라 도가철학에서도 매우 중시된다. 노자가 추구한 도덕 또한 '소국과민', '무위정치'를 위한 전제로 이해 되어진다. 한고조(漢高祖)는 오랜 전란에 시달려온 백성들의 고통을 덜어주고 파괴된 생산력을 회복하기 위하여 노자의 무위자연사상을 정치이념으로 삼았다. 장자 또한 "안으로 성인의 덕을 품고 밖으로 왕자의 정치를 행하는 도(內聖外王之道)는 어둠에 싸여 밝지 못하고 닫혀서 열릴 방도도 없을 정도이다"라고 하여 내성외왕의 도가 실현되지 못함을 언급하고 있다. 그리고 장자는 "그러므로 군자가 부득이 천하를 다스리게 될 경우에는 무위(아무것도 하지 않음)만한 것이 없다. 무위정치를 하게 되면 백성들은 비로소 자연의 본성(性命之情)을 편하게 할 수 있다. 따라서 또 자기의 몸을 다스리는 것을 천하를 다스리는 것보다 중히 여기는 사람이라면 그에게 가히 천하를 부탁해도 되리라. 자기의 몸을 다스리는 것은 천하를 다스리는 것보다 더 사랑하는 사람이라면 그에게 천하를 맡겨도 되리라. 그런 사람이야말로 천하를 참되게 잘 이끌어 갈 수가 있는 것이다."[16])라고 하였다. 장자 또한 정치를 하기 이전에

16) 『장자』, 在宥.

자신의 몸을 다스리는 것을 우선시하였다. 도가의 무위사상은 한나라의 경제정책에도 적용되기도 하였다. 중국역사에서 춘추전국시기와 진나라에서 국가의 개입이 강화되면서 백성들의 경제가 침체되자 한나라에서는 자유방임정책을 통해서 한나라의 경제를 발전시키기도 하였다고 한다.

중국 불교 또한 외왕과 밀접한 관련이 있다 인도불교가 개인, 이론 중심의 불교이었다면, 중국에 유입되면서 정치와 밀접한 관련을 지니게 된다. 당나라는 불교를 통치이념으로 정했을 뿐만 아니라 대승들이 정치에 참여하기도 하였다. 그리고 동북아시아의 불교의 특징이 호국불교와 관련성이 있는 것에서도 알 수도 있다.

위에서 살펴본 바와 같이 동양철학의 특징은 순수한 이론을 추구하는 것이 아니라 현실에서 그 이상과 이념을 어떻게 실현하는가에 관심을 가지면서 전개되었다. 그러나 유가, 도가, 불교는 각자의 이념이 다르기 때문에 현실에서의 운용 또한 다를 수밖에 없다. 유가가 도덕성에 근거한 운용, 도가는 자연에 근거한 운용, 불교는 자비에 근거한 현실적 운영을 중시한다. 이러한 동양의 내성외왕의 도는 오늘날 철학이 단지 개인의 학문에서의 기능뿐만 아니라 현실에서의 공능을 함께 생각해 볼 수 있는 정신적인 자원이 될 수 있다.

5. 중용(中庸)의 道

동양의 철학적 사유는 중용에서도 찾아볼 수 있다. '중용'은 동양철학에서 이론과 실천의 관계를 설명하고 있는 사상체계이다. 성리학을 집대성한 주자는 유가의 계보를 이 중용에서 찾고 있다. 그는 〈중용장구서〉에서 공자가 요. 순임금과 하나라, 은나라, 주나라 삼대의 시조인 우임금, 탕왕 문왕. 무왕으로 이어지는 계보를 말하면서 중용을 언급하고 있다. 이는 역사를 통해서 만들어진 유가의 도통이다. 요임금, 순임금 우임금은 중국사에서 태평성대를 이룬 성군이고, 탕왕과 문왕. 무왕은 난세를 바로잡고 새로운 나라를 일으킨 왕들이다. 위 임금들의 공통점은 모든 일에 중용을 유지하였다는 것이고 이것을 공자가 계승하였다고 말한다. 이와 같이 중용은 유가에서 중요한 덕목이다. 공자는 "순임금이 많이 아는 분인가? 순임금은 많이 물어 봄을 통해 그 대답들을 살펴 잘못 됨은 버리고 좋은 것을 취하였는데 그런 양극을 먼저 세우고 그 중간을 취하여 사람들을 대하였기에 순임금이라 불리는 것'[17] 이라 했다. 그래서 공자는 "중용이 덕은 지극하고 지극하다. 그런데 사람들이 이를 소홀히 한지 오래되었구나!"[18]라고 하면서, 중용은 일상인이 도달하기 어려운 경지임을 말하고 있다.

중용은 의미는 무엇인가? 〈중용〉에서 '중(中)'은 지나치지도 부족함도 없음을 의미하고, '용(庸)'은 일상의 의미를 지닌다. 그래서 중용은 일상에서 가운데를 사용한다는 의미로 이해될 수 있다. 그래서 공자는 「중용」에서 "군자는 중용하며, 소인은 중용에 반한다."라고 하였다. 군자의 중용이란 때에 맞게 한다는 것이다. 여기서 시중은 상황에 맞게 판단한다는 것을 의미한다. 그래서 유가에서 中庸의 의미는 모순되는 둘 중에서 어느 하나를 절대적으로 선택하는 것이 아니라 둘의 장점을 모두 긍정하면서 구체적 상황에 따라 그 중에 어느 하나만을 선택해서 사용한다는 것이다. 이런 사유방식은 모순되는 두 가지 중에서 어느 하나를 취하여 절대화하는 것이 아니라 두 가지를 모두 긍정하면서(中)도 상황에 따라서 그 중에 하나를 상대적으로 사용한다(時中)는 의미로 이해될 수 있다.

17) 『중용』, 「6장」, 子曰 舜其大知也與, 舜好問而好察邇言, 隱惡而揚善, 執其兩端 用其中於民, 其斯以爲舜乎.

18) 『논어』, 「옹야」, 子曰: 中庸之爲德也, 其至矣乎! 民鮮久矣.

이런 중용의 논리는 도가에서도 보인다. 도가에서는 자연을 더할 것도 덜할 것도 없으며 만일 더하거나 덜어 낸다면 오히려 완전한 것이 훼손될 수 있다고 본다. 자연은 근원적으로 완전무결하기 때문에 인위를 가하면 오히려 병폐를 낳는다. 그래서 노자는 다음과 같이 말한다. "하늘의 도는 마치 활을 당기는 것 같아서 높은 것은 누르고 낮은 것은 들어서 중도와 균형을 찾아가는데, 사람의 도는 이와 반대로 높은 것은 들어 주고 낮은 것은 눌러서 극단으로 치닫게 한다" 이와 같이 자연의 도는 늘 중도를 통해서 균형을 맞추고자 하지만 사람은 오히려 둘 중에 한쪽에만 집착해서 극단적으로 나아가게 한다고 본다. 그래서 장자 또한 모든 차이를 그대로 긍정한다. "이로서 성인은 시비를 교역시켜 놓아 天均에서 쉰다. 이런 생각을 일컬어 兩行이라고 한다"(제물론)라고 하여 두 입장 모두를 인정한다. 이러한 자연의 상태를 중도로 파악하고자 한다.

> 사시가 갈마들며 일어나거든 만물이 때맞추어 생겨난다. 한번 성하고 한 번 쇠하게 됨에 문무가 차례로 바뀌며, 한번 맑고 한 번 탁함에 음양이 조화하여 그 소리를 흘려 퍼지게 한다. .....소리가 한차례 죽기도 하고 한차례 살아나기도 하는지라,.....나는 또 음양의 조화로써 연주하고 해와 달의 광명으로써 비춘다. 그 소리가 짧을 수도 있고 길어질 수도 있다. 부드러울 수도 있고 굳셀수도 있으나 변화는 하나이다. 주재하지 않는 까닭에 변하지 않는다.[19]

이와 같이 자연의 전개과정을 음양의 조화로서 서명하고 있다. 음과

19) 『莊子』, 天運. 四時迭起, 萬物循生., 一盛一衰, 文武倫經., 一淸一濁, 陰陽調和, 流光其聲., 蟄蟲始作, 吾驚之以雷霆., 其卒无尾, 其始无首., 一死一生, 一僨一起., 所常无窮, 而一不可待. 汝故懼也.「吾又奏之以陰陽之和, 燭之以日月之明., 其聲能短能長, 能柔能剛, 變化齊一, 不主故常.,

양은 상반된 속성을 지니면서 상호 의존하면서 전개되지만 때로는 양이 되기도 하고 때로는 음이 되기도 하면서 전체의 조화를 이루게 된다고 본다.

이러한 중도의 개념은 불교의 핵심 사상이기도 하다. 붓다는 29세에 출가하여 수행자들 무리와 합류하였다. 당시의 수행은 육체에 고통을 가함으로서 정신적 정화를 얻으려했다. 여기에서 붓다는 고행의 극치에까지 수행을 해보고 깨달음을 얻을 수 없다고 생각한다. 붓다는 문득 편안한 가운데 깊은 사색을 하면서, 어릴 때 기억을 떠올린다. 극단적인 고행으로서는 깨달음을 얻을 수 없다는 것을 알고서 고행을 그만두고 산에서 내려와 수자타의 우유를 마시고 몸을 씻은 후에 보리수나무 밑에서 깨달음을 얻었다. 붓다가 깨달음을 얻은 후에 그와 함께 수행한 자들에게 깨달음을 처음으로 가르친 내용이 중도이다. 그 중도는 비고비락(非苦非樂)의 이치를 깨우쳤다고 한다. 그리고 그 중도는 이후 불교가 전개되면서 어느 한쪽에 집착하지 않는 사유를 매우 중요시하였다.

동양의 중용(中道)적 사유는 서구 형식적인 사유와는 다르다. 형식적 사유는 일반적으로 'A는 A이다'라는 동일률에 근거한다. 흰색은 흰색이며 검은색은 아니라는 것이다. 그러나 이러한 사유방식은 단편적인 사유방식이다. 흰색이 흰색일 수 있지만, 그 흰색의 의미에는 검은색을 비롯한 다른 색의 존재를 설정해야 한다. 나라는 존재 또한 너라는 존재를 설정할 때 가능하다. 이러한 맥락에서 형식적 사유에서는 다른 존재와 상관성을 부정한다고 볼 수 있다. 이런 형식적 사유 방식에 근거해서 서양철학은 관념론은 유물론을 배척하고, 유물론은 관념론을 배척하고, 개인주의는 전체주의를 배척하고 전체주의는 개인주의를 배척하였다. 그러나 중용의 의미가 단지 절충주의라고는 볼 수 없다. 시중은 단지 상황에 부합하기만 된다는 것은 아니다. 그 시중에는 보편적인 원칙이 있다. 단지 시중만을 언급하고 보편원칙(중)을 언급하지만 절충주의에 빠질 수 있다. 그래서 공자는 향원을 반대한다. 그가 말하기를 "향원은 덕의

적이다"라고 비판한 적이 있다. 향원은 비록 마치 중용의 행위를 하는 것처럼 보이지만 그것은 모든 사람에게 영합하면서 원칙성이 없기 때문이다. 그래서 중용의 의미는 중(과불급)의 원칙성과 구체적인 상황에서의 적합함의 두 가지 의미를 모두 지니게 된다. 이를 유가철학에서는 經(보편법칙)과 權(저울추가 그 무게에 따라 이동함)으로 말하기도 한다.

서구의 이원론을 중용의 관점에서 보면 다음과 같다. 관념론과 유물론, 개인주의와 집단주의, 남자와 여자 등 모순되는 두 요소를 모두 긍정적으로 평가한다. 개인주의와 전체주의 관계문제를 예로 들어 볼 수 있다. 맹자는 다음과 같이 말한다.

> 양자는 자신을 위함을 취하였으니, 하나의 털을 뽑아서 천하가 이롭더라도 하지 않았다. 묵자는 겸애를 하였으니, 이마를 갈아 발꿈치에 이르더라도 천하에 이로우면 하였다. 子漠은 이 中을 잡았으니, 中을 잡은 것이 道에 가까운 듯하지만, 中을 잡고 權이 없는 것은 한쪽을 잡은 것과 같다. 한쪽을 잡은 것을 미워하는 것은 道를 해치기 때문이니 하나를 들고 백 가지를 폐하는 것이다."[20]

맹자는 仁義에 근거해서 양주의 사익과 묵가의 공익을 비판하는 것에서 나아가 자막의 中을 비판하고 있다. 자막은 사익과 공익의 중을 잡는 것에 집착하여 구체적 상황에서 어떻게 해야 하는 것에 대해서는 충분한 설명을 하고 있지 않다. 유학자는 중의 의미를 이념형에서 그치지 않고 구체적인 현실에서 실현성을 시중의 논리로 설명한다. 중용의 의미는 모순되는 두 가지 중에서 어느 하나를 취하여 절대화하는 것이 아니라 두 가지를 모두 긍정하면서 그 중에 하나를 상대적으로 사용한다

---

20) 『孟子』; 楊子取爲我, 拔一毛而利天下, 不爲也. 墨子兼愛, 摩頂放踵利天下爲之. 子莫執中, 執中爲近之, 執中無權, 猶執一也. 所惡執一者, 爲其賊道也. 擧一而廢百也. (盡心章上)

는 것이다. 사익과 공익에 있어서 모순되는 두 요소를 우선적으로 긍정적으로 평가한다. 이와 같이 양자를 모두 긍정한다는 것은 양자는 모두 그 장 · 단점을 가지고 있기 때문이다. 중용사상이 모순되는 두 가지를 모두 긍정한다고 하더라도 구체적인 상황에서는 하나를 선택할 수밖에 없다. 그러면 어느 쪽을 선택할 것인가? 여기에서 동양철학은 中의 의미를 '지나치지도 않고, 부족함이 없는 상태'로 정의한다. 그래서 어느 한 쪽이 지나치면 덜고, 모자라면 보충해서 양쪽의 평형을 이루도록 한다. 여기에서 평형은 정태적 평형이 아니라 바로 동태적 평형을 이야기한다. 이런 동태적 평형을 가장 잘 설명하고 있는 것이 바로 앞에서 언급한 음과 양의 변화 원칙에서 찾아 볼 수 있다.

음양의 변화 논리에 의하면 사익과 공익의 관계를 음과 양의 관계로 설명할 수 있다. 사익이 음이라면 공익을 양으로 보고 양자의 관계를 한번 음하고 한번 양하는 관계로 설명하여 한번 사익이고 한번 공익으로 볼 수 있다. 사익이 극도로 발전하여 여러 문제를 초래하게 되면, 공익을 수용하여 그 문제점을 해결하고, 또한 공익이 다시 극단에 도달하여 여러 문제를 초래하게 되면 사익을 받아 들여 그 단점을 보충하여 양자 간의 평형을 이루게 하는 사유방식이다. 여기에서 말하는 평형은 자막이 말하는 것과 같이 정태적 평형(中)이 아니라 동태적 평형이다. 정태적 평형은 장소와 시간에 관계없이 일정한 수준의 평형이라면, 동태적 평형은 구체적인 환경에서 변화에 적응하면서 평형을 이루는 것이다. 위에서와 같이 개인주의가 극도로 발전하여 여러 문제를 초래하게 되면, 집단주의를 수용하여 그 문제점을 해결하고, 또한 집단주의가 다시 극단에 도달하여 여러 문제를 초래하게 되면 개인주의를 받아들여 그 단점을 보충하여 양자 간의 평형을 이루게 하는 사유방식이다. 이와 같이 동태적 평형에서 그 상황에 맞는 것(中)을 바로 시중(時中)이라 한다. 지금 자유주의가 극단에 이르렀다면 지금의 조치는 바로 집단주의를 선택하는 것이 바로 시중이다. 이와 같이 지금 상황에서 집단주의를 선택했다고 해서, 그것이 시간과 공간을 초월해서 영원히 집단주의가 되어야 한다는 것이 정태적 평형이다. 동태적 평형은 지금 집단주의를 선택하였다고 하더라도 그것이 영원한 것이 아니라 다음에는 개인주의가 시중이 될 수 있다는 생각으로 집단주의를 완전히 포기하지 않는 것이다. 이와 같이 중용적 사유는 결코 형식적 사유 또는 부분적 사유가 아니라 동태적이며 전체적 사유형식이다.

이런 중용적 사유패턴에 의거해서 사익과 공익의 문제에 적용해 보면 다음과 같다. 그러나 앞에서 언급한 바와 같이 언제 사익을 추구하고 언제 공익을 추구할 것인가? 하는 것은 위에서 언급한 바와 같이 중용의 논리에 따라 대립되는 원리와 가치 중 어느 쪽을 어느 정도로 선택하고 다른 쪽을 얼마만큼 배제하거나 수용하는 것이 최선인지를 정확히 판단해야 한다. 그러기 위해서는 대립되는 양극의 이론 원리나 가치를 면밀히 대조하고 그것이 그 상황에서 어떠한 장단점을 종합적으로 분석하여 최적의 포인트에서 대립의 종합을 시도하지 않으면 안 된다. 따라서 방법론으로서의 중용은 정확한 시대진단 또는 예리한 상황판단을 전제로 그 가운데 대립되는 가치 또는 다양한 변수 사이에 최적의 포인트를 발견하고 선택해서 그것을 지속적으로 실천해 가는 것이라고 할 수 있다.

/ 참고문헌 /

『논어』

『맹자』

『중용』

『대학』

『주역』

『도덕경』

『장자』

『집아함경』

『화엄경』

『河南程氏 遺書』

몽배원. 김용섭 『중국철학과 중국인의 사유방식』. 철학과 현실사. 2005

한자경. 『일심의 철학』. 서광사, 2002

권상우, 「기업의 사회적 책임에 대한 주자학적 접근」, 『동양사회사상』 15집, 2007.

2장

儒家의 '관계 맺음'

1. 유가 禮樂의 의미

중국 근대 문학가인 魯迅이 『광인일기』에서 "禮教가 사람을 잡아 먹는다"라고 표현하면서, 이 구절은 일파만파로 퍼지면서 근대 동양 사회에 큰 영향을 미쳤다. 당시 중국의 근대 지식인들 대부분 예교가 전통사회에서 피지배계층의 권리와 개성을 억압하였다고 비판하면서 중국인들이 행복하기 위해서는 하루 빨리 서양 근대 문화를 수용해야 한다고 주장하였다. 이러한 관점은 전통문화옹호론자로 불리는 현대신유자도 예외일 수는 없었다. 그들 또한 어느 학파 못지 않게 중국의 예교를 부정하면서 그 자리에 서양의 근대 민주제도로 대체해야 한다고 주장하였다. 이러한 학술적 분위기가 사회에 반영된 후 서양 근대 문화는 동양사회에 무사히 안착할 수 있었고, 짧은 기간 내에 동북아 국가는 경제와 정치적인 측면에서 괄목상대할 만큼 발전하였을 뿐만 아니라 사회문화적인 측면에서도 서양 국가들보다도 더욱 서양적인 체제로 재편성되고 있다. 그렇다면 오늘날 우리는 정말 중국 근대 지식인들의 예상처럼 서양 근대문화를 유입해 행복한가? 불행하게도 최근 삶의 질에 관한 통계자료를 보면 현재 한국을 비롯한 유교문화권 국가들은 그렇지 못하다. 근대 지식인들이 진리라고 생각하던 과학은 생태계 파괴를 초래하고 있고, 민주제도 또한 타인을 지배하는 수단으로 전락하여 많은 사람들에게 소외감과 고독감만을 안겨주고 있다.

서양 근대성에 대한 비판은 다각도로 접근할 수 있겠지만 본질적인 접근은 근대적 삶의 방식에서 찾아야 한다. 서양 근대적 삶은 개인을 타인, 사회, 자연으로부터 분리시키고, 또 배척하면서 진행되어 왔다. 그 결과로 민주주의는 현대인을 사회적, 정치적 이기주의자로 전락시키고 있을 뿐만 아니라 자본주의 체제는 갈수록 인간을 도구적 존재로 조성하고 있다. 이런 사회에 대해 샤르트르는 "타인이 바로 지옥이다"라고 평가한 적이 있다. 왜 그는 타인을 지옥이라고 보고 있는가? 서구의 근대적 삶의 방식이 타인을 나의 삶의 방해자로 간주하게 하고 있기 때문이다. 이와 같이 현대 사회의 인간관계가 갈수록 갈등적 관계로 변하고 있는 우리네 삶이 과연 질이 높고, 행복하다고 평가할 수 있을까?

오늘날, 삶의 질을 높여줄 거라고 믿었던 서양 근대성에 대한 불신이 증폭되고 있는 현시점에서, 근대에 "사람을 잡아 먹는다"고 맹렬히 비판 받았던 전통적 삶의 방식을 조심스럽게 되돌아 보는 것은 어떠할까? 그러나 이런 시도는 이미 서양 근대 문명에 물들어 버린 동양인들조차도 시대착오적 발상쯤으로 생각할 것이다. 하지만 반드시 그렇지만은 않다. 왜냐하면 유가는 바로 '상호존중의 삶의 방식'을 추구하기 때문이다. 이러한 삶의 방식은 예(禮)의 정신에서도 알 수 있다. 유가문화에서 '禮'는 '樂'과 짝이 되는 범주체계이다. '禮'가 사회관계에서 구분과 차이를 중시하는 삶의 원리이라면, '樂'은 사회관계에서 조화와 통일을 추구하는 삶의 원리이다. 이러한 禮樂文化가 유가문명을 서양과는 다른 길

로 나아가게 하였다.[21)]

서양 근대 이성이 타인을 배척하고 종속시키는 결과와는 달리, 예악문화는 타인을 겸손하게 받아들일 뿐만 아니라 한발 더 나아가 타인을 자신의 존재 근거로 삼는 삶의 방식이다. 그래서 전통 동양사회에서는 '우리'라는 관계망에서 뛰쳐나와 자신만을 생각하는 행위를 부모도 없고 군주도 없는 천하의 불효요, 패역한 행동으로 지탄하였다. 이러한 유학의 삶의 방식을 서양근대의 개인주의적 관점에서 볼 때 예악의 문화가 억압적 형태로 보여 지는 것은 당연한 것이며, 실제로 전술한 바와 같이 근대 지식인들로부터 "사람을 잡아먹는다."라는 비판을 받기도 하였다. 그러나 오늘날 근대적 삶의 방식에 의거해 살아가면서 부딪히는 여러 문제점을 고려해 볼 때 서양 근대적 삶의 방식 또한 "사람을 잡아먹는다."고 비판할 수 있다. 그래서 오늘날 근대문화의 대안으로 잘 삶(Well-Being)의 문제가 한국 사회에 대두되고 있는 현시점에서 근대에 비판한 예교를 재평가해 보는 것은 매우 유익한 작업이라 생각한다.

예악문화는 유학의 이론체계에서 삶의 문제를 이해하는데 중요한 위치를 점하고 있다. 『漢書』.「禮樂志」에서 "六經의 道는 한 가지로 귀결되니 예악의 쓰임이 가장 급하다. 몸을 다스리는 자가 모름지기 예를 잊으면 포악하고 태만함으로 들어가게 되고, 나라를 다스리는 자가 하루아침에 예를 잃어버리면 혼란함에 미치게 된다."[22)] 라고 말하고 있다. 이것은 유학을 신봉하는 사람들이나 국가의 통치자가 반드시 따라야 할 중요한 삶의 방식임을 말해 주고 있다. 중국 근대 철학자 朱光潛은 유학이 다루고 있는 범위는 윤리학, 교육학, 정치학, 우주철학, 종교철학 등 광범위할 뿐만 아니라 그것을 언급하고 있는 경전으로는 『서경』, 『역경』, 『예경』, 『춘추』 등이 해당되지만, 가장 기본 되는 사상은 예악 정신임을

21) 黃宛峯,『禮樂淵藪』, 中國河南, 河南大學出版社, 1997, 5쪽

22)『漢書』.「禮樂志」

밝히고 있다.[23] 周光潛의 주장과 같이 예악 정신은 바로 유학이론의 문화적 기반이기 때문에 유학에서의 잘 삶의 문제 또한 예악의 삶의 토대에서 논의되어야 유학의 일상적 의미를 읽어낼 수 있을 것이다.

그래서 본 논문은 유가에서의 잘 삶의 문제를 예악문화의 토대에서 선진유가, 특히 맹자와 순자를 중심으로 살펴볼 것이다. 왜냐하면 '잘 삶'은 일반적으로 크게 두 가지 관점에서 접근한다. 하나는 삶을 살아가는 주체의 체험 외에는 그 어떤 것도 삶의 질에 영향을 미칠 수 없다고 보고, 개인의 태도, 성향, 기호를 실현함에서 얻어는 즐거움, 만족, 향유 등으로 설명되어지는 주관적 접근이다. 다른 하나는 개인이 자신의 가치를 실현시킬 수 있는 사회적 환경 즉, 제도, 정의, 분배, 등이 그 무엇보다도 중시되어야 한다는 객관적 접근이다. 그래서 선진유학에서 삶의 질에 대한 주관적 관점은 도덕적 지향, 태도, 성향에서 일어나는 주관적 즐거움을 통해 잘 삶을 언급하고 있는 맹자사상에서 탐색해 보고, 객관적 관점은 주관적 즐거움보다는 사회제도와 정의를 통해서 유학적 잘 삶을 언급하고 있는 순자사상을 통해 탐색해 보고자 한다.

2. 儒家의 삶의 방식

유학에서의 '삶의 질' 문제는 '유학의 이상적인 삶(good life)이 무엇인가?' 하는 문제와 직접적인 관련성을 가진다. 유학은 인간이 일상생활에서 어떻게 살아가는 것이 바람직한가를 논하는 삶의 철학이다. 공자는 "아래로부터 배워서 위에 통달한다(下學而上達)"라고 하였고, 『중용』에서는 "고명한 진리를 극진히 한다고 해도 일상생활로부

23) 胡道靜主編, 『國學大師論國學』(上), 「樂的情神與禮的情神-儒學思想系統的基礎」, 中國北京, 東方出版中心, 1998, 314쪽

터 말미암아야 한다.(極高明而道中庸)"라고 하였으며, 이학자들은 불교와 도교와의 비교를 통해 이야기하면서 불교와 도교가 일상적인 삶을 부정하고 요원한 진리를 찾는다는 의미에서 '虛學'이며, 자신들의 학문은 일상생활에서 도를 추구하는 '實學'임을 수차 강조한 것에서도 알 수 있듯이 유학은 일상생활에 발을 딛고 삶의 원리를 탐색하고자 하였다. 그래서 유가의 도는 인간이 일상생활에서 잘 살아가는 방식일 뿐, 이를 벗어나 있는 고원한 진리가 결코 아니다. 이런 의미는 『孟子』와 『周易』.「繫辭傳」에서 쉽게 찾아볼 수 있다.

> 도는 아주 가까이에 있는데 이를 멀리에서 구하고, 할 일은 쉬운 데에 있는데 이를 어려운데서 구한다. 사람마다 그 어버이를 친애하고, 그 어른을 공경한다면 천하가 화평해질 것이다.[24]

> 한번 양하고 한번 음하는 것을 일러 도라고 한다. ......백성들이 (도를) 날마다 사용하면서도 알지 못한다. 그러므로 군자의 도를 아는 사람이 드물다.[25]

『周易』.「繫辭傳」에서는 자연의 법칙인 陰과 陽의 변화 과정을 통해 도를 언급하면서 道가 高明하여 군자의 지적 유희에 불과한 것처럼 보이지만 실상은 그렇지 않다. 일상인들도 道를 분명하게 알지 못한다고 하더라도 일상생활에서 자주 사용하고 있음을 언급하고 있다. 이에 반해 맹자는 우리들에게 도의 실체를 좀 더 분명하게 제시해 주고 있다. 道는 우리의 삶 속에서 가장 일상 행위인 부모를 사랑하고 어른을 공경

---

24) 『孟子』「離婁上」, "道在邇而求諸遠, 事在易而求諸亂, 人人親其親, 長其長, 而天下平"

25) 『周易』「繫辭傳」, "一陰一陽之謂道. 繼之者善也, 成之者性也. 仁者見之謂之仁, 知者見之謂知, 百姓日用而不知, 故君子之道鮮矣"

하는 가운데 있음을 암시해 주고 있다. 맹자의 권유를 받아들여 우리가 일상생활에 진솔한 태도로 임하게 될 때 가장 먼저 부딪히는 문제는 바로 나를 둘러싸고 있는 주변, 가족, 이웃, 직장 동료, 자연 등과 어떤 방식으로 관계를 맺어야 하는가 하는 문제일 것이다.

근대철학자 胡適은 "유학의 인생철학은 개인이 단독으로 존재할 수 있는 것이 아니라 일체 행위는 사람과 사람의 관계에서의 행위를 말한다"[26]라고 진술함에서도 알 수 있듯이 "유가에서의 삶은 구체적인 인간관계에서 어떻게 행위 하는가?"하는 것이 궁극적인 문제이다. 올바른 행위 관계는 결국 어떤 요소에 의해 구성되었는가? 이 문제가 바로 유가에서의 잘 삶의 핵심문제가 된다. 梁漱溟은 중국의 사회 구조를 서양의 사회 구조와 비교하면서 중국사회는 '개인본위'가 아닐 뿐만 아니라 '사회본위'도 아닌 '관계본위'라고 말하면서, 관계본위의 사회구조에서는 특정한 한쪽을 위한 것이 아니라 관계에 의거하여 상호간에 교환하면서 그 중점을 관계상에 두고 있다[27]고 한다. 그러나 사회학자 金耀基는 '관계' 이 용어는 현대용어로 유가경전에서 찾아보기 힘들지만, 유학은 '倫'으로 관계 의미를 표현하고 있다고 설명한다. '倫'은 바로 타인과의 관계에서 마땅히 준수해야 할 역할의 구분을 의미한다고 보고 있다.[28] 따라서 유가의 사회질서는 바로 '倫'의 개념 의미상에서 건립된다.

유학은 근대 이전까지는 '관계 맺음'의 삶의 방식에 토대에서 성립되고 전개된 학문체계이다. 유가 사상은 서양과 같은 개인주의적 문화 풍토에서 기인한 것이 아니라 공동체적 문화에 토대를 두고 있다. 일반적으로 공동체 문화가 추구하는 궁극적인 목적은 개인의 발전보다는 사회 전체의 안정적인 구조를 유지하는데 있으며, 이를 위해서는 사회 구

26) 胡適, 『中國哲學史大綱』, 上海, 商務印刷館, 1986, 116쪽

27) 梁漱溟, 『中國文化要義』, 홍콩, 集成圖書公司, 1974, 94쪽

28) 金耀基, 『金耀基自選集』, 上海, 上海教育出版社, 2002, 96쪽

성원들 간의 관계 맺음이 그 무엇보다도 중요하다. 그래서 유학에서는 한 개인의 자아동일성을 타인으로부터 분리시키거나 배제시키면서 확립하지 않고, 오히려 타자들과의 관계 속에서 자신의 의미와 행위를 결정한다.[29] 그래서 한 개인은 가족 내에서 부모에 대한 자식이요, 자녀에 대해서는 부모요, 아내에 대해서는 남편이요, 형제간에는 형과 아우가 된다. 또한 가족 밖에서는 학생들에 대해 스승이요, 스승에 대해서는 제자가 되며, 상급자에 대해서는 하급자가 된다. 이런 관계망의 중심인 나는 타자에 따라 다양한 형태로 드러나며 고정된 어떤 형태를 거부한다. 이런 형태를 『중용』[30]에서는 다음과 같이 표현하고 있다.

> 중심(中)과 조화를 잘 이루게 하면 천지가 제자리를 잡고, 만물이 그곳에서 생육될 것이다."[31]

> 중심(中)은 천하의 커다란 근본이요, 조화는 천하 어디든지 통달할 수 있는 길이다.[32]

위에서 '中'은 주자의 주석에 따르면 어느 하나의 형태로 치우치거나 기울어지지 않는 것인데, 이를 주자는 '無定體'라고 하였다. 그리고 和는 관계 주체가 타인과 적절하게 서로 상응(관계)함으로써 이루어지는 것이다. 이와 같이 유가의 삶의 방식은 결코 폐쇄된 체계가 아니라 세계와의 관계 맺음을 통해서 끊임없이 자신을 창조해나가는 개방적 방식

29) 이승환, 『유가사상의 사회철학적 재조명』, 서울, 고려대학교출판부, 1998, 146쪽

30) 『중용』은 원래 『예기』의 한 편이였지만 남송 주희가 이편을 따로 떼어 내어 단행본이 되었다. 그래서 『중용』의 본질적인 의미는 주희 「중용장구」에 제한되어서는 이해될 수 없으며, 반드시 『예기』 테스트 전체와 관련성 속에서 파악되어져야 한다.

31) 『中庸』, "致中和, 天地位焉 萬物育焉"

32) 『中庸』, "中也者, 天下之大本也. 和也者, 天下之達道也"

이라 할 수 있다. 다시 말해 유가의 자아는 결코 서양 근대철학의 타자를 환원해서 종속시키는 '이성중심주의'가 아니라 주변 타인들과의 관계를 추구하는 '관계의 중심'이라 할 수 있다. 그래서 유학은 타인과의 관계에서 자신만을 긍정하는 삶의 방식을 不善한 것으로 보고 항상 타인과의 관계 속에서 개인의 삶의 질을 향상시켜야 한다고 본다. 그러면 유학에서는 자아가 타인과 어떤 방식으로 관계를 맺게 되는가?

유가는 관계 맺음의 방식을 가족 관계에서 찾고 있다. 가족은 가장을 중심으로 하는 혈연집단이다. 가장은 전체의 이익을 위하여 통솔권을 행사하고, 기타 구성원들은 전체의 이익을 위해 가장에 순종하면서 가족 구성원 전체는 각자 주어진 직분을 수행한다. 그러면서도 가족은 혈연 정감에 근거해 가족 전체의 단합과 조화를 이끌어 낸다. 이러한 가족의 덕목을 『예기』에서는 親親과 尊尊[33]으로 설명하고 있다. 親親은 부모와 자녀의 관계가 바로 정감의 거리가 없는 사랑임을 의미한다. 이 사랑은 가족 구성원 간의 동질성을 가지게 하여 유대감과 조화를 가능하게 한다. 또한 尊尊은 형제자매 관계에서 필요한 우애와 공경을 의미한다. 형제자매는 엄격한 의미에서 남과 남의 최초의 만남이라 할 수 있다. 서로 간의 다양한 차이, 특히 연령적인 차이가 존재하며 이런 차이는 공경이라는 덕목에 의해 상대방과의 차이성을 인정하면서 갈등을 극복할 수 있다. 그래서 가족 구성원은 존존의 덕목에 근거해 각자 자신의 직분을 충실하게 수행하면서 상대방의 직분과 차이성을 서로 존중하게 되고, 여기에다가 친친의 덕목을 결합하여 가족 구성원들이 서로 사랑하면서 일체감을 가지게 된다. 공자는 친친과 존존을 孝와 敬으로 해석하면서 가족의 이념을 사회로 확대하여 군신, 부자, 장유, 부부, 붕우 등의

33) 『禮記』, 「喪服小記」, "親親, 尊尊, 長長, 男女之別, 人道之大者也." 王國維,, 『殷周制度論』, "然尊尊, 親親, 玄賢, 此三者之天下通義也," 余敦康은 네 항목 중에서 親親과 尊尊이 가장 중요하다고 보고 있다. 『中國哲學論集』, 深陽, 1998, 遼寧大學出版部. 7쪽

관계에서도 관계 주체들이 질서 있고 조화로운 사회를 건설하고자 하였다. 『예기』에서는 관계 맺음에서의 구분과 조화, 차이와 동일성, 개체와 전체의 의미를 禮樂으로 해석하고 있다.

> 樂이라는 것은 같게 하는 기능을 하고, 禮는 달리하는 기능을 하게 한다. 같으면 서로 친하게 되고, 다르면 서로 공경하게 한다. 악이 지나치면 방황하게 되고 예가 지나치면 소원하게 된다.[34)]
> 큰 악은 천지와 화를 함께 하고, 큰 예는 천지와 절문을 함께 한다...... 예는 천지의 조화이고, 악은 천지의 질서이다.[35)]

유가사상에서 예와 악은 유교의 문화이념이다. 『예기』. 「예악」에서 '樂'은 관계 맺음에서 타인과의 동일성, 조화를 의미하며, '禮'은 관계맺음에서의 타인과의 차이와 구분을 의미하고 있다. '樂'는 관계 주체간의 구분과 차이(禮)가 자칫 갈등과 대립으로 나아가지 않도록 양자를 하나로 결합시켜 준다면, 예는 관계대상이 하나로 결합되더라도 관계 대상의 정체성을 상실하지 않게 해 준다. 유학은 여기서 나아가 자연의 이치에 근거해 예악을 설명하는데, 악은 하늘과 땅의 조화(流行)이며, 예는 하늘과 땅의 질서(對待)로 해석하고 있다.[36)] 이 대대와 유행은 바로 『주역』 전체에 관통하고 있는 내재 원리이다. 『주역』에서 "두 여자가 같이 살면서 그 뜻이 서로 맞지 않다"[37)]라는 구절이 있다. 이것은 바로 여자들의 행위방식이 너무나 똑같아서 서로 매력을 느끼지 않기 때문이

---

34) 『禮記』. 「樂記」, "樂者爲同, 禮者爲異, 同則相親, 異則相敬, 樂勝則流, 禮勝則離"

35) 같은 책, "大樂與天地和同, 大禮與天地同節...... 樂者, 天地之和也. 禮者, 天地之序也"

36) 같은 책, "天高地下, 萬物散殊, 而禮制行矣. 流而不息, 合同而化, 而樂興焉"

37) 『周易』, 「革卦」, 彖傳, "二女同居, 其志不相得" 「睽卦」. 彖傳 "二女同居, 其志不同行"

다. 성질이 근본적으로 다른 하늘과 땅, 남자와 여자는 상반된 차이성에 의해 서로가 매혹된다.[38] 그러나 그들 양자는 서로 내적인 본질인 對待와 感應을 공유하고 있기 때문에 즐거움을 느끼게 된다.[39] 이와 같이 음양은 한편으로는 서로 다르지만 다른 한편으로는 감응을 추구하는 관계범주이다. 즉, 음과 양은 각자의 기능을 가지고 있으면서도 음은 양을 찾아 존재근거를 삼고, 양은 음을 찾아 그 존재근거로 삼아 서로 감응(조화)을 추구한다. 그래서 음양의 조화는 음양의 차이에 근거하고, 음양의 차이는 양자 간의 감응을 추구하는 관계가 되어, 음과 양은 둘이면서 하나의 상태가 된다.[40] 이런 음양의 관계 원리를 인간의 생활세계에서 운용한 것이 바로 예와 악이다. 그래서 君臣, 父子, 夫婦, 長幼, 朋友와 같은 인간관계 또한 음양으로 설명할 수 있다. 君, 父, 夫, 長, 朋이 陽은, 臣, 子, 夫, 幼, 友 가 陰으로 볼 수 있다. 여기서 부부 관계를 예로 설명해 보면, 夫와 婦는 모두 각자의 차이성 때문에 결합될 수 있다. 그러나 여기서 차이성은 결코 수직적인 차이성이 아니라 자연적이고 수평적인 측면에서의 차이성일 뿐이다. 夫는 결코 婦를 억압하고 구속할 수 없으며, 婦 또한 夫의 고유성에 대한 간섭하고 부정할 수 없고, 단지 상대방의 차이를 인정하면서 받아들일 때 양자가 서로 소통할 수 있다. 『예기』에서는 예식은 시대에 따라 바꿀 수 있지만 예악의 정신은 시대와 장소에 따라서도 변할 수 없는 관계법칙임을 언급하고 있다.[41] 그래서 예악 정신은 과거 전통에서 뿐만 아니라 현대 사회에서도 유용한 삶의 방식이 될 수 있다. 하지만 동양의 역사를 보면 유가가 추구한 삶의

---

38) 방동미, 정인재역, 『중국인이 보는 삶의 세계』 서울, EjB, 2004, 63쪽

39) 『周易』, 「隨卦」, 彖曰, "隨剛來而河柔, 動而悅隨"

40) 송유 장재는 양자의 관계성을 '一物兩體'(『張載集』. 「大易」)로 설명하고 있다.

41) 『禮記』, 「大傳」, "立權道量, 考文章, 改正朔, 易服色, 殊徽號, 異器械, 別衣服, 此其所得與民變革者也. 其不得變革者則有矣. 親親也, 尊尊也, 長長也, 男女有別也, 此其不可能與民變革者也"

방향이 위와 같이 진행된 것만은 아님을 알 수 있다.

> 같으면 서로 친하게 되고, 다르면 서로 공경하게 한다. 악이 지나치면 방탕하게 되고, 예가 지나치면 소원하게 된다.[42)]

> 악의 극치에 이르면 근심하게 되고, 예가 소략하면 편벽되게 된다. 그래서 악을 돈독하게 해서 근심을 없애고, 예를 갖추어서 편벽되지 않게 하는 것은 오직 그 대성이 아닌가?[43)]

『예기』에서는 예와 악 양자 중 어느 하나에 지우치지 않는 중의 상태의 결합을 추구해야 하지만 현실세계에서는 간혹 '樂'이 강조되고 '禮'가 상대적으로 등한시되어 관계가 방탕하게 된 경우가 있는가 하면, 반대로 예가 강조되고 악이 등한시되어 관계 주체 간의 관계가 소원해지는 경우도 있음을 말하고 있다. 전자에 대해서는 모종삼의 유가의 전통정치에 대한 비판에서 찾아볼 수 있다. 그는 맹자의 인정정치를 평가비판하면서 군주가 덕성으로써 백성을 감화시키면 백성과 신하는 자발적으로 자신의 개체성, 고유성을 버리고 군주에 복종한다. 그러면서 군주는 절대적인 지위를 가지게 되면서 군주와 신하 관계는 권력 관계로 바뀌어 버렸다고 주장한다. 그래서 중국에서는 객관적 법률과 제도가 발달하지 못하였다고 평가하고 주체와 객체가 분리되어 각자가 개체성을 확보할 수 있는 '이성의 구조적 표현'을 서양문화에서 받아들여야 한다고 하였다.[44)] 하지만 그가 주장한 바와 같이 서양의 주체와 객체가 분

42) 『禮記』. 「樂記」, "同則相親, 異則相敬, 樂勝則流, 禮勝則離"

43) 같은 책, "樂極則憂, 禮粗則偏矣. 及夫敦樂而無憂, 禮備而不偏者, 其唯大聖乎"

44) 牟宗三, 『政道與治道』, 臺灣, 學生書局, 1996, 43~54쪽, 권상우, 「현대신유학의 '현대화'에 대한 비판과 새로운 모색-모종삼의 내성외왕설에 대한 비판과 주역의 정치철학」, 『철학연구』, 98집, 대한철학회, 2006, 6~13쪽 참고,

리된 정치체제를 받아들이면 앞에서 언급한 바와 같이 '禮', 즉 '구분'이 강조되고 악이 등한시되어 양자 간의 관계가 대립과 투쟁으로 발전되어 소원해질 수도 있음[45]을 경고하고 있다. 이런 경우는 법가의 관계 방식에서 찾아볼 수 있다. 법가는 군주와 신하 그리고 군주와 백성의 관계를 대립과 충돌의 관계[46]로 조성하여 백성과 신하가 군주를 피함에서 더욱 잘 이해할 수 있다. 동양의 전제주의 정치체제에서 군주와 신하의 직분의 차이가 권력의 차이로 전개되는 것은 너무나 당연한 사실이다. 한대 이후 중국의 전통사회는 이런 법가의 정치체제와 결합되어 왜곡되어진 형태로 전개었다.[47] 이런 유교에서는 군주가 신하를 억압하고, 남편이 아내를 억압하고, 부모가 자식을 억압하고, 형이 동생을 억압하는 방식으로 진행되었다. 하지만 유가 경전에서 권력적인 관계 맺음을 경계하면서 道에 근거한 관계맺음을 권고하는 자료를 쉽게 찾아 볼 수 있다.[48] 이런 의미에서 볼 때, 근대 지식인들의 예교에 대한 비판은 전혀 설득력이 없는 것은 아니다. 하지만 전제주의의 예교에 대한 비판을 유가 전체가 그러한 것처럼 비판하는 것에는 많은 무리가 따른다. 왜냐하면 유가문화에서 예는 악과 결합될 때에만 그 의미를 가질 수 있기 때문이다.

유가사상은 타인과의 관계 맺음을 통해 자신의 직분을 다하면서도

45) 『周易』, 「否卦」을 통해 설명해 보면, 비괘는 卦의 象만으로 보면, 하늘이 위에 있고 땅이 밑에 있어 그 위치상에서는 옳다. 그러나 陰은 차가운 기온에 속하고, 陽은 따뜻한 기온에 속한다. 따뜻한 기온은 항상 위로 올려가려는 성질이 있고, 차가운 기운은 항상 밑으로 내려가려는 다른 성질을 가지고 있다. 否卦와 같이 陽이 위에 있으면서 위로 올라가고, 陰이 아래에 있으면서 아래로 내려가려 한다면 영원히 소통할 수 없을 것이고 각자의 차이성만 더욱 커질 것이다.

46) 韓非子, 『韓非子』, 『揚權』, "上下一日百戰"

47) 박원재, 『유학은 어떻게 현실과 만났는가?』, 서울, 예문서원, 2001 참조

48) 夫不義則婦不順矣(『安氏家訓』. 「治家」), 君使臣以禮, 臣使君以忠.(『論語』. 「八佾」), 從道不從君, 從義不從父(『荀子』. 「臣道」)

타인을 인정하는 호혜적 관계에서 조화를 이루는 삶을 추구한다. 이런 유가의 삶의 방식은 전술한 바와 같이 서양의 개인주의적 문화 토대인 서양의 삶의 방식과는 구별된다. 서양 근대 문화에서는 비록 개인이 자신의 이익을 추구하기는 하지만, 그 자연스러운 욕구는 있는 그대로 수용될 수 없다고 한다. 왜냐하면 그 자연스러운 욕구를 있는 그대로 놓아둘 경우에 그 결과는 바로 진정한 자기 이익을 보장받지 못하기 때문이다. 그래서 개인은 자기 자신의 이익을 위해서라도 사회적 계약을 통해 통제되어야 한다고 본다. 그래서 서양 문화에서는 인간의 삶의 목적은 본질적으로 개인의 자유와 이익을 추구하는 것이라 할 수 있다. 이와 같이 사회적 계약에 의해 개인의 이익이 통제한다고 하더라도 여전히 서양 근대에서의 잘 삶의 문제는 바로 타인과의 대립과 갈등을 회피할 수 없게 된다. 그래서 서양은 자유를 최고의 선으로 보고, 그것을 획득하면서 행복의 상태에 이르게 된다고 본다. 아리스토텔레스는 행복을 "더 이상 아무 것도 요구하지 않는 만족한 상태이며, 그 자체 다른 무엇을 위한 활동도 아닌 정신 상태"[49]로 규정하고 있다. 그의 정의에 따르면 행복은 바로 최고선의 상태임을 알 수 있다. 서양철학에서는 최고선은 대부분 자유와 관련해서 설명하지만 자유가 최고의 선이 될 수 있는가? 수많은 개체들이 각자의 자유를 추구할 경우 종종 서로 충돌하게 되며, 이럴 경우 충돌을 극복하기 위해서는 또 하나의 상위의 덕목이 요구된다. 따라서 자유는 최고선이 될 수 없고, 갈등과 대립을 극복할 수 있는 타인과의 조화가 최고의 덕목이 될 수 있다. 그래서 사회 구성원 간에 인정과 조화가 이루어질 때 행복감을 느낀다고 할 수 있다. 그러면 다음 장에서 맹자의 '관계 맺음'에서 내면의 즐거움이 무엇인지를 살펴보고자 한다.

---

49) 아리스토텔레스, 최명관역, 『니코마코스윤리학』, 서울, 을유문화사, 1974, 188쪽

3. 주관적 근거와 내면적 즐거움

맹자사상은 유가적 삶의 질에 대한 주관적 관점이 어떠한가를 분명하게 보여준다. '관계 맺음'의 삶의 방식이 외부에서 아무리 좋은 삶으로 평가된다 하더라도 삶의 주체가 억압적이고 고통스럽게 느낀다면 잘 사는 삶이라 할 수 없다. 이런 측면에서 심리학자들은 '삶의 질'에 대한 평가는 외부환경이 아니라 욕구의 만족도이며, 평가의 주체도 외부 관찰자가 아닌 삶을 영위하고 있는 당사자가 되어야 한다고 주장한다. 그래서 그들은 삶의 질은 '의식', '태도', '선호', '욕구'의 감정과 밀접하게 관련성이 있어"[50] 삶의 질에 관한 논의에서 주관적 접근 또한 결코 소홀히 할 수 없다. 그러나 어떤 '선호', '의식', '태도'와 '욕구'를 가지고 있느냐 하는 문제는 바로 그 행위 주체가 인간 존재를 어떻게 보느냐와 직접적인 연관성이 있기 때문에 인간에 대한 이해가 선행되어야 한다. 그래서 본장에서는 유가에서의 잘 삶의 주관적 요소를 맹자사상에서의 인성, 욕구와 즐거움에서 찾아보고자 한다.

맹자도 또한 인간은 타인과의 관계를 통해서 존재해야 하며, 인간이 추구해야 할 人倫은 바로 '관계 맺음'에서 파악되어야 한다고 본다. 즉 父子, 君臣, 夫婦, 長幼, 朋友 등 다양한 관계 맺음에서 인간의 존재 의미가 드러나기 때문에 독립적인 인간 존재에서 본성을 해석할 수는 없다고 본다.[51] 맹자는 혈연정감에 근거해 양주학파(揚朱學派)와 묵가학파(墨家學派)를 비판하면서 인간 본성을 설명한다.

50) 도성달, 「삶의 질을 어떻게 볼 것인가」, 『한국의 교육과 윤리』 제6집, 1997, 7쪽

51) 『孟子』. 「盡心下」, "口之於味也, 目之於色也, 耳之於性也, 鼻之於臭也, 四肢之於安佚也, 性也, 有命焉, 君子不謂性也. 仁之於父子也, 義之於君臣也, 禮之於賓主也. 智之於賢者也, 聖人之於天道也, 命也, 有性焉, 君子不謂命也."

> 양주는 자신을 위함을 취하였으니, 이것은 임금이 없는 것이다. 墨翟은 兼愛를 주장하니 이것은 아비가 없는 것이다. 아비도 없고 임금도 없으면 짐승과 다를 바가 없다. ……그런데 사악한 설이 백성을 속이고 어질고 올바른 仁義의 도를 꼭 막히게 하였다.[52]

맹자는 타인에 대한 사랑은 부모에 대한 사랑에서부터 시작하여 인류 전체에까지 확대되어야 한다고 보면서, 양자의 '爲我說'과 묵자의 '兼愛說'를 비판한다. 묵가가 인류를 평등하게 사랑해야 한다고 주장하지만, 그 사랑은 어디에서부터 시작해야 하는지를 알지 못하였으며, 양주는 사랑의 출발점을 말할 뿐 인류전체에 대한 사랑을 부정하였다고 비판한다. 이러한 맹자의 양주의 '위아설'과 묵가의 '겸애설'에 대한 비판은 대부분의 유학자들로부터 지지를 받았다. 특히 宋儒 程伊川은 이를 理一分殊(같음과 다름이 분리되지 않음)로 설명한다.[53] 그는 묵자는 사랑의 '같음' 측면만을 강조하였고, 양주는 사랑의 '다름' 측면만 강조한다고 비판하면서 유학에서의 사랑은 '같음'과 '다름'이 결합된 형태로 드러난다고 본다. 그러면서 '같음'을 仁으로 보고, '다름'을 義로 보고 있다. 즉, 仁이 타인에 대한 '사랑'이라면, 義는 사랑하는 대상에 대한 '분별'의 의미를 가진다. 이러한 분별은 행위 주체와 행위 대상의 관계에 따라 다양하게 표현되어야 하지만 그 본질인 사랑은 동일하다고 보아 仁과 義는 결코 분리될 수 없음을 밝히고 있다. 맹자는 또한 親親의 본질을 인으로, 敬長의 본질을 義로 이해한다.

---

52) 『孟子』, 「勝文公下」, "楊朱爲我, 是無君也. 墨氏兼愛, 是無父也. 無父無君, ...是禽獸也.....是邪說誣民, 充塞仁義也"

53) 『二程文集』, 「券9券」, "「西銘」明理一分殊, 墨氏則二本而無分, 老幼及人, 理一也. 愛無差等, 本二也. 分殊之蔽, 私勝而失仁, 無分之罪, 兼愛而無義" (楊時書)

인의 실제는 부모를 섬기는 것이고, 의의 실제는 형을 따름이며, 지의 실제는 이 두 가지를 알아서 없애지 않음이요, 예의 실제는 이 두 가지를 적절히 나타내는 것이다.[54]

두 세 살만 되도 자신의 부모를 친애할 줄 모르는 아이가 없다. 이 아이가 자라면 자신의 형을 공경할 줄 안다. 친친하는 것이 仁이고, 윗사람을 공경하는 것이 義이다. 인의는 다른 것이 아니라 이것(親親, 敬長)을 온 세상에 확대할 뿐이다.〈?〉.[55]

맹자는 사람마다 자신의 부모를 친애하고, 자신의 형을 공경함을 모든 인간관계의 근본임을 설명한다. 그는 事親을 仁의 실제 내용으로, 尊敬은 義의 실제 내용으로 보고 있다. 그리고 仁과 義 두 가지를 적절하게 실천할 수 있음이 바로 禮의 실제 내용이며, 이 두 가지를 체득하고 보존하는 것이 智의 실제 내용이다. 여기서 '실제 내용'의 의미는 가장 절실함으로 이해할 수 있다. 맹자는 仁義禮智를 사회관계에서의 人性으로 파악하고 있지만, 禮와 智는 단지 仁과 義의 부차적인 범주에 불과하며 근본적인 것은 仁과 義일 뿐이라고 본다.[56] 맹자는 仁을 타인을 사랑하게 하는 내재적 근거로, 義를 타인을 공경하게 하는 내재적 근거로 이해하고 있다. 『禮記』에서는 "仁은 樂에 가깝고, 義는 禮에 가깝다"[57]라고 기록되어 있다. 맹자는 인의가 예악의 내재적 근거라면, 예악은 인의의

54) 『孟子』. 「離婁上」, "孟子曰, 仁之實, 事親是也. 義之實, 從兄是也. 智之實, 知斯二者弗去是也. 禮之實, 節文斯二者是也, 樂之實, 樂斯二者, 樂則生矣, 生則惡可已矣"

55) 『孟子』, 「盡心上」, "人之所不學而能者, 其良能也, 所不慮而知者, 其良知也. 孩提之童, 無不知愛其親也. 及其長也, 無不知敬其兄也, 親親, 仁也. 敬長, 義也. 無他,達之天下也"

56) 권상우, 「주희의 仁義에 대한 理一分殊적 해석」, 『철학논총』, 제57집 새한철학회, 2007, 40~43쪽 참고

57) 『禮記』, 「樂記」, "仁近於樂, 義近於禮"

결과적 공효로 보고 있다. 그리고 내재적 본성과 외형적 공효는 사랑과 공경에 연결되며, 사랑과 공경의 근원은 또한 事親(孝)과 敬長(悌)으로 보고 있다.

맹자는 가족에서의 親親과 尊敬을 사회와 자연에까지 확대되어져야 한다고 본다. 그는 "군자는 어버이를 친애하고 나서 사람들을 인애하고, 사람들을 인애하고 나서 사물을 아끼고 사랑한다"[58] 고 한다. 친친과 존존은 질서 있고 조화로운 가족을 구성하고 나서, 사회관계에서도 구분이 있으면서도 조화로운 형태로 만들어야 한다고 본다. 그래서 맹자는 "신하가 인의만을 생각하여 임금을 섬기고, 아들이 인의만을 생각하여 어버이를 섬기며, 아우가 인의만을 생각하여 형을 섬기면, 이는 군신, 부자, 형제 관계에서 이익을 버리고 인의만을 생각하여 서로 관계 맺음을 하는 것이라"[59]하여 사회 구성원이 모두 인의에 근거해 타인을 존중하면서 소통할 수 있는 道義세계를 구현할 수 있다고 본다. 여기서 더 나아가 자연에까지 확대하면 인간과 자연의 관계가 서양 근대문화에서와 같이 인간이 일방적으로 자연을 해석하고 정복하는 것이 아니라, 서로 어우러져 공존할 수 있는 관계로 나갈 수 있을 것이다. 이와 같이 맹자는 가족, 사회, 세계에서 관계 맺음의 본질적 근거를 인간에 내재한 仁義에서 찾고 있다.

맹자는 인의가 사람이라면 누구나 태어나면서부터 가지고 있는 것이지 외부로부터 인위적으로 조작되어진 것이 아니라고 본다. 이런 점은 맹자가 告子의 仁內義外說[60]에 대한 비판에서 잘 설명하고 있다. 고자는 仁을 관계주체로, 義를 관계 대상이기 보고, 義를 외적인 것으로 파

58) 『孟子』, 「盡心上」, "親親而仁民, 仁民而愛物"

59) 『孟子集註』, "懷仁義以事其父, 爲人弟者, 懷仁義以事其兄, 是君臣父子兄弟去利, 懷仁義以相接也. 然而不王者未之有也"

60) 孟子」, 「告子上」. 4~5절 참고

악한다. 하지만 맹자는 관계 대상 그 자체가 중요한 것이 아니라 그 관계 대상이 누구이며, 어떤 상황에 처해있는가를 파악하는 관계 주체인 심의 인식과 실천에 있기 때문에 義도 인간에 내재하는 것으로 보아야 한다고 주장한다. 이와 같이 인의가 인간에 내재해 있다는 사실만으로는 우리의 삶의 만족도가 높다고 할 수 없으며, 그것에 대한 욕구와 그리고 그것이 실현되었을 때 수반되는 즐거움이 있을 때 삶에 대해 만족감을 느낄 수 있다.

이에 대해 맹자는 "사람은 배우지 않고도 할 수 있는 바가 있으며, 그것이 본래의 良能이다. 또한 배우지 않고서도 알 수 있으니 그것이 바로 良知라 한다. 어린 아이는 누구나 다 자기 어버이를 사랑할 줄 알게 마련이고, 점차 자라나게 되면 누구나 다 자기 형을 공경할 줄 알게 마련이다"[61] 라고 함에서도 알 수 있듯이 仁義는 결코 인간의 자연적인 본성이기 때문에 일상적인 삶에서 이해하고 실천할 수 있는 것으로 이해된다. 맹자는 또한 어린아이가 우물에 빠지려고 할 때 사람이면 누구나 돕고자 하는 것은 다른 사람들로부터 명예를 얻고자 하는 것도 아니고, 어떤 이익을 추구하기 위해서도 아니며 인간이 사지를 가지고 태어나듯이 인간이 본유적으로 가지고 있는 측은한 마음에 따르기 때문이라 하고 있다.[62] 이와 같이 맹자가 도덕적 본성을 실현하여 타인과의 좋은 관계를 맺고자 함은 외부적인 요인에 의한 것이 아니라 자신의 본성을 알고 그에 충실하게 이행하기 때문에 가능한 것으로 본다.

그러나 인간이 항상 도덕본성을 알고 타인에 대해 바람직한 행위만을 하는 것은 아니다. 맹자는 인간이 완전한 존재가 아니라 불선할 수도

61) 같은 책, 「盡心」, "孟子曰, 人之所不學而能者, 其良能也, 所不慮而知者, 其良知也. 孩提之童, 無不知愛其親也, 及其長冶, 無不知敬其兄也"

62) 같은 책, 「公孫丑芻」上, "所以謂人皆有不忍之心者, 今人乍孺子將入於井, 皆有怵惕惻隱之心, 非所以內交於孺子之父母也, 非所以要譽於鄉黨朋友也, 非其聲而然也"

있음만을 인정하고 있다. 그는 단지 인간이 인성을 실현하여 바람직한 관계를 맺을 수 있는 가능성이 있음만을 강조한 것이다. 왜냐하면 인간에게는 생리적, 감성적 욕구 또한 존재하기 때문이다. 맹자는 "눈과 귀 같은 감각기관은 생각하지 못하고, 외물에 가린다. 物과 物이 교접하면 거기에 이끌려 버린다"[63]고 하여 인간은 입, 귀, 코, 四肢의 욕구는 외적 조건에 필연적으로 이끌릴 수밖에 없다고 본다. 이런 생리적, 감성적 욕구가 일어나는 근본 원인은 바로 타인에 대한 공경과 사랑을 거부하고 개인의 私慾을 추구하기 때문에서 찾을 수 있다. 맹자가 말하기를

> 입은 맛에 대하여 같은 기호를 가지고 있고, 귀는 소리에 대하여 같은 청각을 가지고 있으며, 눈은 색깔에 대하여 같은 미감을 가지고 있는데, 마음만 오직 똑같이 그러한 바가 없겠는가? 마음이 함께 그러한 바는 무엇인가? 그것을 理라 하고 義라 한다. 성인은 나보다 먼저 마음의 다 같이 그러한 바를 얻었을 뿐이다. 그러므로 理義가 내 마음을 기쁘게 하는 것은 마치 맛있는 고기 요리가 내 입을 즐겁게 해주는 것과 같다.[64]

위의 문장을 통해 맹자는 인간이 생리적 요구를 지니고 있는 것처럼 도덕적 삶을 살아가고자 하는 욕구 또한 있음을 인정하고 있다. 생리적 욕구가 감각적 만족을 추구한다면, 도덕적 욕구는 인의를 실현하고자 한다. 맹자는 이런 도덕적 욕구를 마음의 자각에서 찾는다. 심이 외물에 빠져 있으면 의지는 바로 신체로 향하게 되어 도덕본성을 실현할 수 없게 된다. 그러나 마음이 외물에 빠지지 않고 이치(仁義)에 따라 행하면 도덕 본성을 실현할 수 있다고 본다.

---

63) 같은 책, 「告子上」, "耳目之管, 不思而蔽於物, 物交物, 則引之而已矣"

64) 같은 책, 告子上」,"口之於味也, 有同耆焉, 耳之於聲也, 有同聽焉, 目之於色也, 有同美焉, 至於心, 獨無所同然乎? 心之所同然者, 何也? 謂理也, 義也. 聖人先得我心之所同然耳, 故理義之悅我心, 猶芻豢之悅我口"

맹자가 도덕본성을 실현해 자아를 완성하고자 하는 목적이 바로 인관관계의 질서와 조화에 있다는 측면에서 본다면, "심적 욕구체계는 인간관계의 질서와 조화 추구 또한 하나의 지향적 추진력으로 작용한다고 볼 수 있다."[65] 이러한 인간관계의 조화와 질서를 통해 군자는 다른 사람과 함께 선을 행하고자 하는데, 군자에게 이보다 더 큰 일이 없게 된다고 본다.[66] 맹자는 "옛 임금은 백성과 즐거움을 함께 하였기에 실제로 즐길 수 있었다"[67]라고 한다. 이는 관계주체가 관계 대상 또한 본성을 실현하여 함께 선을 이루고자 하는 욕구로 설명할 수 있을 것이다. 그리고 이 욕구가 실현되면 그 즐거움이 마치 감각, 생리, 신체에서 얻는 즐거움과 같은 의미의 즐거움을 얻을 수 있게 된다고 본다. 맹자는 이때의 감정을 인의예지가 내 마음에 뿌리 내리면, 그 얼굴빛에 나타남이 온화하고 윤택하여 그것이 얼굴에도 드러나고, 등 뒤에도 밝게 나타나며, 두루 팔과 다리에까지 골고루 미쳐서 아무런 말을 하지 않아도 깨달아 행해진다고 했다[68]고 표현하고 있다. 이와 같이 맹자는 인의에 근거한 심적 욕구가 실현되었을 때의 즐거움을 감각, 생리와 직접적으로 연결하고 있어 자아실현과 관계실현이 결코 고원한 것이 아니라 우리의 일상생활에서 접할 수 있는 즐거움을 암시해 주고 있다. 이에 대해 모종삼은 감정적 즐거움(행복)과 도덕 본성의 실현이 결합되어진 형태가 유가의 최고선으로 이야기하고 있다.[69] 만약 즐거움을 얻었지만 도덕 본성에 근거한 것이 아니라면 그것은 四肢에 의한 행복일 뿐이며, 도덕적 행위를 했다고 하더라도 그것이 즐겁지 않다면 단지 그 행위가 인

65) 조긍호, 『유학심리학』, 서울, 나남출판, 1997, 101~102쪽,

66) 같은 책, 「公孫丑上」, "君子莫大乎與人爲善"

67) 『孟子』, 「梁惠王」上: "孟子對曰.......古之人, 與民偕樂, 故能樂也"

68) 같은 책, 『盡心上』, "仁義禮智根於心, 其生色也. 睟然見於面, 盎於背, 施於四體, 四體不言而喩"

69) 牟宗三, 『圓善論』, 學生書局, 臺北, 1985, 174쪽

의에 의거한 것이 아니라 명예와 이익 등의 외부적 요인에 의거한 행위로 볼 수 있다. 이와 같이 맹자는 진정한 행복은 바로 도덕적 본성에서 찾아져야 한다고 한다. 맹자는 인간관계에서 느끼는 3樂을 다음과 같이 이야기하고 있다.

> 군자에게는 세 가지 즐거움이 있으나 천하를 다스리는 것은 그 속에 들지 않는다. 부모가 모두 살아 계시고 형제들에게 아무 탈 없이 없어서 느끼는 첫 번째 즐거움이라 할 수 있고, 이를 통해서 위로 하늘을 우러러 부끄러움이 없고 아래로 사람들을 굽어보아도 부끄러움이 없는 것이 두 번째 즐거움이며, 천하의 영재를 얻어 그들을 교육시킴이 세 번째 즐거움이다. 군자는 이 세 가지 즐거움을 추구하지만, 천하를 다스리는 것은 그 속에 들지 않는다.[70)]

맹자는 三樂을 군자가 가장 중시하는 것으로 보고 있다. 이 삼락을 모종삼은 천륜, 수신, 문화에 속한 것으로 보고 있다.[71)] 맹자는 三樂 중에 부모와 형제 관계는 천륜으로서 그들이 생존해 있어 부모에게 효도를 다하고 형에게 공경을 다하여 仁義의 근거를 파악할 수 있음에서 첫 번째 즐거움으로 삼고, 두 번째는 사람이 자기의 사사로움을 억제하고 타인과 관계 맺음을 통해서 인의를 실현할 때 얻는 즐거움으로 이해하고 있다. 그리고 세 번째는 스스로 체득한 도를 후학들로 하여 깨닫게 해 장차 사랑이 가득한 도덕세계를 만들고자 하는 즐거움으로 이야기할 수 있다. 그러나 왕천하의 행복은 삼락보다 못하다고 본다. 맹자는 군

---

70) 『孟子』, 「盡心上」: "君主有三樂, 而王天下不與存焉, 父母俱存, 兄弟無故, 一樂也. 仰不愧於天, 俯不怍於親, 二樂也, 得天下英才而教育之, 三樂也. 君子有三樂, 而王天下不與存焉."

71) 모종삼, 같은 책, 163~170쪽

자가 도달해야 최고의 행복은 개인의 행복만이 아니라 바로 사회 구성원의 전체가 행복하게 해 줌에 있다고 본다.[72] 이와 같이 맹자는 개인의 행복 뿐만 아니라 사회전체의 행복을 자신의 궁극적인 목표로 설정하고 있다.

전술한 바와 같이 맹자는 인간은 도덕적 욕구가 있으며 이런 욕구가 달성되면 즐거움(행복)을 얻을 수 있다고 본다. 그리고 이런 행복은 외부에서 주어지는 것이 아니라 자신의 내면적 본성에 근거함을 알 수 있었다. 그래서 실제로 사회심리학자들은 실증연구를 통해 동양의 주관적 안녕은 서양의 개인주의 문화권에서의 경쟁, 자기성취, 자존감, 외향성 등에서 삶의 질을 결정하는 것과는 달리 유가문화권에서는 겸양, 협력, 배려, 관심 등이 중요한 요소가 된다고 한다.[73] 이런 주장은 바로 맹자사상에서의 삶의 질에 대해 현실적 근거를 뒷받침하고 있다.

4. 객관적 근거와 사회제도

유가적 삶의 질에 대한 객관적 근거를 순자철학에서 찾아볼 수 있다. 맹자사상에서와 같이 자아완성을 통해 내면의 즐거움을 얻을 수도 있다고 하더라도 자신이 처해 있는 사회가 비도덕적인 사회라면 결코 좋은 삶을 살고 있다고 볼 수 없다. 특히 유학은, 도가와 불교와 달리 현실 사회 안에서 타인과의 관계를 맺으면서 살아가는 존재인 이상 그들의 삶의 환경 또한 등한시 할 수 없다. 그래서 삶의 질에 대한 객관적 접근을 취하는 학자들은 잘 삶의 조건으로서 사회 환경과 제도, 사회

72) 牟宗三, 『圓善論』, 學生書局, 174쪽

73) 조긍호, 「삶의 질과 주관적 안녕: 비교문화적 고찰」, 『사회과학연구』 6집, 서강대학교 사회과학연구소, 1997, 249~251쪽

규범 등의 객관적 요소를 매우 중시한다.

순자는 맹자를 "선왕의 도를 지나치게 간략히 하였고, 그래서 비록 선왕을 본받았으나 그 계통을 알 수 없다"[74]고 비판한다. 여기서 統이란 "성과 왕의 제도를 법으로 삼아 그의 법도를 본받아서 統類를 구하여, 그를 본받기에 힘써야 한다[75]"에서의 統類를 말한다. 그러므로 이 통류는 과거의 수 많은 왕들에 의하여 전승되어진 예의 법도를 말한다. 그래서 순자는 맹자가 예의법도에 대한 관심 즉 구체적인 치도에 대한 객관적 근거에 소홀히 하였음을 비판한다. 순자가 맹자를 비판하는 이유는 그 당시의 혼란한 상황과 관련성이 있다.[76] 순자는 "무릇 천지 고금에서 善이란 이치에 맞고 평화롭게 다스려지는 것을 말하며, 惡이라는 것은 한편으로 편벽되어 위험하고 도리에 어긋나 어지러운 것을 말한다. 이것이 바로 善과 惡의 구별이다. 이제 사람의 본성이 도리에 맞고 평화적인 것이라면 성왕이 어째서 필요하고 예의가 무슨 소용이 있겠는가?"[77] 라고 말하고 있는 것으로 보아 당시 사회가 덕과 능력에 의한 질서 지워진 것이 아니라 힘과 폭력에 의해 질서 지워지고 있는 삶의 현실임을 알 수 있다.

순자는 맹자의 주장과 같이 모든 사람이 도덕적 본성을 가지고 있다면 왜 당시와 같이 편벽되어 위험하고 도리에 어긋나 어지러운가라고 물으면서 맹자의 이러한 주장은 너무 고원하여 현실적이지 못한 것으로 비판한다. 그래서 순자는 인간의 본성을 홉스가 말한 것과 같이 이기적인 인간들의 집합이며, 각자 자기의 이익을 추구하기 때문에 '만인

---

74) 『荀子』, 「非十二子」, "略法先王而不知其統"

75) 같은 책, 「解蔽篇」, "故學者以聖王爲師, 案以聖王之制爲法, 法其法, 以求其統類, 以務象效其人"

76) 정병석, 「순자에서 存群體의 情神과 國家의 形式」, 『철학회지』, 제25집, 11쪽

77) 같은 책, 「性惡」, "凡古今天下之所謂善者, 正理平治也. 所謂惡者, 偏檢悖亂, 是善惡之分也."

이 만인에 대한 투쟁'과 같은 관계로 보았다. 이는 특히 순자가 살았던 전국 시대가 혼란한 시기였음을 고려한다면, 맹자의 관계 방식이 현실에서 실현 불가능한 낙천적인 태도로 보여 질 수도 있다. 그러면 순자는 그의 사상을 어느 방향으로 끌고 나가야 할 것인가? 순자는 우선적으로 "인간의 본성은 악하다"는 현실 인식에서 출발하여 사회에서 바람직한 관계 맺음이 가능할 수 있는 방법을 모색한다.

> 사람의 힘은 소보다 못하고, 빠르기는 말보다 못하다......이는 사람은 더불어 모여(群) 살 수 있지만, 소와 말은 모여 살지 못하기 때문이다. 그렇다면, 사람은 어떻게 해서 모여 살 수 있는가? 그것은 몫을 나누어 가지기(分) 때문이다. 그렇다면, 사람들은 어떻게 나누어 가질 수 있는가? 이는 올바른 원칙(의)을 통해서이다. 그러므로 의로써 나누어 가지면 조화가 이루어지고, 조화가 이루어지면 하나로 뭉쳐지고,......강하게 되어 다른 생물들을 이기게 된다.[78)]

여기서 순자는 인간이 다른 생물과 달리 사회 조직을 떠나서는 살 수 없는 존재로 규정한다. 인간은 사회 안에서 자신의 직분에 의거해 타인들과의 관계 맺음을 통해서 사회 전체의 조화를 이루어야 한다고 본다. 그러나 이러한 입장은 맹자도 공유하고 있다는 점에서 순자만의 독자적인 사상이라 할 수는 없다. 하지만 순자가 '잘 삶'을 위해 직분의 나눔을 중시하고 있다는 점과 그 근거를 '올바른 원칙'에서 찾고 있다는 점에서 맹자와는 큰 차이가 있다. 순자는 맹자가 관계 원리의 근거로서 혈연정감에 근거한 인간의 본성을 확립한 것과는 달리 당시에 혼란한 상

---

78) 『荀子』. 「王制」, "力不若牛, 走不若馬, 而牛馬爲用, 何也. 曰人能群, 彼不能郡也. 人何以能郡, 曰分, 分何以能行, 曰以義, 故義以分則和, 和則一, 一則多力, 多力則疆, 疆則勝物"

황에서 관계 주체들의 직분에 대한 고심을 하게 된다. 순자는 편벽되고 어지러워져 직분의 中(적당함)이 이루어지지 않는 상황에서 사회 구성원들의 직분을 합리적으로 구성하는 것이 급선무라고 생각하였다. 이런 의미에서 순자는 사회 구성원들이 그들의 능력과 자질에 맞게 직분을 나누고 질서를 바로 세워 삶의 토대를 마련해야 함을 중시하였다. 그래서 순자는 모든 사람들이 받아들일 수 있는 객관적인 원칙을 확립해야 하는 것으로 본다. 순자는 예에 근거해서 정립해야 하며, 이 禮가 어느 시대, 어느 사회에서나 누구나 걸어가야 할 보편적인 人道로 간주한다. 순자가 예는 관계 주체들의 직분이 옳게 정해지고, 그 직분에 맞게 실천하게 된다면 조화는 자연스럽게 실현되어질 수 있음을 강조한다.

순자는 구분을 매우 강조하지만 조화를 결코 부정한 것은 아니다. 실제로 그의 예론의 근본 목표는 바로 사회 구성원들이 "함께 모여 살면서 조화롭게 통일을 이루는 일(群居和一)에 두고 있다. 단지 관계 주체가 절제하고, 관계 속의 역할을 충분하게 수행하게 되면 분쟁과 갈등이 사라지고 모두가 조화롭게 하나가 될 수 있음을 강조하고 있다. 그는 사회관계의 목표는 바로 각자의 직분의 차이를 다하면서 조화를 추구하는 것에서 찾고 있다. 그래서 직분이 바로 조화의 전제라고 보면서 예를 악보다 더욱 우선시되어야 할 규범으로 보았다.[79] 그래서 순자는 예의 근거에 대해 매우 중시한다.

순자는 예는 성인의 僞에서 생겨난 것이며, 성인이 사려를 쌓고 인위를 익혀서 이를 통해 예의를 만들었다고 한다.[80] 그러면 성인은 무엇에 근거해서 예를 제정하였는가? 이에 대해 순자는 예의 근원으로 천지, 선조, 성인을 들고 있다.

---

79) '名分使群' 이라 표현이 순자 전편에서 거듭 주장되고 있기 때문에 명분이 바로 사군의 전제가 된다고 말할 수 있다.

80) 『荀子』. 「性惡」, "禮義者 是生於聖人之僞, 非故生於人之性也. ....聖人積思慮 習僞故, 以生禮義 而起法道"

> 예에는 세 가지 근본이 있으니 천지는 예가 생긴 근본이고, 선조는 종족의 근본이며, 임금과 스승은 다스림의 근본이다. 천지가 없으면 어디에서 예가 생기고, 선조가 없으면 어디에서 예가 나오며, 군사가 없으면 어떻게 다스려지겠는가? 이 세 가지 중에 한 가지라도 없다면, 편안한 사람은 아무도 없을 것이다. 그러므로 예는 위로는 하늘을 섬기고, 아래로는 땅을 섬기며, 조상을 존대하고, 임금과 스승을 높이는 것이다 이것이 예의 세 가지 근본이다.[81)]

여기서 순자는 예의 근원을 우선적으로 천지에서 찾고 있다. 순자는 "하늘에는 天時가 있고, 땅에는 재화를 생산하는 地理가 있으며, 사람은 그 다스림을 가지고 있다. 이를 일러 사람이 하늘과 땅과 나란히 설 수 있음이라 한다."[82)]고 서술하고 있다. 여기서 순자는 하늘, 땅, 그리고 사람을 구분해서 설명하고 있다. 여기서 구분은 바로 직분의 차이에 기인한다. 즉, 하늘은 하늘의 직분을 다하고, 땅은 땅의 직분을 다하고, 사람은 사람의 직분이 다해야 한다고 보고 있다. 그 의미는 바로 예기에서 "예는 하늘과 땅의 질서이다"라고 한 것에서 더욱 분명하게 알 수 있다. 이와 같이 순자는 예의 근거를 인간을 둘러싸고 있는 자연 환경에 대한 관찰을 통해 찾고 있다.

둘째, 선조의 삶의 지혜에서 예의 근원을 찾고 있다. 이에 대해 김형효는 선조를 반자연적이고 반문화적인 야생인으로 보면서 토템이즘 발상으로 설명한다. 야생인은 토템이즘적 사고를 통해 균형과 교환의 질

81) 『荀子』. 「禮論」, "禮有三本, 天地者生之本也, 先祖者類之本也. 君師者治之本也. 無天地惡生, 無先祖惡出, 無君師惡治, 三者偏亡焉, 無安人, 故禮上事天, 下事地, 尊先祖,而隆軍師, 是禮之本也"

82) 『孟子』. 「天論」, "天有其時, 地有其載, 人有其治, 夫是之謂能參"

서를 가지게 되었으며, 그런 균형과 교환이 효율적이기 위해 사회의 각 역할에 따라 본분을 지킬 필요가 생기고, 그것을 어기기 때문에 법이 필요하다고 보고 있다.[83] 이와 같이 순자는 인류 역사에 축적된 선조들의 삶의 지혜를 예의 근원으로 삼고 있다.

셋째, 임금과 스승에서 근원을 찾고 있다. 여기서 말하는 임금과 스승이 바로 성인이 된다. 순자는 요, 순, 우, 탕, 문, 무를 先王으로 지칭하고 있다. 그리고 스승은 성인이기는 하나 왕의 지위에 오르지 못한 주공, 공자를 지칭한다고 볼 수 있다. 이러한 성인은 맹자가 말한 것과 같이 자신의 내면으로 돌아가 도덕적 본질을 직관하여 얻은 것이 아니라 단지 외재적인 자연과 인류의 삶의 경험 등에서 추출하여 예를 제정하였다. 이런 과정을 순자는 '성인의 다스림'으로 표현하고 있는데, 이런 '다스림'이 바로 인간이 가지는 특징, 즉 人道로 보고 있다. 여기서 '다스림'의 구체적인 내용은 무엇인가?

> 하늘은 만물을 변별해 내지는 못하며, 사람을 실어서 그 위에서 활동하게 하는 땅은 삶을 '다스리지'는 못한다. 따라서 우주 안의 모든 만물은 사람의 대표인 성인에 의해서야 비로소 분별된다.[84]
>
> 그러므로 사람이 사람된 까닭은 다만 두 다리로 서고, 몸에 털이 없다는 사실에서 연유하는 것이 아니다. 이는 사람이 변별함을 가지고 있다는 데에서 연유하는 것이다.[85]

첫 번째 인용문에서 순자는 하늘과 땅과 인간을 비교하여 사람의 직

83) 김형효, 『맹자와 순자의 철학사상』, 서울 삼지사, 1990, 141쪽

84) 『荀子』, 「禮論」, "天能生物, 不能辨物也, 地能載人, 不能治人也, 宇中萬物生人之屬, 待聖人然後, 分也".

85) 『荀子』. 「非相」, "故人之所以爲人者, 非特以其二足而無毛也, 以其有辨也"

분을 바로 변별할 수 있는 능력으로 보고 있다. 정인재 선생은 변별의 의미를 '질서 지움'으로 보고 있다.[86] 하늘은 단지 자연현상으로 스스로 그러할 뿐이고, 땅 또한 자연 현상으로 스스로 그러할 뿐 다른 존재에 대해 질서를 지울 수는 없다. 이에 반해 인간은 세계의 사물에 대해 질서를 부여할 수 있는 능력을 가지고서 천지의 화육에 참여할 수 있다고 본다. 순자는 성인이 변별할 수 능력이 있다는 것은 예에 관한 인식에 불과하다. 그러면 순자는 성인이 이런 예에 근거해 어떻게 사회를 안정시켜서 백성들의 잘 삶의 토대를 마련할 수 있다고 보는가?

첫째, 순자는 사회 구성원들은 기본적으로 군신 상하, 귀천 부자 등과 같은 인간관계의 존재로 규정하고 사람들이 함께 조화롭게 살기 위해서 우선은 예에 의해 자기에게 규정된 직분, 보수, 역할 등을 분명하게 인식하게 해 주어야 하고, 또한 이와 상호보완적으로 실행할 수 있게 하는 제도가 잘 삶의 토대가 될 수 있다고 보았다.

둘째, 순자는 사회를 안정시키기 위해서 무엇보다도 분배의 공정성이 중요하다고 본다. 순자는 "각 사람의 덕성에 비추어서 차례를 정하고, 능력을 헤아려서 관직을 수여함으로써, 모든 사람으로 하여 각자의 일을 하도록 맡기고 각각 그 마땅한 바를 얻도록 한다"[87]고 본다. 순자는 사회 구성원의 이익과 욕구를 사회 구성원이나 자원의 현황을 고려해 특정 한도 내에서 인정해야 한다고 본다. 그러면 무엇에 의해 분배하는가? 이는 사회 구성원으로 가지고 있는 덕과 능에 따라 합당하게 분배해야 한다고 본다. 여기서 주목할 것을 순자는 능력만이 아니라 덕성도 분배의 원칙으로 보고 있다는 것이다.[88] 이것은 바로 순자가 단순히 이익만을 추구하는 것이 아니라 개인의 덕성도 매우 중시여기고 있음

86) 정인재, 「순자의 정명론」, 『철학학지』 제9집, 1982, 55쪽

87) 같은 책, 『君道』, "論德而定次. 量能而授官, 皆使其人載其事. 而各得其所宜"

88) 조긍호, 『유가심리학』, 292~294쪽 참조

을 알 수 있다. 왜냐하면 덕성도 능력과 마찬가지로 후천적인 학습을 통해 배양한 만큼 그것에 대한 대가가 분배되어야 한다고 생각했기 때문이다.

셋째, 순자는 사회 구성원들의 욕구는 예에 따라 절도에 맞아야 한다고 본다. 순자는 인간의 욕망을 부정하지는 않는다. 개인의 욕구는 예에 근거해 각자의 직분과 역할에 충분히 고려해서 취해야 한다.[89] 그래서 순자는 절제를 매우 중시하지만 그 절제가 결코 욕구를 모두 버린다거나 욕구를 아주 적게 하는 것을 의미하는 것이 아니라 욕구 추구를 한도에 넘치지 않도록 하는 절욕을 말하고 있다.[90] 이와 같을 때 자원이 부족하지 않을 뿐만 아니라 욕망도 충분히 만족시킬 수 있다고 본다.

지금까지 관계 윤리의 객관적, 외재적 근거를 순자의 예를 중심으로 살펴보았다. 이는 서양 근대의 사회계약론과는 큰 차이가 있다. 서양의 사회계약론은 타인과 분리된 개인을 사회관계의 출발점으로 간주하고, 자신의 이익을 최대화 하고자 하여 타자를 수단시함을 삶의 목적으로 보고 있다. 순자 또한 인간의 본성을 개인의 이기심에서 찾고 있다는 측면에서 홉스의 서양계약론과 유사한 면이 있지만, 그는 예를 통해 관계 주체간의 갈등과 대립을 해소시키고 각자의 본분을 다하면서도 타인과의 조화를 추구함을 삶의 목적으로 한다.

89) 『荀子』. 「禮論篇」, "禮起於何也. 曰 人生而有欲, 欲而不得, 則不能無求, 求而無度量分界, 則不能不爭, 爭則亂, 亂則窮, 先王惡其亂也. 故制禮義以分之, 以養人之欲, 給人之求, 使欲必不窮乎物, 物必不屈於欲, 兩者相持而長, 是禮之所起也"

90) 조긍호, 같은 책, 268쪽

5. 유가 관계 맺음의 현실적 의의

지금까지 유가에서의 잘 삶의 문제를 '관계맺음'의 생활방식을 중심으로 주관적, 객관적 접근으로 나누어 접근해 보았다. 유가의 잘 삶은 개인의 독립성을 불행을 자초하는 삶으로 보고, 타인의 차이성을 인정하면서도 조화를 추구하는 삶의 방식에서 찾아볼 수 있다. 또한 이 논의를 통해 근대의 예교에 대한 비판은 왜곡된 유교의 예교이지 결코 유가가 추구하는 이상과는 다르다는 점을 드러내 보였다. 그러나 여기에서 부정할 수 없는 사실이 하나 있다. 그것은 바로 유학의 삶의 목표가 동양 전통 사회에서 실현된 경우를 찾아보기 어려우며, 오히려 정치화된 유교가 동양 전통 사회를 지배하였다는 사실이다. 이 사실로 인해 유학이 이상주의로 간주되어 일상생활에서 실현 불가능한 삶의 체계로 오해받을 여지가 있다. 그러나 유가의 목표가 과거 역사 속에서 실현된 적이 없다는 사실이 오늘날에 아무런 의미가 없다는 것은 아니다. 한 사상의 실현 가능성은 그 사상자체에 대한 평가를 통해서도 가능하겠지만, 그 사상이 운용될 사회적 토대와의 관련성에서도 평가될 수 있다.

오늘날 유학의 현대화는 단지 유학이 우리의 과거 전통사회에 대한 향수쯤으로 생각해 접근하기 보다는 현대 사회에 어떤 의미를 줄 수 있는가를 생각해 보는데서 출발해야 한다. 즉, 유학이 현대 한국 사회가 직면하고 있는 문제를 해결할 수 있는 단서를 줄 수 있는지, 전통과는 다른 사회정치적 토대에서 운용가능한가를 논의해 보아야 한다고 생각한다. 이러한 현실적 토대를 부정하고서 논의하는 담론은 공허한 담론에 불과하며 어떠한 사회적 기능도 가질 수 없게 될 것이다. 그래서 유학의 현대화의 문제는 근대 이후의 역사과정을 변증법적으로 고찰해 보는 작업 또한 매우 중요할 것이다.

동양이 서양의 근대성을 적극적으로 수용한 결과 동양사회는 2천여 년 동안 내려오던 전제주의 왕권을 몰아내고 개인의 자율성과 권리를 중시하는 민주사회로 전환될 수 있었다. 이런 측면에서 동양 근대 지식인들의 예교에 대한 비판과 서양 근대 문명이 한국 사회에 미친 영향에 대해서 매우 높게 평가된다. 그러나 이와 같음에도 불구하고 서양 근대성이 한국 사회에 많은 문제를 초래하고 있다는 것 또한 사실이다. 예를 들면 현대 한국 사회는 역사 이래 개체와 개체, 집단과 집단, 지역과 지역, 민족과 민족 간에 대립과 갈등이 그 어느 시대와 어느 민족보다도 심각하다. 그 원인을 분석해 보면 한국인의 정서에 나타나는 배타성과 폐쇄성도 있겠지만 서양의 근대 이성중심주의가 가지고 있는 고립성, 배타성에서 찾아 볼 수 있을 것이다. 실제로 이런 근대성은 결코 동양의 문제만이 아니라 인류전체의 문제이다. 이를 극복하기 위해 근대성에 대해 반성하고 해체하고자 하는 탈현대적 학술사조가 등장하고 있다. 이 학술사조는 서양의 근대성을 지지해 주는 이성자체를 해체하고 차이성과 다양성을 강조하고 있다. 이런 시점에서 유학의 관계적 삶의 방식은 한국 사회에서 뿐만 아니라 인류에 중요한 사상적 자원이 될 수 있다.

/ 참고문헌 /

『禮記』, 『周易』, 『論語』 『孟子』 『中庸』 『荀子』 『韓非子』 『漢書』

『張載集』

『二程集』

『四書章句集注』

김형효, 『맹자와 순자의 철학사상』, 서울, 삼지사, 1990

박원재, 『유학은 어떻게 현실과 만났는가?』, 서울, 예문서원, 2001

방동미, 정인재역, 『중국인이 보는 삶의 세계』, 서울, EjB, 2004

이승환, 『유가사상의 사회철학적 재조명』, 서울, 고려대학교출판부, 1998

정인재, 「순자의 정명론」, 『철학학지』, 영남대학교, 1982

조긍호, 『유학심리학』, 서울, 나남출판, 1997

아리스토텔레스, 최명관역, 『니코마코스윤리학』, 서울, 을유문화사, 1974,

권상우, 「현대신유학의 '현대화'에 대한 비판과 새로운 모색-모종삼의 내성외왕설에 대한 비판과 주역의 정치철학」, 『철학연구』, 98집, 대한철학회, 2006, 「주희의 인의에 대한 이일분수적 해석」, 『철학논총』, 제57집 새한철학회, 2007,

도성달, 「삶의 질을 어떻게 볼 것인가」, 『한국의 교육과 윤리』, 제6집, 1997

박선목, 「삶의 질을 높이기 위한 동서양의 행복론」, 인문논총, 제55집, 2006

조긍호, 「삶의 질과 주관적 안녕: 비교문화적 고찰」, 『사회과학연구』 제6집, 서강대학교 사회과학연구소, 1997

정병석, 「순자에서 存群體의 情神과 國家의 形式」, 『철학회지』, 제25집, 2002

胡適, 『中國哲學史大綱』, 上海, 商務印刷館, 1986,

梁漱溟, 『中國文化要義』, Hongkong, 集成圖書公司, 1984

黃宛峯, 『禮樂淵藪』,中國河南, 河南大學出版社, 1997

胡道靜主編, 『國學大師論國學』(上), 「樂的情神與禮的情神-儒學思想系統的基礎」, 中國北京, 東方出版中心, 1998

牟宗三, 『政道與治道』, 臺灣, 學生書局, 1996

牟宗三, 『圓善論』, 臺灣, 學生書局, 1985

余敦康, 『中國哲學論集』, 深陽, 遼寧大學出版部, 1998

3장

道家의 '함이 없음'

중국사상사에서 제자백가의 출현은 다양한 학문과 학파의 생성으로 이어졌다. 그러나 대부분의 학파들은 시대가 변함에 따라 점차 쇠락의 길을 걸었으며 단지 소수의 학파만이 살아남아 중국을 대표하는 철학이 되었다. 그리고 도가철학은 그 소수 가운데 하나였다.

도가철학이 살아남을 수 있었던 것에는 다양한 원인이 있겠지만 명백한 사실은 그것이 중국인들의 삶에 밀접한 관계를 가진다는 점이다. 도가철학에는 중국인들의 고유한 사유인 소박한 형태의 변증법과 그것에 맞춘 인생관이 녹아있다. 그리고 그것들은 도가철학이 발생한 당시뿐만 아니라 21세기 현대를 살아가는 현대인들에게도 적잖은 지혜를 전해준다. 그렇기 때문에 도가철학을 배운다는 것의 단순히 과거의 향수를 반추하는 것이 아니라 빠르게 변화하는 현재를 직시하고 그 속에 놓인 자신을 돌아보게 하는 것을 의미한다.

도가철학은 인간들에게 본래 그들에게 주어진 성품과 자연스러운 기질의 회복을 희망한다. 그렇다면 도가철학이란 무엇이며 그것이 말하는 삶은 무엇인가? 지금부터 천천히 그것을 알아가도록 하겠다. 우선 도가철학의 출발은 노자(老子)라는 인물로부터 시작된다. 이 때문에 '노자란 누구인가?', '그가 살았던 시대의 특징은 어떠했는가?', '삶은 어떠했는가?' 등등이 도가철학을 파악하는 출발점이 된다. 왜냐하면 동서고금을 막론하고 모든 철학적 사유의 출발은 그것을 처음 제창한 철학자의 시대 인식과 실천적인 삶 그리고 이상향이 투영된 것이기 때문이다. 그럼 이제 본격적으로 노자에 대해 살펴보도록 하겠다.

1. 노자라는 인물

도가철학의 종주(宗主)라 할 수 있는 노자는 그 생몰연대부터 존재의 여부에 이르기 까지다양한 이견(異見)을 가진다. 우선 노자를 서술한 문헌자료들을 살펴보도록 하자. 사마천의 『사기(史記)』「노장신한열전(老莊申韓列傳)」에서는 노자에 관해 다음과 같이 기술한다. "노자는 춘추말기 사람으로 성(姓)은 이(李)고 이름은 이(耳)이며 자(字)는 담(聃)이다. 그리고 초나라 고현 여향 곡인리 사람이다." 하지만 이와 달리 유향(劉向)의 『열선전(列仙傳)』과 『노자자음』에서는 '노자를 진나라 고현 여향 사람'이라 서술하고 있다. 이처럼 문헌상에 기록된 노자의 출신이 통일되지 못하기 때문에 『사기』 혹은 『열선전』 그리고 『노자자음』의 입장을 무작정 따르는 것에는 분명한 한계를 가진다. 이 때문에 『사기』의 기록에 기초하여 노자가 공자보다 앞선 사람이라는 전통적인 견해[91] 또한 점차 힘을 잃어가는 상황이다.

91) 이들 견해는 대부분 『사기』와 『장자』에 근거한다. 노자가 공자에 앞선다는 견해가 부정되는 이유로 『도덕경』이 가지는 논리적 형식을 거론할 수 있다. 『도덕경』의 화법은 유가의 명제를 부정하는 형태로 기술된다. 논리적으로 볼 때 명제에 대한 부정을 이야기하기 위해서는 유가가 도가에 앞서야지만 모순이 없다. 이런 이유에서 노자가 공자에 앞선다는 주장은 의심 될 수 있다.

그 결과 송대(宋代)의 엽적과 청대(淸代)의 왕중(汪中)등은 노자와 『노자』에 관한 여러 가지 질문을 제기하기도 한다. 이와 같은 논란은 근대에 들어와도 식을 줄 몰랐는데 양계초는 노자의 내력이 분명치 않음을 지적하여 『노자』의 편찬 시기를 전국말기(戰國末期)로 파악했고 호적의 경우 전통적 관점에 입각하여 노자를 공자 이전의 인물로 규정했다. 호적과 달리 풍우란은 노자를 공자 이후의 인물로 파악하는데 그 까닭으로 공자 이전에 사적(史的)인 저술이 존재하지 않았으며, 『노자』는 문답체가 아니고, 『노자』의 문장이 간단한 경전체(經典體)인 것을 이유로 삼는다. 고힐강 또한 『노자』는 부체(賦體)이며, 『여씨춘추(呂氏春秋)』의 경우 『노자』를 인용하고 있으나 노자를 거론하지는 않았다는 이유를 들어 전국 말기의 작품이라고 주장했다. 만약 호적을 제외한 다른 이들의 주장을 수용한다면 『노자』의 집필 시기는 전국말기가 되고 이 경우 노자는 춘추말기부터 전국초기를 살았던 공자보다 늦은 인물이 되고 만다. 이 경우 노자의 출생을 공자 이전으로 기술하는 『사기』의 기록과 시간적 불일치에 놓이게 되며 결과적으로 노자의 실존 여부 또한 불투명하게 되고 만다.

그렇다면 우리는 노자란 인물과 그의 저작인 『노자』를 어떻게 받아들여야 할 것인가? 만약 어떤 선택을 함에 있어 그것 자체로부터 명확한 판단을 내리기 힘들 경우 이미 명백히 증명된 것을 기준삼아 문제를 접근한다면 훨씬 객관적인 답을 도출할 수 있을 것이다. 그리고 이 방법을 노자와 『노자』의 문제에 적용시킨다면 다음의 결론을 도출할 수 있다. 우선 노자의 실존 여부는 분명하지 않더라도 『노자』라는 책이 존재하는 것은 분명한 사실이다. 그리고 『노자』가 최소한 전국시대부터 존재했으며 그것을 중심으로 활동했던 도자(道者)와 도가(道家)라는 학파가 존재했던 것은 또한 분명한 사실이다. 이 때문에 존재 여부가 불확실한 노자가 아닌 『노자』와 그것을 둘러싼 도가를 이야기 한다면 보다 객관적인 입장에서 중국철학의 중요한 부분을 차지하는 도가를 이해 할 수 있게 된다. 이런 연유에서 본장은 『노자』를 핵심에 두고 그것과 유기적인 관계를 형성하고 있는 도자(道者)와 도가(道家)를 중점적으로 살펴보고자 한다.

2. 『노자』라는 책

『노자』는 누가 보느냐에 따라 그리고 어떤 관점을 가지고 접근하느냐에 따라 다양한 해석을 낳는 책이다. 실제 『노자』에 대한 해석은 시대와 환경에 따라 큰 차이를 보인다. 예를들면 『노자』의 대표적인 해석인 왕필의 『老子主』는 『노자』를 현실이 아닌 형이상학적 관점으로 해석한다. 이러한 왕필의 태도는 현실의 실천과 실용을 최우선으로 여겨온 동양의 전통적 학문태도와 상당부분 부합하지 않는다.[92] 『노자』에 대한 왕필의 태도는 분명 왕필 개인의 학문적 성향도 작용했겠지만 그를 둘러싼 시대적 상황도 적지 않게 작용했으리라 여겨진다. 왜냐하면 왕필의 『노자주』가 쓰였던 당시의 시대적 상황은 힘없는 지식인이 홀로 현실을 마주하기엔 너무나도 혼란스러웠기 때문이다. 이미 정치는 매관매석과 부패가 판을 쳤고, 정의로운 사람이 올바른 목소리를 낸다는 것은 곧 그의 목숨을 담보하는 위험한 시기였다. 이 때문에 당시의 지식인들은 현실의 문제보다 현실 너머의 공리공담(空理空談)에 치우치는 청담(淸談)만을 고집하게 되었다. 그러므로 당시를 살았던 왕필과 그의 사유가 녹아 있는 『노자주』가 형이상학적 성격을 지니는 것은 매우 자

92) 중국철학은 불교가 중국에 전래되기 이전 현실 중심적이며 실용적인 태도를 견지해 왔다. 제자백가의 인문주의적인 태도, 공자가 귀신을 대하는 敬而遠之의 자세 그리고 죽음과 천(天) 대해 깊이 말하지 않은 점 그리고 기(氣)의 취산(聚散)을 통해 세계를 이해하는 인식 태도 속에는 형이상적이고 피안적(彼岸的)인 찾아 보기가 힘들다.

연스런 현상으로 볼 수 있다.

반면에 왕필과는 정반대로 『노자』를 현실의 삶에 대한 처세술을 적은 책으로 파악한 경우도 있다. 탕야오(唐堯)의 경우 『노자』를 군사의 문제를 중점적으로 다룬 병가의 서적인 『손자병법』의 파생이나 확대로 보기도 한다. 실제로 『노자』의 몇몇 구절들은 그렇게 보인다.

> 약하게 하려면 반드시 강해야 하고, 없애버리려고 한다면 반드시 세워 주어야 한다. 빼앗으려고 한다면 주어야 한다.[93)]

> 군대를 잘 이끄는 자는 무력을 쓰지 않는다. 작전을 잘 짜는 사람은 화를 내지 않는다. 적을 잘 이기는 자는 적과 싸우지 않는다.[94)]

> 군대를 쓰는 사람들은 이런 얘기들을 한다. 나는 결코 주동적으로 전쟁을 일으키지 않고 다만 피동적으로 움직일 뿐이다. 나는 한 뼘도 나가지 않고, 그저 한 걸음 물러설 뿐이다.[95)]

이 때문에 탕야오는 "하편(下篇)의 『덕경德經』은 직접적으로 군사와 관련되는 전략과 전술을 언급할 뿐만 아니라, 아울러 전쟁을 수행하는 법칙을 전체적으로 정리하는 방식을 통하여 사회관 · 역사관 · 인생관까지 동시에 끄집어내고 있다고 말한다. 그리고 그는 상편(上篇)인 『도경道經』은 전략과 전법에 개략적 · 이론적인 체계를 부여하여 우주관과 세계관의 논증을 부가하는 단계로까지 격상시켰다."고 말한다.[96)] 큰 틀

---

93) 『노자』 제36장, "將欲弱之 必固强之 將欲廢之 必固興之."

94) 『노자』 제68장, " 善爲士者不武 善戰者不怒 善勝敵者不與 善用人者爲之下 是謂不爭之德 是謂用人之力 是謂配天 古之極"

95) 『노자』 제69장. "用兵有言: 吾不敢爲主而爲客 不敢進寸而退尺 是謂行無行 攘無臂 執無兵 乃無敵矣 禍莫大於輕敵 輕敵幾喪吾寶 故抗兵相加 哀者勝矣."

96) 탕야오(唐堯), 『노자병략개술』, 『중국철학사문집』, 고림인민출판사, 1980, 32쪽

에서는 탕야오와 유사하지만 정반대의 선후(先後)를 뒤집어서 『손자병법』이 『노자』로부터 파생되었다고 보는 경우도 존재한다.[97] 무엇이 옳고 그르고를 떠나 이들의 관점이 『노자』를 형이상학이 아닌 현실의 각도에서 보았다는 점은 분명히 확인할 수 있다. 다만 이들처럼 『손자병법』과 『노자』를 인과관계 또는 파생관계로 보는 것은 충분히 제기 될 수 있는 가설이지만 그것을 정설로 보기에는 다소 지나친 감이 있다. 이 때문에 본 문에서는 하나의 관점을 소개하는 선에서 마무리 하도록 하겠다.

이처럼 동일한 『노자』에 대한 해석이 형이상학적이며 동시에 현실적일 수 있는 까닭은 이 두 가지 측면이 모두 『노자』 속에는 녹아있기 때문이다. 『한서』『예문지』는 『노자』를 경전으로 삼고 있는 도가(道家)를 다음과 같이 서술한다.

> 도가는 모두 사관(史官)에서 나왔는데, 두루 성패와 존망, 화복과 고금지도(古今之道)를 기록했다. 그런 후에 요점을 잡고 근본을 잡아 깨끗하게 비우는 것으로 자신을 지키고, 낮추고 약하게 하여 스스로를 유지하는 것을 아는 사람들이다. 이것이 군주의 남면지술(南面之術 : 군주가 국가를 다스리고 관리하는 책략과 방법)이다.[98]

『예문지』에 나타난 도가의 성격을 살펴볼 때 도가의 학문과 현실은 불가분의 관계이다. 본래 역사란 인간의 삶을 최대한 객관적으로 기술한 학문이며 그 속에는 수많은 인생사와 국가의 흥망성쇠가 그려진다. 그리고 기술과정에서 역사적 사건에 대한 비판과 반성이 더해짐으로써 개인에게는 삶의 지표를 제공하고, 위정자에게는 다스림의 지혜를 전달

97) 치스허(齊思和), 『중국사탐구 · 손자병법시대의 고찰』, 中華書局, 1981

98) 『한서』「예문지」

하게 된다. 이런 측면에서 본다면 『노자』의 해석이 가지는 두 가지 측면 또한 충분히 설명될 수 있다. 그러므로 『노자』를 형이상적으로만 보거나 혹은 현실에만 초점을 맞추어 본다면 이것은 『노자』에 대한 반쪽짜리 이해에 불과하게 된다. 이것은 『노자』의 다른 이름인 『도덕경』의 명칭에서도 찾아 볼 수 있다. 일반적으로 사람들이 『도덕경』을 처음 접할 때 가장 먼저 떠오르는 것은 '도덕'이란 단어이다. 그리고 이때의 도덕을 인간이 마땅히 지켜야할 규범(ethics, morals, morality)으로 파악하곤 한다. 하지만 『도덕경』에서 지칭되는 도덕의 의미는 위에서 말한 도덕보다 훨씬 넓은 의미를 포함한다.

『도덕경』을 이루고 있는 도와 덕은 하나의 단어는 아닌 각기 분리된 개념의 결합이다. 실제로 『도덕경』을 『도경』과 『덕경』으로 구분하여 보는데 이것 또한 판본에 따라 조금씩의 차이를 가진다. 예를 들어 왕필의 『노자주』에 경우 『도경』을 상편(上篇)으로 『덕경』을 하편(下篇)으로 구성하는데 반해 그것 보다 앞선 시대에 저술된 『백서노자帛書老子』[99]의 경우 『덕경』을 상편으로 『도경』을 하편으로 구성하고 있다. 이와 같이 판본에 따라 순서가 다르다는 것은 곧 도와 덕의 개념이 각각 분리되어 있음을 시사한다. 그리고 이들 개념이 분리될 수 있음을 인정하는 것은 『도덕경』의 이해에 있어 매우 중요 역할을 한다. 왜냐하면 도와 덕의 개념이 구분될 수 있음을 인정하지 않고 특정한 판본만을 정설로 여긴다면 『도덕경』의 해석 또한 한 쪽으로 치우칠 수 있기 때문이다. 예를 들어 왕필의 『노자주』만을 정설로 여기고 『백서노자』를 부정할 경우 『도덕경』의 이해는 형이상학적으로 것으로 치우치게 된다. 그 이유는 『노자주』의 1장의 道可道 非常道가 가지는 강력한 형이상학적 이미지 때

99) 1973년 겨울과 그 이듬해 봄에 걸쳐 호남성 장사시 부근 마왕퇴 한묘 3호분에서 발굴된 것으로써 각각 갑본과 을본이 있으며 이 무덤은 기원전 168년에 축조된 것으로 보고 되었다.

문이다. 그리고 이러한 형이상학적 이미지에 빠진 사람들은 『노자』 출세간(出世間)의 파악하고 그것이 가지는 현실적인 측면을 부정하게 된다. 이 때문에 『노자』에 대한 객관적인 이해를 위해서는 반드시 도와 덕이 가지는 본래의 의미와 그것으로부터 파생된 혹은 그 근거가 되는 여러 정황들에 대한 명확한 논증이 선행되어야 한다.

3. 『노자』의 구성 및 사상사적 위치

『노자』 혹은 『도덕경』은 모두 5천여 자(字)로 이루어져 있고, 상하 2권 81장(章)으로 이루어져 있다. 『노자』의 일관된 내용은 무위자연(無爲自然)의 사상으로 그 전체가 처음부터 끝까지 도(道 : 自然)를 설명하는 것으로 일관하고 있다.

『노자』를 처음으로 분장(分章) 한 사람은 전한(前漢)문제(文帝) 때의 하상공인데 그는 주(主)를 달아 81장으로 나누어 상편을 37장, 하편을 44장으로 하고 각 장마다 장명(章名)을 덧 붙였다. 그 후 성제(成帝) 때 엄준(嚴遵)은 72장으로 나누었고 위(魏)의 왕필이 81장으로 주해(注解)하였다. 당(唐) 현종(玄宗)은 그 장구(章句)를 고쳐서 도(道)를 설명한 것은 상편에, 덕(德)을 설명한 것은 하편에 넣어 '도덕경'이라 칭하였다. 원대(元代)에 이르러 오징(吳澄)은 68장으로 나누었다.

우리나라 자료에는 『삼국사기』 권24 백제본기 근구수왕(近仇首王, ?~384년) 즉위년조에 근구수왕이 태자로 있을 때 침입해 온 고구려군을 패퇴시키고 계속 추격하려 하는 순간, 휘하의 장수 막고해(莫古解)가 다음과 같이 간언하였다는 기록이 나타난다.

> 듣기로는 도가의 말에, 족함을 알면 치욕을 당하지 않고, 멈출 줄 알면 위태해지지 않는다고 합니다. 이제 얻은 것이 많은데 더

욕심을 내어서 무엇합니까?" 이 말을 듣고 추격이 중지되었다고 하는데, 이 구절은 『도덕경』 제44장에 나오는 말이다.

또 『삼국유사』 보장봉로조(寶藏奉老條)에는 당나라 고조(高祖)가 고구려인의 오두미교 신봉 이야기를 듣고 624년 천존상과 함께 도사를 보내어 『도덕경』을 강론하게 하였다는 기록이 있다. 그 이듬해 영류왕은 당나라로 사신을 보내어 불(佛) · 노(老)를 배우고자 하였고, 고조는 이를 허락하였다는 것이다. 계속해서 보장왕이 연개소문(淵蓋蘇文)의 건의에 따라 당나라에 사신을 보내어 도교를 배우도록 하였는데, 당나라 태종(太宗)이 도사 8명과 『도덕경』을 보내 주자 왕은 기뻐하며 승사(僧寺)를 지어 도사를 거처하도록 하였다는 내용이 나타난다.

통일신라 말기의 혼란한 상황에서 도술연구에 골몰하였던 김가기(金可紀)에 대해서는 홍만종(洪萬宗)의 『해동이적 海東異蹟』에 나타나 있는데, 그는 『도덕경』을 비롯하여 여러 선경(仙經)을 계속해서 낭송하고 수련을 계속한 끝에 신선이 되었다고 한다.

고려 때는 왕 중에서도 도교신앙이 제일 돈독하고 재위 당시 도교가 융성하였던 예종이 청연각(淸燕閣)에서 한안인(韓安仁)에게 명하여 『도덕경』을 강론하게 하였다는 기록이 『고려사』에 보인다. 유교경전과 대등하게 다루어서 강론시켰을 정도이므로, 당시 『도덕경』을 연구하던 사람의 숫자도 많았고 수준도 높았으리라 짐작된다.[100)]

『노자』에 대한 연구서(주석서)로는 왕필본과 하상공본 및 임희일본(林希逸本)이 대표적이며 그 외에 당대(唐代) 여암(呂嵒)의 『노자경해 老子經解』 2권, 명대(明代) 초횡(焦竑)의 『노자익老子翼』 2권, 진원빈(陳元贇)의 『노자통고老子通考』 2권, 주득지(朱得之)의 『노자통의老子通義』 2권, 청대(淸代) 필원(畢沅)의 『노자고이老子考異』 2권, 오내(吳

100) 『한국민족문화대백과』 도덕경편 참조, 한국학중앙연구원

肅)의 『노자해老子解』 1권 등이 있다. 한국의 주석본으로는 이이(李珥)의 『순언醇言』, 박세당(朴世堂)의 『노자신주도덕경老子新注道德經』, 홍석주(洪奭周)의 『정노訂老』, 서명응(徐命膺)의 『도덕경지귀道德經指歸』 등이 있다.

이제 사상적인 측면에서 『노자』를 살펴보면 중국사상사에서 그것의 위치와 영향력은 매우 크다고 할 수 있다. 그 이유는 노자철학이 지닌 가치와 그것의 고유한 개념들이 여러 가지 형태로 중국사상에 영향을 끼쳤기 때문이다. 그것에는 음양수술과 기술범주의 사상 및 우주 관념 그리고 사회제도와 개인의 생존에 이르기까지 여러 방면의 이론적 사고가 포함된다. 뿐만 아니라 도(道)의 직각적 체험을 통해 천도(天道), 세도(世道 : 현세의 도), 인도(人道)과 같은 세계에 대한 자각적 이해를 요구하고 있으며 나아가 『장자』에 이르면 인간의 내재적 정신 초월과 자아 경계에 대한 심도 있는 탐구로 확장된다.[101] 그리고 『노자』의 이러한 측면들은 노자를 탐구하는 도자(道者)들에 의해 몇 가지 형태로 해석되어진다.

첫 번째는 고도자지학(古道者之學 : 옛 도자의 학문)이다. 이것은 『노자』가 출현하기 이전에 존재했던 원시 종교적 형태의 도교이다. 그들의 사유 속에는 자연숭배와 귀신숭배의 형태가 자리하고 있다. 이들은 우주와 천지에 대한 헤아림과 이해를 자신들의 자연과 사회에 대한 지식의 토대나 근거로 삼았으며, 이후 방산도(方山道), 신선도(神仙道), 오두미도(五斗米道)와 같은 민간신앙의 형태로 발전하게 된다. 이후 묵가의 「天志」, 「明鬼」 등의 개념들을 흡수하여 오랜 시간 중국 민간의 정신적 토대가 된다.

두 번째는 노자지학(老子之學 : 노자의 학문)이다. 노자지학은 원시

101) 노자와 장자는 직접적인 사숙관계 혹은 학맥관계는 아니지만 그것들의 철학적 성격이 유사성 때문에 동일한 범주로 취급하곤 한다.

종교의 사유가 점차 철학적으로 심화되어 학문이 된 도가를 말한다. 이들은 『노자』를 세계해석의 근거이자 지식의 토대로 삼는다. 여기에는 노자를 비롯한 소위 도가라 불리는 하안 · 왕필 등이 여기에 속한다.

세 번째는 황노학(黃老之學 : 황제와 노자의 학문)이다. 이것은 현실적인 도가로 볼 수 있다. 황노학은 크게 두 가지 형태로 발전되었는데 하나는 정치 및 통치술에 관련된 것이고 나머지 하나는 양생술(養生術)에 관련 된 것이다. 황노학의 황은 전설 속의 인물인 황제(黃帝)를 칭하는 것인데 황제에 관한 학문은 춘추전국시기에 매우 유행했던 학문이다. 그 속에는 당시에 유행했던 천문 · 역산(曆算) · 지리 · 법률제도 · 점성술 · 망기(望氣) · 덕 · 형법 등은 물론이고 처세술과 처세의 도(道)까지 포함하고 있다.[102] 그리고 이들 사유의 바탕에는 자연에 대한 객관적 관찰과 분석적 사유 즉, 천도(天道)의 사유가 깔려있다. 이 때 말하는 당연히 자연의 법칙을 총괄하는 물리적이며 기계적인 천을 의미하기 때문에 도덕적 천이나 인격적 천을 의미 주장하는 유가와 묵가의 인식과는 그 성격을 달리 한다. 그리고 이와 같은 세계의 인식의 방식은 『노자』의 세계인식과 일맥상통하기 때문에 황노학을 따르는 자들은 황제와 노자는 동일 선상에 놓고 접근한다. 그리고 실제로 천의 물리적인 해석은 『노자』에서 쉽게 찾아 볼 수 있는 사실이다.

> 천지의 사이는 어찌 풀무와 같지 않겠는가? 공허하지만 쭈그러들어 다함이 없고 움직이기 시작하면 끊임없이 쉬지 않고 나온다.[103]

> 하늘과 땅은 (음양의 기운이) 서로 합하여 감로를 내리고 사람

---

102) 거자오광, 『중국사상사』, 일빛, 2013, 381쪽

103) 『노자』 제5장. "天地之間, 其猶呼! 虛而不屈, 動而愈出 多言數窮, 不如守中"

들은 시키지 않아도 저절로 질서 있게 된다.[104)]

여기에서 『노자』는 단지 무심한 천지와 저절로 그렇게 움직이는 법칙의 세계를 그릴 뿐 어떤 형태의 외적 개입을 허용하지 않는다. 이는 『노자』 전반을 관통하는 무위자연(無爲自然)의 태도와 일치하는 것인데 상당 부분 황제학의 사유와 유사함을 지적할 수 있다.

이상 세 가지 형태로 발전된 도가의 형태와 그 속에서 『노자』가 가지는 위치를 살펴보았다. 중국철학사에서 도가와 『노자』 만큼 지속적으로 영향력을 끼치는 경우는 드물다. 굳이 비교하자면 유가와 『논어』, 『맹자』 정도일 것이다. 다만 유가가 지식층에 국한된 것에 비해 도가는 철학 이외에 도교라는 종교의 형태를 통해 민중들의 삶 곳곳에 침투하였다. 이런 측면에서 볼 때 유가가 엘리트 중심의 대전통(大傳統)이라면 도교는 소전통(小傳統)[105)]에 해당되면 도가는 대전통과 소전통의 성격을 함께 지닌 중간적 성격이라 할 수 있을 것이다.

4. 『노자』 속 주요개념들

『노자』가 저술된 시기는 학자에 따라 조금의 차이를 보이는데 그것은 대략 춘추말기부터 전국시기에 해당된다. 춘추시기에는 사회 전반에 걸쳐 크고 작은 변화가 발생되는데 그 원인을 살펴보면 우선 기존에 비해 비약적으로 증가된 농업 생산력을 들 수 있다. 당시 철기가 농업에 활용되면서부터, 농업과 수공업이 결합되는 소생산 자연경제인

104) 『노자』 제32장 "天地相合以降甘露 民莫之令而自均"

105) 인류학자인 Robert Redfield의 개념으로 대전통은 엘리트의 문자위주의 도시문화를 말하며, 소전통은 농민사회의 구비적이고 비공식적인 전통문화를 일컫는다.

소농(小農) 경제가 형성 될 수 있는 물질적 기초가 마련되었다. 이것은 많은 노예들이 노예주로부터 벗어나 타향으로 도망쳐서 황무지를 개간하도록 자극하였다. 따라서 과거의 노예제는 더 이상 지속될 수 없었다. 과거의 중하층 노예주 귀족들도 이러한 시대적 조류에 순응하여 봉건 지주로 전향하기 시작하였다. 따라서 과거의 노예제는 더 이상 지속될 수 없었다. 과거의 중하층 노예주 귀족들도 이러한 시대적 조류에 순응하여 봉건 지주로 전향하기 시작하였다.[106] 그들은 더 이상 노예 제도 본래의 계급 제도를 받아들이지 않았다. 나아가 이러한 경제체제의 변화는 점차 전통적 권위를 위협하는 새로운 사상의 도래로 이어졌다. 그것이 바로 제자백가의 출현이다.

노자의 사상 또한 이와 같은 시대적 배경으로부터 생겨났다. 당시 제자백가의 공통 관심사는 혼란스러운 난세를 평화로운 치세로 만드는(平天下)것에 있었다. 그리고 당시 학파들은 각자 자신들의 주장을 통해 난세가 치세로 변환 될 수 있다는 주장을 펼쳤다. 노자 또한 여기에 동참하여 자신의 주장을 펼쳤는데 그 주장의 핵심은 인위적인 예악문화를 제거하고 본래의 무위로 돌아가자는 것이었다. 노자가 보기에 예(禮)는 인간을 타락시키고 본래의 자연스러움을 훼손시키는 인위(人爲)적인 것에 불과했다. 노자는 유가의 여러 개념들을 정면으로 반박하는 하는데 그 대표적인 사례 가운데 하나가 바로 인의에 대한 부정이다. 노자에게 있어 인의(仁義)는 '순박한 대도(大道)가 사라진 후에야 생겨난 것'이다. 인의에 관해 유가와 도가의 입장이 완전하게 상충되는 까닭은 그것을 대하는 태도의 차이에서 비롯된다. 유가의 경우 인의는 인간이 지닌 최고의 덕목이자 모든 행위의 근본으로 삼는다. 이와 관련해 공

106) 노예주 귀족에서 봉건 지주로의 전향은 경제체제의 변화를 의미하는 것이지 춘추시대에 봉건제가 새롭게 형성되었다는 것을 의미하는 것이 아니다. 중국은 상고 시대인 하 · 은 · 주 삼대에 이미 정치적인 체제로써의 혈연적 봉건제가 완성되고 실행되었다.

자는 『논어』「팔일」에서 다음과 같이 말한다.

> 사람으로서 인(仁)하지 못하면 예(禮)를 어떻게 사용하며, 사람으로서 인하지 못하면 악(樂)을 어떻게 사용할 수 있겠는가?

공자에게 있어 인과 예의 관계는 뿌리와 열매의 관계로 파악될 수 있다. 예는 인간에 의해 만들어지고 규정된 사회적 약속이자 외재적 형식이다. 그렇지만 그것의 본질은 인간의 내부에 보편적으로 존재하는 인(仁)의 발현에서 비롯된 것이기 때문에 인위적인 것이 아닌 자연스러운 결과로 파악 될 수 있다. 다시 말해 겉으로 드러난 열매가 존재하기 위해서는 반드시 보이지 않는 뿌리가 존재해야 하며 이것은 매우 자연스러운 관계가 된다.

반면에 노자는 인의를 버려야 할 요소로 파악한다. 그 이유는 무엇일까? 그것은 바로 세계를 해석하는 표준이 인간이 아닌 객관적 법칙 혹은 그것을 포함한 자연(自然)이기 때문이다. 유가의 경우 세계를 해석하는 표준은 결코 인간의 영역을 벗어나지 않는다. 이 때문에 유가의 인의는 정감적이며 다소 주관적이다. 결국 공자가 말하는 인애(仁愛)는 주관적 보편성을 될 수 있겠지만 결코 객관적 법칙이 될 수는 없다.

하지만 노자는 사관(史官)의 입장에서 수많은 왕조에 흥망성쇠(興亡盛衰)를 방관적이고 정관적인 태도로 관찰했기 때문에 세계인식에 있어서도 최대한 주관을 배제한 체 역사의 흐름에 몸을 맡기려고 한다. 이러한 노자의 태도는 현상의 모순대립을 분리해서 보지 않고 거시적 관점에서 하나의 연속으로 파악하려는 형태이다. 『노자』 속에 여러 사례의 모순대립 항들 그려진다. 그 사례로 밝음과 어두움 · 높고 낮음 · 길고 짧음 · 앞과 뒤 · 굽음과 바름 · 아름다움과 추함 · 영예와 모욕 · 완전함과 모지람 · 뺌과 더함 · 말 잘함과 어눌함 · 교묘함과 서투름 등이 있다. 노자가 보기에 이들의 존재는 모순의 형태를 취하지만 그들이 존재하기 위해서는 결국 상대방을 필요로 한다. 그리고 이들 가운데 몇몇은 판단자의 주관에 의지하기 때문에 주관에 이끌려 어느 한 쪽만을 선택하는 것은 현명한 선택이 될 수 없다. 이 때문에 노자는 대상을 인식할 때 반드시 그것부터 한 발짝 물러나 냉철하고 객관적인 태도로 관찰하기를 요구한다. 이른 노자의 태도를 통해 볼 때 인간의 주관적 감정과 크게 연관되어지는 인의(仁義)는 부정의 대상일 수밖에 없다.

노자의 주관적 감정을 배재하고 객관을 중시한 태도는 『노자』를 인식 속에서도 자주 나타나는데, "천지는 인(仁)하지 않아서 만물을 추구(芻狗)[107]로 삼는다. 성인은 인하지 않아서 백성을 추구로 삼는다."[108], "덕을 잃어버린 후에 인하게 된다."[109] 등이 그것이다. 노자가 볼 때 천지의 운행 변화에는 감정이 없을 뿐만 아니라 또 필요도 없다. 성인(聖人)의 통치 또한 그러하다. 중요한 것은 객관적인 법칙인 덕과 도를 따르기만 하면 되는 것이다.[110]

그렇다면 덕과 도란 무엇인가? 덕의 사전적 의미는 '도덕적 · 윤리적 이상을 실현해 나가는 인격적 능력'이다. 하지만 사전적 의미의 덕은 도덕에 국한되기 때문에 그 범위가 매우 좁다. 그러나 덕의 원시적 의미와 노자가 말하고자 하는 덕의 의미는 이것보다 훨씬 넓다. 학자에 따라 덕의 본래 의미를 씨족의 습관적 법규[111]로 보는 경우도 있고 또 노예를 구속하거나 속박하여 그들을 징벌하여 재물을 약탈하고 빼앗는 의미로부터 점차 발전하여 등급질서와 천명(天命)의 윤리로 변천되었다는 주

---

107) 짚이나 풀로 만든 개(犬). 제사에서는 이것을 사용하고 끝나면 버렸다. 아무런 소용이 없게 되어 버린 물건을 비유적으로 이르는 말

108) 『노자』 제5장. "天地不仁, 以萬物爲芻狗, 聖人不仁, 以百姓爲芻狗"

109) 『노자』 제38장. "故失道而後德, 失德而後仁"

110) 이택후저, 정병석역, 『중국고대사상론』, 한길사, 2005, 195쪽

111) 이택후저, 정병석역, 『중국고대사상론』, 195쪽

장도 있다.[112] 고대 문헌에 나타난 덕의 용례를 살펴보면 덕은 상대의 복사(卜辭)와 『상서』 「반경」에서도 많이 보이지만 주요관념과 중심사상으로 통용된 시기는 주대(周代)이다. 주나라 시기에는 경덕(敬德)과 명덕(明德)이 강조되었고 금문(金文)에서도 덕 자가 많이 발견되고 있다. 그리고 상나라 시기 종교적 의식 형태의 덕의 개념이 주나라에 이르게 되면 천의(天意)와 인간사적 의미의 덕과 결합되어 진다.[113]

이들 주장들을 종합해 볼 때 덕의 본래 기능은 고대 씨족부락 사회의 무술적(巫術的) 성격과 밀접한 관계를 지닌 것으로 파악될 수 있다. 덕의 개념이 은대의 복사에서 자주 언급된 것 또한 이런 맥락에서 해석될 수 있다. 동서를 막론하고 고대 사회에서 계급의 발생 원인을 소급해가면 원시 형태의 종교와 마주하게 된다. 원시 형태의 종교인 토테미즘이나 애니미즘 및 샤머니즘은 모두 자연숭배의 다른 형태이다. 그리고 자연을 숭배하는 사회에서 지도자는 곧 자연의 법칙을 잘 파악하고 이해할 수 있는 존재이다. 성인(聖人)의 성(聖)자가 소리를 듣는 귀(耳) + 전달의 수단인 입(口)으로 이루어진 것 또한 이런 이유에서 이다. 말하자면 자연의 법칙을 받아들이고 그것을 전달하는 자가 바로 샤먼이자 고대 씨족부락 사회의 지도자가 되는 것이다. 그리고 뛰어난 샤먼은 자신의 판단을 통해 자신이 속한 부족을 더욱 강성하게 만들었고 각종 생존에 관련된 지식들을 전달함으로써 자신의 지위를 보다 강력하게 만들었다. 이 과정에서 생존에 있어 유용한 태도나 행위들은 점차 부족의 규범 · 질서 등으로 제도화 되어 갔다. 이렇게 볼 때 덕은 모든 사람이 지닌 기능이 아닌 집단을 통치하는 위정자의 능력 및 품성으로 이해 될 수 있다. 이렇게 본다면 주(周)의 예악 또한 덕이 될 수 있다. 그러나 노자는 예악을 부정하기 때문에 덕의 개념 또한 무위의 덕과 인위의 덕을

112) 원쭈어펑, 「은대 시기 노예주 계급의 덕개념」 『중국철학』 제8집

113) 장광즈, 『중국청동기시대』, 삼련서점, 1983, 307쪽

구분 짓는다. 이들 구분의 논리적 바탕은 상고주의(尙古主義)에서 찾을 수 있다. 상고주의란 옛 문물을 숭상하여 이것으로 표준을 삼고자 하는 것이다. 중국철학에 있어 상고주의는 학파에 따른 차이는 있지만 모두 공통적으로 지닌 사유이다. 중국철학에 있어 '옛(古)'이 가지는 의미는 단순한 시간적 선후(先後)만이 아니다. 그 속에는 완전성 및 무한성 및 무 규정성이 포함되어 있다. 다만 각 학파가 지향하는 것이 무엇이냐에 따라 상고가 가리키는 시간과 공간이 달라질 뿐이다. 유가의 경우 주의 예악을 최고의 가치로 두기 때문에 요 · 순 · 문 · 무 · 우 · 탕 그리고 주공(周公)을 상고의 기준으로 삼는다. 이에 반해 예악을 허례이자 제거의 대상으로 삼는 도가의 경우 그 너머 전설시대까지 그 영역을 확장한다. 이런 연유로 볼 때 노자가 말하는 본래의 덕은 예악이 형성되기 이전에 존재했던 위정자의 능력 및 품성으로 파악되어야 할 것이다. 이 때문에 『노자』는 덕을 다음과 같이 설명한다.

> 최고의 덕은 덕이 아니다.…최고의 덕은 억지로 함이 없으면서 하지 못함이 없는 것이다.[114)]

앞의 문장은 본래의 참된 덕과 거짓 된 덕이 있음을 이야기 한다. 앞서 언급한 것과 같이 『노자』가 집필 되던 춘추전국시대는 혼란의 시대였다. 그리고 노자는 혼란의 원인을 거짓된 덕인 예악을 통해 백성들을 가렴주구 했던 위정자들로부터 찾았다. 당시의 위정자들이 사용했던 통치의 수단과 제도는 모두 인위(人爲)의 산물이었다. 노자가 보기에 인위를 통해 만들어진 것은 비록 그것이 훌륭하다 할지라도 제한(制限)이 있을 수밖에 없으며 동시에 어느 한 쪽으로 치우치기 싶다고 생각했다. 반면 노자가 최고의 덕으로 삼은 무위(無爲)는 제한도 없고 치우침도

114) 『노자』 제38장, "上德不德, 是以有德… 上德無爲而無以爲"

없다. 왜냐하면 그것은 인간이 아닌 자연을 판단의 기준으로 삼았기 때문이다. 자연이 판단의 기준이 될 경우 오래된 습관이나 규범에 얽매일 필요가 없다. 노자에게 있어 오래된 습관과 규범은 전통이 아닌 제사가 끝나면 버려지는 추구(芻狗)에 불과한 것이었다.

노자가 무위를 최고의 덕으로 삼은 까닭은 그것의 세계를 순환의 법칙으로 파악했기 때문이다. 그가 보기에 세계는 서로 상반되는 개념의 연속으로 이루어져 있다. 이 때문에 노자의 사유를 일러 소박한 변증법으로 부르기도 한다. 밤이 지나면 낮이 오고 낮이 지나면 다시 밤이 온다. 이들 사이에는 오직 변화만 있을 뿐 어떠한 종류의 발전도 그리고 쇠태도 없다. 그렇기 때문에 노자의 변증법은 변증법의 형태를 지니지만 앞으로의 진보(표1)가 아닌 원형적 형태(표2)를 취한다.

▶ 표1 – 직선형

▶ 표2 – 원형적

노자는 모든 변화의 중심에 서서 어느 쪽으로도 기울지 않는다. 왜냐하면 오직 한쪽만을 지지하고 다른 것은 부정할 경우 무한한 변화를 멈추게 될 것이기 때문이다. 비록 유한한 인간에게 그에게 이로운 측면만을 지지하고 수용하는 것은 당장의 정답은 될 수 있겠지만 시작도 없고 끝도 없는 무한한 자연의 운동 앞에서는 거짓이 될 수밖에 없다. 음(陰)이 있으면 양(陽)이 있고 낮은 것(底)이 있으면 높은 것(高)이 있다. 겨울이 가면 봄이 오고 봄은 다시 여름 · 가을 거쳐 겨울을 맞이한다. 이것이 바로 자연의 흐름이다. 만약 봄 · 여름 · 가을 · 겨울 가운데 하나만을 취한다면 결국 나머지 셋을 부정하는 결과를 낳게 된다. 그러므로 이 세계를 진실로 이해하기 위해서는 모순대립 되는 모든 대상들을 포용해야만 한다. 그리고 그것을 위해서 행해야 할 것은 단지 세계의 흐름을 있는 그대로 인정하고 그것에 순응하기만 하면 된다. 즉 봄이 오면 봄에 맞추어 씨를 뿌리고, 가을이 오면 열매를 거두어들이면 되는 것이다. 이것은 비단 계절의 변화 뿐만 아니라 사회 · 생활 · 인사 · 통치의 모든 분야에 광범위하게 적용시킬 수 있는 태도이다. 위정자 또한 최고의 다스림은 그 대상이 자연스럽게 존재할 있도록 놓아두기만 하면 된다. 그리고 이것이 바로 무위(無爲)이고 상덕(上德)이자 도(道)이다.

그럼 이제 노자의 무위의 태도를 각 분야에 걸쳐 적용시켜 보도록 하겠다. 이 과정에서 우리는 『노자』 속에 녹아있는 개념들의 얼개들을 파악할 수 있게 될 것이다. 우선 정치적 단계의 무위의 태도를 살펴보도록 하자. 춘추전국시기 많은 학파들에 의해 다양한 학문들이 우후죽순처럼 등장했지만 그들의 세계인식은 여전히 계급제도를 벗어나지 못했다. 다소 파격이라 부를 수 있는 맹자조차도 역성혁명을 통한 민본을 주장했지 결코 민주를 이야기 하지는 않았다. 이처럼 계급제도의 틀 속에서 세계를 인식했기 때문에 난세의 해결책 또한 엘리트주의인 위정자의 의식 변화에 초점이 맞추어질 수밖에 없었다. 노자의 무위 개념 또한 많은 부분 위정자에게 국한되어 진다.[115] 노자가 위정자에게 요구하는 다스림의 자세는 무위무불위(無爲無不爲)였다. 그가 무위무불위를 강조한 까닭은 유위가 가지는 한계성 때문이다. 만약 무위가 아니라 유위(有爲 : 하는 바가 있음)를 지향한다면 위정자는 그의 행위는 그것이 제한적이고 만다. 왜냐하면 그가 선택한 유위 얼마나 크든 그것은 결국은 한계를 가질 수밖에 없고 또 세계의 입장에서 볼 때 일부분에 불과하기 때문이다. 위정자가 유를 취한다면 그 순간은 참이 될 수 있겠지만 상황

115) 크릴(H.G .Creel)은 『노자』에서 총12번의 무위가 언급되었다고 말한다. 그 가운데 절반인 6번이 통치와 관련되는 것으로 결론짓고 있다.(what is Taoism?, Chicago and London, 1970, 54쪽)

이 변화될 경우 그 참은 다시 거짓이 되고 만다. 이 때문에 『노자』는 서로 반대되는 성향의 것들을 하나로 묶어 다소 역설적으로 들릴만한 주장을 펼친다.

> 크게 이루어진 것은 무엇인가 모자란 것 같다. 크게 찬 것은 빈 것 같다. 크게 곧은 것은 굽은 것 같고, 크게 빼어난 것은 서툰 것 같고, 최고의 말 잘하는 것은 더듬는 것 같다.[116)]

큰 것과 빈 것 작은 말 잘함과 말 더듬는 것 이들은 모두 상대적인 개념이며 서로 동일시 될 수 없기 때문에 일반적인 관점으로 볼 때 모순 형용이다. 그럼에도 불구하고 노자는 이들을 동일선상에 놓고 바라본다. 부드러움을 지키는 것을 강함이라 한다.[117)]거나 "약함이라는 것이 도의 쓰임이다."[118)], "제후는 귀함을 높이 사지 않는데, 장차 무너질 것을 두려워하기 때문이다."[119)], "무력이 강하면 멸망하고, 나무가 강하면 곧 꺾이게 될 것이다."[120)], "그러므로 귀한 것은 천한 것을 근본으로 하고, 높은 것은 아래를 기초로 삼아야한다."[121)], "천하에서 가장 부드러운 것은 천하에서 가장 견고한 것 속으로 뚫고 들어갈 수 있다."[122)] 등은 모두 서로 상반된 내용들의 집합이다. 이들은 모두 위정자에게 드러난 상황에만 집착하지 말고 다음에 다가 올 상황을 미리 대비하고 준비해야함

---

116) 『노자』 제45장, "大成若缺 其用不弊 大盈若沖 其用不窮 大直若屈 大巧若拙 大辯若訥 躁勝寒 靜勝熱 淸靜爲天下正"

117) 『노자』 제52장, "守柔曰强"

118) 『노자』 제40장, "弱者道之用"

119) 『노자』 제39장, "侯王無以貴高, 將恐蹶"

120) 『노자』 제76장, "故堅强者死之徒, 柔弱者生之徒. 是以兵强則不勝, 木强則兵"

121) 『노자』 제39장, "故貴以賤爲本, 高以下爲基"

122) 『노자』 제43장, "天下之地柔 馳騁天下之地堅"

을 은유적으로 표현한다.

이 세상에는 영원한 승자도 또 영원한 패자도 없다. 아무리 강한 무기라 할지라도 시간이 지나면 부식되어 작은 힘에도 쉽게 부셔지고 만다. 오로지 강함만을 내세운다면 그것은 머지않아 꺾이고 만다. 이 때문에 노자는 결코 강함을 권장하지 않는다. 오히려 강함보다는 약함(弱)과 부드러움(柔)을 강조한다. 그 까닭은 약함과 부드러움에 놓인 존재는 언제든 강해질 수 있는 잠재성을 그 속에 지니고 있기 때문이다. 하지(夏至)가 지나면 낮은 점차 짧아 질 수밖에 없고 동지(冬至)가 지나면 밤 또한 그 힘을 점차 잃을 수밖에 없다. 마찬가지로 정상에 도달한자는 내려올 수밖에 없다. 내려와야 함에도 불구하고 억지로 버틴다면 그것은 자연스럽지 못한 것이 되며 결국 자신을 헤치고 만다. 자연스럽지 못함에도 불구하고 억지로 그것을 강행한다면 이것은 마치 농부가 엄동설한에 씨앗을 뿌려 봄 · 여름 · 가을을 기다리지 않고 당장 곡식을 가지려는듯한 어리석은 행동이 아닐 수 없다. 조직이 안정되고 조화롭기 위해서는 반드시 위정자는 강해야 한다. 여기서 말하는 강함이란 권력과 무력을 의미하는 것이 아닌 변화의 흐름을 읽고 자연스러움에 몸을 맡길 수 있는 태도를 의미한다. 노자에 따르면 강한 것은 약해지고 반대로 약한 것은 강해진다. 그렇기 때문에 눈앞의 강함만을 추구하는 것은 오래 가지 못한다. 진실로 강한 것은 자신을 어려움에 처했을 때도 살아남아 다시 위를 향해 나아갈 수 있는 자이다. 이 때문에 위정자는 부드러움과 유약함 그리고 여성적인 것들을 함부로 하지 말아야 한며 또 그것을 활용하여 자신을 보존하고 변화에 순응할 수 있도록 만들어야 한다. 이런 태도를 지닌 위정자는 비록 자신이 어려움에 처한다 할지라도 결코 상황에 흔들리거나 함몰되지 않고 항상 자신을 지킬 수가 있다.

노자의 이런 태도는 세상을 종합적으로 그리고 문제로부터 한 발 물러나 관조 할 수 있는 여유를 제공한다. 이것은 다시 '천하보다 앞서려 하지 않는다.' '먼저 한 보 양보한 후에 다시 돌아간다.' '무릎 꿇는 치욕을 편안히 받아들인다.' '군자의 복수는 10년 뒤라도 늦지 않는다.' 등의 태도로 그려질 수 있다. 자연은 서두른다고 결코 빨라지지도 여유를 부린다고 기다려 주지도 않는다. 모든 것은 정해진 법칙에 따라 순리대로 흐를 뿐이다. 이 때문에 변화에 순응 할 줄 아는 사람은 굳이 특별히 무엇을 하지 않더라도 자신이 원하는 바를 이룰 수 있게 된다. 『노자』는 이런 원리를 위정자에게 적용시키고 나아가 국가관으로까지 확장시킨다. 그것이 바로 노자의 소국과민(小國寡民 : 나라는 작고 백성의 수는 적다는 말)이론이다. 소국과민은 원시부족 국가와 같이 매우 작은 나라를 지칭하는 것이다.

> 나라는 작고 백성은 적으며 여러 가지 기구가 있어도 쓰지 않게 된다. 백성은 생명이 중한 것을 알아 멀리 떠나가는 일도 없고, 배며 수레가 있어도 타고 갈 곳이 없으며 무기가 있어도 쓸 곳이 없다. 백성들도 다시 옛날로 돌아가 글자 대신 노끈을 맺어 쓰게 하고, 그들의 먹는 것을 달게 여기고, 그들의 입는 것을 아름답게 여기며, 그들의 삶을 편안히 여기고, 그들의 관습을 즐기게 한다. 이웃나라끼리 서로 바라보며 닭 울음과 개 짖는 소리가 서로 들리지만, 백성들은 늙어 죽도록 서로 가고 오는 일이 없다.[123]

위의 문장에서 언급되는 국가는 현대적 관점에서 볼 때 국가라 부르기 힘들 정도 규모이다. 이웃 나라의 닭 우는 소리가 들릴 정도의 크기는 반경 5Km를 넘어나지 못한다. 이렇게 본다면 노자는 국가에 대한 태도는 그것 자체를 부정하는 것처럼 보일지도 모른다. 그러나 노자는 결코 무정부주의를 꿈꾸지 않는다. 그렇다면 왜 그는 이렇게 작은 국가

123) 『노자』 제80장, "小國寡民 使有什伯之器而不用 使民重死而不遠徙 雖有舟輿 無所乘之 雖有甲兵 無所陳之 使民復結繩而用之 甘其食 美其服 安其居 樂其俗 隣國相望 鷄犬之聲相聞 民至老死 不相往來.."

를 희망하는 것일까? 그가 작은 국가를 주장한 까닭은 아마도 국가의 진정한 의미를 근원으로부터 모색한 결과일 것이다. 국가란 무엇인가? 앞서 노자는 인의(仁義)라는 인위(人爲)적 제도를 통해 위정자들이 백성을 다스렸기 때문에 천하가 혼란 해졌다고 말했다. 그에게 있어 인의는 위정자만을 살찌우고 백성을 도탄과 불행에 빠뜨리는 원인이었다. 노자에게 있어 백성들이 살기 좋은 사회는 인의가 발생되기 이전의 원시적인 사회였다. 이 시회는 누구나 노력하기만 한다면 굶주리지 않고 배불리 먹을 수 있는 이상적인 사회였다. 이 사회에는 날카로운 무기도 튼튼한 갑옷도 병사를 실어 나르는 배와 수레도 필요치 않는다. 그럼에도 불구하고 백성들은 즐겁고 행복 할 수 있다. 이제 노자는 국가의 존재 이유가 무엇인지를 스스로에게 묻는다. 그리고 그 답은 바로 백성들이 걱정 없이 행복하게 살 수 있는 울타리를 제공하는 것이다. 문제는 국가가 비대해지고 위정자의 권위가 강해질수록 수많은 의식과 절차가 생겨나고 그것으로 발생되는 피해는 고스란히 백성들의 피해로 이어지게 된다는 것이다. 그렇기 때문에 국가가 작고 제도가 간소할수록 그 국가는 이상적인 국가가 된다. 『노자』에는 다시 다음과 같은 말이 있다.

> 성인(聖人)이 되려는 마음을 끊고 지혜를 버리면 백성의 이익이 100배가 된다. 인을 끊고 의를 버리면 백성은 다시 효도하고 자애롭게 된다. 교묘함을 끊고 이익을 버리면 도적이 있을 수 없게 된다.[124)]

성인은 자기 스스로 되고자 해서 될 수 있는 존재가 아닌 남들에게 의해 자연스럽게 불리는 존재이다. 억지로 성인이 되고자 한다면 그것은 인위이며 또 남들에게 강제로 부르도록 한다면 상대방으로 하여금

124) 『노자』 제19장, "絶聖棄智 民利百倍 絶仁棄義 民復孝慈 絶巧棄利 盜賊無有."

거짓 된 행동을 하게끔 한다. 지혜 또한 마찬가지이다. 억지로 행하기 위한 지혜는 인위일 뿐이며 누군가에게는 고통이 되는 지혜이다. 결국 위정자만을 위한 지혜는 그를 살찌울지는 모르겠지만 수많은 백성들을 고통에 떨어뜨리고 마침내 불행으로 이끈다. 이것은 마치 야생에서 자연스럽고 행복하게 살고 있는 원주민들에게 옷을 입히고 자신들의 사상을 강요한 후 그들을 불행에 빠뜨린 다음 다시 행복해지기 위해 노력하라는 것과 같은 행위이다. 노자가 소국과민을 이상적 사회로 여긴 까닭도 여기에 있다. 국가의 규모가 작으면 작을수록 법률과 제도 및 여러 가지 절차는 간소해진다. 누군가가 누구위에 군림하고 명령하지 않아도 그 사회의 인원들이 스스로 자신의 일을 충실히 하는 것만으로도 국가는 자연스럽게 운영되며 국가의 본래 기능인 백성의 행복도 충만하게 된다. 이제 위정자는 무리한 영토의 확장을 필요하지 않는다. 그렇기 때문에 정복전쟁도 발생하지 않는다. 『노자』에는 이것을 다음과 같이 표현한다. "이웃나라가 서로 바라 보이지만" 결코 침범하지 않고, 또 교류하지 않아 "백성은 늙어 죽을 때까지 서로 왕래하지 않았다."[125] 노자의 이러한 태도는 일견에는 매우 소극적인 태도로 보일 수 있겠지만 일반 백성들이 저렇게 자연스러운 무위의 삶을 영위하기 위해서는 무위를 지향하겠다는 위정자의 적극적인 자세가 반영되어야 한다. 노자는 이러한 태도는 무위무불위(無爲無不爲 : 무위함으로써 하지 못함이 없다)의 형태로 승화된다. 무위무불위는 할 수 없기 때문에 못하는 것이 아니라 할 수 있지만 굳이 억지로 하려 하지 않는 것 말하자면 불능(不能)이 아닌 불용(不用)의 태도를 취하는 것이다.

문제는 존재에 있어 인간은 완벽하게 무위할 수 없다는 점이다. 유한한 육신을 지니고 생멸하는 세계에 던져진 이상 그 존재는 어딘가에 제한될 수밖에 없다. 이것은 운동, 언어, 태도, 양태 등의 다양한 형태로 나

125) 『노자』 제80장, "隣國相望, 鷄犬之聲相聞, 民至老死不相往來"

타난다. 그렇다면 제한된 존재가 어떻게 제한을 초월할 수 있을까? 제한된 유한한 세계 속에서 그 정답을 찾는 것은 불가능하다. 이 때문에 노자는 자연스럽게 형이상학적 개념인 도를 요청하게 된다. 노자에 있어 도는 초월성과 목적성의 배제 그리고 무한성을 그 속에 품고 있다. 우선 초월성을 언급한 까닭은 현실의 언어와 견문, 경험을 통해 도를 규정할 경우 그 순간 도는 무위의 근원이라는 본래의 성격을 상실하고 규정화 되어 단지 하나의 유위(有爲 = 人爲)로 전락(轉落) 해 버리기 때문이다. 노자의 도는 현실을 벗어나 피안(彼岸)의 세계에 존재하는 공허한 개념이 아니다. 노자의 도는 천지를 운행시키는 자연을 표준으로 삼는다.(道法自然) 인간은 자연을 수만 수천가지로 해석하지만 그것은 자연의 일부분을 표현 할 뿐 결코 전체를 수용할 수 없다. 예를 들면 대한민국에서 가장 긴 강은 낙동강이지만 바다의 입장에서 볼 때 그것은 무의미한 분류에 불과하다. 본래 바다와 강은 하나로 이어져 있기 때문에 무엇이 근본이고 무엇이 끝인지 구분 할 수 없다. 단지 사람들은 구분하기 위해 한강, 낙동강, 영산강과 같이 이름 붙였을 뿐이다. 그것은 얼핏 보면 세련되어 보이지만 결국 필요 없는 지식의 늘림 뿐이다. 분명 이들 지식이 반드시 필요할 때도 있다. 하지만 문제는 그것이 불필요함에도 불구하고 규정된 지식이 우리를 혼란스럽게 할 때이다. 그렇기 때문에 노자는 도를 나눔이 없는 일(一)[126] 또는 꾸밈(巧)이 없고 거친 것(朴)으로 설명함과 동시에 황홀(恍惚)한 것으로 표현한다. 소박한 하지만 황홀하다. 이것은 서로 어울리지 않는 조합처럼 보이지만 결코 잘못된 표현이 아니다. 노자는 도(道)를 자연이라 말하지만 이것은 단순히 자연현상에 대한 관찰을 의미하지 않는다. 비록 "강풍은 아침을 넘기지 못하고, 소낙비는 하루를 넘기지 못한다."[127] "천지가 만든 것도 오래 가

126) 이때의 일(一)은 상대가 없는 절대 수(數) 일을 의미한다.

127) 『노자』 제23장, "飄風不終朝 暴雨不終日"

지 못하는데"[128] 등의 말들은 자연의 현상을 말하지만 그것은 어디까지나 인간사를 설명하기 위한 도구에 불과할 뿐이지 결코 자연지식에 대한 종합이나 연구를 말하지 않는다. 노자가 말하고자 하는 도는 자연이 아닌 인간의 삶의 태도이다. 그것은 도를 설명하는 표현 가운데 하나인 황홀의 의미를 살펴봄으로써 확인 할 수 있다. 황홀은 일종의 정신적 체험으로 오직 인간만이 가질 수 있는 것이다. 황홀의 사전적 의미를 살펴보면 다음과 같다. 1) 눈이 부시어 어릿어릿할 정도로 찬란하거나 화려함. 2) 어떤 사물에 마음이나 시선이 혹하여 달뜸. 3) 미묘하여 헤아려 알기 어려움. 4) 흐릿하여 분명하지 아니함. 도의 황홀은 1)~4)의 모든 개념들을 복합적으로 함의하고 있다. 우리가 삶 속에서 황홀경에 빠질 때 그것을 말로 표현하거나 형용할 수 없다. 하지만 그 벅찬 감동은 우리를 최고의 심미적인 경계로 끌어올린다. 그리고 이런 황홀경은 꾸미고 아기자기한 대상이 아닌 매우 거칠고 단순한 것으로부터 느낄 수 있다. 무한히 펼쳐진 지평선에 홀로 놓여 있을 때 혹은 방파제에 서서 거대한 파도의 거칠음 느낄 때 그리고 산 정상에 올라 붉게 물든 석양을 바라 볼 때 우리는 말로 형용할 수 없는 황홀감에 몸서리친다. 그것은 인간이 만든 어떤 제도 형식보다 가슴을 울리고 뜨겁게 한다. 여기에는 어떤 경계도 구분도 무의미 하면 이 순간을 그 어떤 경험적 지식도 의미를 가지지 못한다. 그리고 우리는 그 황홀경 속에서 초월성, 불가확정성(不可確定性)과 같은 도의 본체를 체험하게 된다. 이 경계에는 작음 없고 큼도 없으며 동시에 가장 미세함과 가장 넓음 포괄한다. 이제 도의 황홀경을 맛본 사람은 인간의 판단으로 규정된 던져져 있으면서도 세계의 법칙이 휘둘리지 않고 변화에 몸을 맡긴 체 유유히 노닐 수 있게 된다. 이러한 태도를 지닌 자는 무위를 몸소 체득한자이며 스스로를 다스릴 수 있는 참된 주체를 획득한 존재가 된다.

128) 『노자』 제23장, "天地而不能久"

이상 『노자』의 주요 개념들을 살펴보았다. 『노자』의 개념들 신비적이고 초월적이면서도 동시에 거칠고 단순한 형태를 취한다. 관점에 따라 개념적 분리가 이루어지지 않은 원시형태의 사유로 볼 수도 있겠지만, 또 한편으로는 모순을 자연스런 현상으로 파악하고 상반된 개념들의 미분과 그로부터 비롯된 혼동의 상태와 황홀경은 본래 노자가 추구했던바 일지도 모른다. 이와 같은 노자의 태도는 개념의 객관화 및 명료화에 있어서는 한계를 드러내지만 불가확정적인 개인의 삶을 돌아보고 변화하는 미래를 준비함에 있어서는 더욱 유용성 지닌다고 말할 수 있다.

/ 참고문헌 /

『漢書』

『史記』

『三國遺事』

『莊子』

『老子』

『列仙傳』

『呂氏春秋』

『한국민족문화대백과』

탕야오(唐堯), 『노자병략개술』, 『중국철학사문집』, 고림인민출판사, 1980

치스허(齊思和), 『중국사탐구 · 손자병법시대의 고찰』, 中華書局, 1981

장광즈, 『중국철동기시대』, 삼련서점, 1983

크릴(H.G .Creel) 『what is Taoism?』, Chicago and London, 1970

이택후저, 정병석역, 『중국고대사상론』, 한길사, 195쪽, 2005

원쭈어평, 「은대 시기 노예주 계급의 덕개념) 『중국철학』 제8집

거자오광, 『중국 사상사』, 일빛, 2013

4장
불교의 상호주체적 자아

1. 탈현대적 사유와 화엄종

이 장에서는 탈현대철학의 주체와 타자에 관한 논의를 비판적으로 검토해 보고, 그 대안적 사유방식을 화엄사상 안에서 찾아보고자 한다. 현대철학이 직면하고 있는 궁극적인 문제는 바로 근대의 주체 개념을 해체하고 새로운 주체를 정립하고자 함에 있다. 대부분의 포스트구조주의자들은 근대의 이성주체가 절대적인 지위에 군림하면서 전체로부터의 개체소외, 자원고갈과 환경훼손, 그리고 좀 더 철저하고 조직적인 사회통제 등을 초래한 주범이라고 평가한다. 그래서 그들은 이성주체에 대해 반감을 느끼면서, 그것들 하나하나 해체해 버리고 그 자리에 몇 백 년 동안 주체의 그늘에서 살아오던 타자를 치켜세웠다. 그 결과 이성주체는 스스로 사라지든지 아니면 타자에 종속된 노예의 신분으로 전락하게 되었다. 그러나 현대문명에서 볼 때, 이성주체가 현대 인류에게 부정적인 측면을 초래하기도 하였지만, 또한 과학과 기술의 진보, 물질적인 부의 축적, 보다 많은 사람에게 주어진 사회적 평등과 자유를 가능하게 해 준 측면 또한 무시할 수 없다. 이와 같이 근대 주체가 인류에게 미친 긍정적인 측면이 있음에도 불구하고, 그들이 이성주체를 인류의 무대에서 추방하고자 하는 것은 편향적 발상이라는 생각을 지울 수 없다. 그들이 지향한 세계가 바로 절대적이고 획일화된 세계가 아니라 모든 것에 열려 있는 다원화된 세계라고 하면서도 '왜 타자에 대해서는 그렇게 관대하면서, 이성주체에 대해서는 그렇게 박하게 대하는가?' 근대의 이성주체가 현대 사회에서 여러 문제를 초래하였다고 해서 극단적으로 그 자체를 부정하기 보다는 타자와의 관계 속에서 적절한 역할을 부여하는 것이 바람직한 것은 아닌가? 이에 이 장에서는 '근 · 현대철학에서 주체와 타자는 종속적 관계로 하나가 등장하면 다른 하나는 반드시 등한시 되어져야 하는가?'에 대해 의문을 제기하면서, 이를 해결할 수 있는 방안을 모색해 보고자 한다.

위와 같다면, 왜 포스트구조주의자들은 다양성을 부르짖으면서도 주체를 부정하는 편향적 발상을 하게 되었을까? 결론부터 말하자면 그들 또한 서양 전통적 사유방식의 울타리에서 벗어날 수 없었기 때문이라고 생각해 볼 수 있다. 서양의 전통적 사유방식은 그 자신의 존재를 위해서 어떠한 다른 존재자도 필요로 하지 않는 실체론적 사유방식이다. 그 자신의 존재 근거를 자신에게서 찾으면서 그 이외의 다른 것을 배척하는 것이다. 즉 서양의 형식논리와 같이 둘 중에 하나를 선택하면서 나머지 하나를 그 아래에 부정하거나 종속시키는 사유방식이다. 탈현대철학은 이런 사유방식에 의해 근대의 이성주체의 절대성을 해체하면서 그와 반대되는 타자를 절대화하고 있다는 점은 분명히 실체론적 사유방식에서 벗어나지 못하고 있다고 할 수 있다. 이런 측면에서 주체와 타자의 관계를 새로운 사유방식에서 재정립해 보는 것은 매우 의미 있는 작업이라 생각한다. 그래서 이 장에서는 화엄종의 관계론적 사유방식을 통해 주체와 타자의 관계를 탐색해 봄으로써 타자를 부정하지 않으면서 주체에 대한 올바른 자리매김을 해보고자 한다.

2. 근대의 주체와 타자

현대 철학의 흐름 가운데 1960년대 이후 강력한 운동으로 등장한 학술사조로는 '철학적 해석학'(한스-게오르크 가다머, 위르겐 하버마스, 폴 뢰쾨르), 프랑스의 '파리의 철학'(미셸 푸코, 자크 라캉, 에마누엘 레비나스, 자크 데리다, 질 들뢰즈, 장-프랑수아 리오타르), '새로운 과학철학'(마이클 폴라니, 스티븐 툴민, 토마스 쿤, 파울 파이어아벤트), '포스트 분석철학'(리처드 로티, 힐러리 퍼트남) 등을 대표적으로 꼽을 수 있다. 이들 사이에 이론적 차이가 분명히 존재하지만, 서양의 근 · 현대 문화 자체를 근본적으로 반성하고 있다는 측면에서 그 공통성을 찾을 수 있다. 그러므로 이들의 철학을 모두 탈현대철학이라 하기에는 무리가 따르겠지만, 적어도 탈현대적 경향을 띤 철학이라고는 할 수 있다[129). 이와 같이 현대철학의 흐름이 탈현대적 경향을 가진다고 할 때, 이것이 함축하고 있는 의미는 근대철학의 근저가 되는 인간주체에 대한 비판과 해체를 시도하고 있다는 점에서 찾을 수 있다.

현대 철학의 흐름에서 인간주체에 대한 비판은 바로 '주체의 죽음'이란 극단적 표현을 통해서 그 의도를 읽어 낼 수 있다. 이 계열의 학자들은 서양의 근대문명이 초래한 심각한 환경문제, 의사결정능력에 바탕을 둔 민주주의의 위기, 도구이성의 팽창 등 현대 사회가 직면하고 있는 등 모든 문제의 원인을 궁극적으로 인간주체에서 찾는다. 그러면 여기에서

129) 강영안, 『주체는 죽었는가?』 (서울, 문예출판사, 1996년), 36~37쪽

말해지는 주체는 과연 어떠한 주체이기에 위와 같은 현대적 문제를 발생하게 하였는가? 현대철학자들은 이런 물음에 대해 근대 이성주체의 의미를 '절대적 주체', '무제한적 주체', '주체의 동일성'으로 표현하면서 비판적 태도를 취한다. 그들이 근대의 주체에 대한 비판은 여러 방식으로 전개되고 있지만 그들 모두는 그것을 세계의 근거로서, 세계를 떠 받쳐 주는 기체(substratum)로 해석하고 있다는 점에 있어서는 동일하다. 서양의 전통철학에서 이런 특징을 가장 잘 명시되고 있는 철학적 개념은 바로 '실체(substance)'라고 할 수 있다. 이런 기체로서의 실체적 자아는 바로 이 세계를 창조하면서, 자신의 존재원인을 자신 안에서 찾고자 한다. 자아의 존재형태인 실체는 결코 서양근대철학에서만 나타나는 존재방식이 아니라 서양고대철학에서 또한 핵심적 개념이었다. '실체' 이 개념은 아리스토텔레스의 『형이상학』에서 처음으로 사용되었다.

아리스토텔레스는 『형이상학』에서 "존재는 무엇인가?"라는 철학의 보편적인 질문을 제기한 후, 이어서 이 문제를 바로 "실체는 무엇인가?"라는 물음으로 대체시켜, 존재의 문제를 실체의 문제로 파악하고자 하였다. 그는 실체를 "그것 없이는 여타의 것들은 전혀 있을 수 없는 것", "그것을 제거하면 여타의 모든 것들이 제거되어 버리는 것"으로 해석하였다. 이와 같이 그는 실체를 항상 자기동일성을 유지하면서 기타 존재를 떠 받쳐주는 근거이자, 자신은 다른 것에 의존하지 않고 독립적으로 존재하는 것으로 설명한다. 존재를 실체로 파악한 것은 결코 아리스토텔레스의 독창적인 사유가 아니라 고대 그리스철학 전반에 흐르고 있는 사유형식이다. 그들은 실체를 '물'이나 '불'같은 단순한 물체로, 피타고라스처럼 '수'로 규정하기도 하고, 또는 플라톤의 '이데아' 처럼 본질로 정의하기도 하였다. 아리스토텔레스는 개별적인 사물을 '제일 실체'로 보고, 보편적 본질을 '제이 실체'로 구분해서 보았다. 중세의 스콜라철학 또한 존재론적 관점에서 보면 실체적 형상이라 할 수 있다. 이와 같이 고대와 중세는 존재와 신을 실체로 규정하였다. 그러나 실체는 근대에 이르러 의식주체로 규정되면서 서양철학의 전개과정에서 획기적이고 전환의 계기를 마련하게 된다.

서양근대는 신 중심의 권위주의적 세계관과 사회체계인 중세의 가치관에 대해 비판적 태도를 취하면서, 자신을 타자와 구별된 자아, 나누어질 수 없는 개체로 이해하였다. 다시 말하면 인간은 더 이상 공동체를 구성하는 일원으로서 존재하는 것이 아니라 근원적으로 단독자로 자신을 인식하게 되었다. 이런 개체로서의 자의식은 근대의 철학체계를 구성함에 매우 중요한 토대로 작용하였다. 이와 같을 때 인간은 더 이상 자신에 앞서 규정되어 있는 원리와 공동체의 권위가 아니라 스스로 인식하고 판단할 수 있는 능력을 중시하게 된다. 여기에서 인간은 개별적인 존재임에도 불구하고 자신 안에 세계를 해석할 수 있는 이성주체를 필요로 하게 된다. 이러한 주체 중심의 인간이해는 실체개념을 존재론의 영역에서 이성주체로 전환하게 하였다.

근대철학에서는 사유하는 이성주체를 실체로 파악하여 '그 자신의 존재를 위해서 어떠한 다른 존재자도 필요로 하지 않는 것'으로 정의해왔다. 탈현대철학자들은 이런 실체적 주체에 대한 비판의 출발점을 데카르트 철학에서 찾고 있다. 데카르트는 "나는 사유한다, 그러므로 나는 존재한다"는 명제를 확고부동한 진리의 기초로 삼는다. 이것은 어떤 다른 모든 것을 의심할 수 있고 회의할 수 있지만 나는 사유하고 있고, 따라서 내가 존재한다는 사실만은 자명한 것으로 받아들인다. 즉 사유한다는 것은 하나의 작용이며, 이런 작용을 하게 하는 그 무엇인가가 있어야 한다고 생각한 것이다. 그 자체가 어떤 다른 것에 의존하지도 않으면서 존재하는 사유하는 실체는 다른 모든 것의 아래에서 그것들을 뒷받침해주는 기제로서의 주체를 설정하게 된 것이다.[130)]

니체는 데카르트가 자명한 것으로 받아 들인 이성주체를 비판하면서

130) 강영안, 『주체는 죽었는가』(서울: 문예출판사, 1996년), 161쪽

현대철학이 전개될 수 있는 초석을 마련하였다. 그는 데카르트가 '나는 생각한다. 그러므로 나는 존재한다'는 진술이 절대부동의 진리로 보고 있지만, 사유 활동의 근거가 왜 이성주체인가에 대해서는 구체적으로 언급하지 않고, 단지 맹목적인 믿음에 의해서 "사유 활동을 가능하게 하는 근거로서 이성주체가 있음을 자명한 것으로 받아들였기 때문에 실체적 자아는 하나의 허구에 불구하다고 비판한다. 이런 니체의 전통철학에 대한 비판은 이후 탈현대 학술사조에 중요한 이론적 근거를 제시해 주고 있다. 특히 프랑스 철학자들은 니체의 영향을 받아 실체적 주체를 절대적이며 실체적 지위에서 끌어내려 주체의 무제한성을 해체하면서, 자아는 오히려 사회적 관계, 언설, 욕망 등의 타자를 통해서 생산된 부산물에 불과하다고 보았다. 이와 같이 탈현대철학자 대부분은 주체의 실체화를 비판하고 해체하면서 자신들의 개별적인 이론체계를 구성하였는데, 탈현대철학의 실체적 주체는 근본적으로 세 가지 축을 중심으로 진행되고 있다.

첫째, 탈현대철학은 근대의 실체적 주체가 자연을 타자로 간주하여, 인간이 필요시 언제든지 조작 가능한 대상으로 간주하였기 때문에 현대 사회는 자연의 파괴, 생태계의 위기, 핵전쟁의 위험 등에서 벗어날 수 없다고 본다. 여기에서 그들은 서양 근대의 인간과 자연의 관계를 비판한다. 서양철학에서 데카르트는 최초로 물질과 정신을 독립된 두 실체로 파악하였다. 즉 사유하는 행위를 가능하게 하는 주체(실체)가 있을 뿐만 아니라 정신실체 이외에 연장실체를 설정하였다. 데카르트는 이런 연장의 속성들이 있으며 이런 속성의 실체를 물체로 파악하였다. 이와 같이 정신과 물체를 실체로 본다면, 정신은 결코 연장이 없더라도 존재할 수 있으며, 물체도 또한 사유의 속성을 필요로 하지 않고도 존재할 수 있는 것으로 파악하였다. 데카르트는 정신과 물체를 엄격하게 대립시키고 양자 간의 관계를 주체와 객체(타자)의 관계로 설명하였다. 그는 인간중심주의적 관점에서 자연을 단지 인간 주체와 대립되는 타자에 불과하다고 보았다. 이것은 연장의 실체로서의 자연은 수학과 과학적 방법으로 수량화가 가능한 대상으로 환원시켜 인간 주체가 원하기만 하면 언제든지 자연의 본질을 탐측할 수 있는 조작 가능한 객체에 불과하다고 보았다. 이에 대해 탈현대철학자들은 근대철학의 인식론이 서양 고대의 존재론을 대치하였으며, 이성주체에 종속되어진 자연은 그 고유한 가치를 상실하게 되었다고 비판한다.

둘째, 탈현대철학은 서양 전통철학의 모든 사물의 존재 근거인 실체적 자아를 전제하면서 근본적으로 다양한 사물과 세계를 획일화하여 다양성을 부정하고 있다고 비판하고 있다. 서양근대철학에서 어떤 사물이 실체인가 아닌가 하는 것은 그 사물이 얼마나 엄격하게 독립성을 가지고 있느냐에 따라 결정되어진다. 실체적 주체는 바로 다른 어떤 것에도 구속받지 않으면서 모든 존재의 근거가 되어 다양한 사물과 세계를 획일화한다. 그래서 주체는 세계를 모두 규정하고 장악하는 중심으로 자리잡게 된다. 이런 중심에 근거해서 주변부를 타자화하여 인간에 대해 자연을, 계몽된 문명에 대해 야만을, 이성에 대해 감성을, 남성에 대해 여성을 타자로 본다. 이와 같이 서양의 실체적 주체는 결국 타자를 배제하는 차별의 보편성으로 작용한다. 탈현대철학은 서양의 근대철학이 지향하는 동일성과 전체성은 근본적으로 실체적 자아에 근거해 있음을 비판하고, 실체적 자아의 해체를 통해 보편적 인간이 아닌 개체로 존재하는 인간에게 각자에게 상응하는 존재의 원리와 자율성을 허용하고자 하였다.

셋째, 탈현대 철학은 서양의 실체적 주체가 타자에 대해 닫혀 있음을 비판하고 타자에 대해 열려 있는 개방적인 주체를 이야기한다. 데카르트가 철학의 제일 원리로 들고 있는 "나는 생각한다. 그러므로 나는 존재한다"라는 명제에서도 알 수 있듯이 데카르트는 사유 활동을 통해서 직관적으로 주체를 설정하고 있다는 것이다. 이것은 주체가 자신이 가지고 있는 사유 활동을 통해서만 파악될 수 있는 것이며, 타자는 주체의 존재에 어떤 영향을 미치지 못한다고 본다. 실체적 자아의 폐쇄성은 데카르트의 사상을 계승한 라이프니쯔의 단자론에서도 분명하게 나타난다. 라이프니쯔는 인간과 세계를 여러 개의 단자로 이루어진 것으로 본다. 이러한 단자는 각각 자신의 고유한 세계를 갖고 있다. 여기에서 단자는 다른 단자에 대해 자신을 개방하는 것이 아니라 폐쇄적인 형태를 취한다. 라이프니쯔는 이를 "단자는 창을 갖지 않는다"라는 말로 표현하고 있다. 이런 단자론은 자아를 세계와 타자에서 분리하여 아무런 관계가 없는 것으로 파악할 뿐만 아니라 타자를 배척하는 기능을 가지고 있다고 할 수 있다. 이런 측면에서 최근의 포스트구조주의자인 레비나스는 타자를 배려하지 않는 실체적 주체를 '이기적 주체'라고 하였다. 이런 자아중심 철학은 개인을 사회적 정치적 이기주의자로 발전시켰으며, 현재 자본주의의 토대를 이루었다고 그는 주장하고 있다. 프랑스 대혁명이 주창하는 자유와 평등은 엄밀하게 고찰하면 분리된 개체로서 요청할 수 있는 자유와 평등이다. 그러나 타자를 배제하는 자유 지상주의와 평등주의는 필연적으로 인간의 자기소외를 야기시켰다. 이에 대해 탈현대철학은 근대철학에서 말하는 것처럼 인간이란 어떤 실체처럼 단단하고 굳은 존재가 아니라 세계와 끊임없이 관계를 맺는 방식으로 존재한다고 보고 자아의 정체성을 타자를 통해 정립하려고 한다.

대부분의 탈현대 철학사조는 이성주체의 등장이 바로 서양의 근대성의 핵심근거로 보고, 그 이성주체를 비판하면서 자신의 이론을 확립하려고 하였다. 그러나 여기에서 반드시 언급해야 하는 것은 탈현대 철학자들의 이성 비판은 결코 이성자체에 있는 것이 아니라, 고정되고 닫혀있는 실체적 이성을 비판하고 있다는 사실이다. 이성의 해체를 주장하는 푸코 역시 또한 말년의 인터뷰에서 "주체 일반에 관해 우리가 선생님께 말하는 것을 선생님은 늘 거부하지 않았습니까?"라는 질문자의 물음에 대해 주체 자체를 비판하는 것이 아니라 덩어리로 실체화된 주체가 문제일 뿐 주체 자체를 비판하는 것은 아니라고 대답하였다[131]. 이와 같이 현대철학자들이 근대의 고정된 실체적 주체를 비판하면서 새로운 주체로 확립하고자 한 것이 그들의 궁극적 사명이라고 할 수 있다. 위에서 이미 살펴본 바와 같이 탈현대철학이 진행되고 있는 경향을 통해서도 알 수 있듯이 그들의 새로운 주체의 확립은 바로 인간중심적이고 자기중심적인 주체에서 벗어나 타자를 통해서 설명하고자 한 경향에서 나타나고 있다. 이런 경향은 포스트구조주의에서 더욱 분명하게 나타난다.

포스트구조주의는 서양 근대 철학은 주체, 실체, 이성을 일차적이고 근원적인 가치로 특권시하고 있는 반면에, 타자, 언어, 욕망을 이차적인 파생물로 규정해서 배제하는 이원대립적 구조를 가지고 있다고 평가하고 있다. 그들은 이러한 전통 형이상학의 개념들을 치환하여 그 대립적 구도를 무너뜨리고자 하였다. 그리고 타자는 서양 근대 철학에서 인정받지 못했다고 보고 있다. 그들은 타자의 권위를 강조하기 위해 우선적으로 실체적 주체를 비판하고 해체하면, 그 자리에서 타자가 자신의 본래의 모습으로 드러나게 된다고 보았다. 그들은 소쉬르의 구조언어학의 영향을 받아 실체적 주체를 비판하고 해체하고자 하였다. 그들은 주체가 언어를 창출해 내는 것이 아니라 오히려 언어에 의해서 인간의 주체가 존재할 수 있다고 보고 주체를 치환시키고 있다. 주체는 스스로 존재하는 실체적 존재가 아니라 상상적 질서와 상징적 질서 속에서 성숙되는 사회적 자아로 형성되는 것이다. 상징적 질서는 언어와 문화로 된 질서의 세계인데, 인간은 어린아이 때부터 가족관계와 사회관계의 그물 속에서 규정되는 자신에 대한 이름과 인식을 얻는다. 이것이 아이의 자아가 태어날 때부터 타자의 말의 그물 속에서 자아는 타자가 말하고 바

131) 강영안, 『타인의 얼굴』(서울: 문예출판사, 2004), 72쪽.

라는 바를 자기 자신 속에서 확인하게 된다[132). 이와 같이 자아의 타자를 극단화 시키면 나라는 주체는 해체되어 버린다. 그 결과는 라깡이 말한 "자아는 곧 타자에 불과하다"는 극단적 명제가 도출된다. 여기에서 자아는 더 이상 근원적 존재가 아니며 단지 타자들에 의해 구성되어진 언어에 불과한 것이다. 즉, 데카르트는 인간을 사유하는 주체, 행동하는 주체, 말하는 주체라고 생각하였지만, 라캉에게서는 이성주체는 더 이상 사유와 행동과 언어의 주인공이 될 수 없다. 최근의 프랑스 철학자인 레비나스 또한 타자는 '나'로 환원될 수 있는 존재가 아니라고 하면서, 주체를 실체화한 근대 관념론철학을 비판하고 올바른 자아를 정립하고자 하였다. 그러면서 나의 존재를 타인을 위한 존재, 타인에 대해 책임지는 존재로 규정하면서 타자를 통해서 자아를 확립하고자 한다. 이와 같다면 그의 철학은 내가 나 됨을 오히려 타자의 존재로 환원시켜 '타자의 철학' '타자의 사유' '타자의 형이상학'이라 할 수 있다. 이와 같이 포스트구조주의자들은 타자를 강조하면서 근대의 실체적 주체는 더 이상 절대적 지위를 차지 할 수 없게 되었다.

위에서 살펴 본 바와 같이 포스트구조주의자들은 실체적 자아를 해체하면서 그 자리에 타자를 세우고 있다. 그들은 주체란 바로 타자에 의해서 존재할 수 있다고 보아, 타자가 주체를 떠 받쳐 주는 존재기반으로 보고 있다. 서양전통철학은 주체를 일차적이고 근원적인 가치로 보고, 타자를 이차적인 파생물로 규정하였다면, 포스트구조주의자는 타자를 일차적이고 근원적으로 보고, 주체를 이차적인 파생물로 보고 있는 있다는 점에서 타자를 또한 실체화하고 있다고 할 수 있다. 즉 그들이 '실체적 주체'를 비판하면서 '실체적 타자'를 이야기하고 있어 여전히 서양전통형이상학에서 벗어나지 못했다고 평가할 수 있다. 여기에서 화엄철

---

132) 이삼열,「현대철학과 포스트모더니즘」,『철학과 현실』, (1997년, 겨울호 ,철학문화연구소), 136쪽

학의 관계적 사유방식에서 주체와 타자의 문제를 검토해 보고자 한다.

3. 실체론에 대한 비판

화엄종은 인도의 불교와 중국의 전통 사상이 결합해서 형성된 중국 불교의 한 종파이다. 중국불교는 교판을 중심으로 발전하였는데, 화엄종의 교판은 宗密이 지시하듯『大方光佛華嚴經』에 최고의 진리가 담긴 것으로 믿는다. 즉 부처님이 보리수 밑에서 다른 것에 비할 수 없는 큰 깨우침을 얻었을 때의 체험적 진리를 설법하신 것이 바로 화엄경이라 믿는다. 이것은 화엄종의 법계에서 분명하게 제시되고 있다. 법계는 바로 우주만유의 총칭을 의미하며, 부처님이 가장 높은 깨달음의 경지에서 본 세계이다. 화엄종은 바로 이런 법계를 사법계(事法界), 이법계(理法界), 이사무애법계(理事無碍法界), 사사무애법계(事事無碍法界)의 4종류로 구분하고 있으며, 이들 단계는 깨달음의 층차를 설명해 주고 있다. 화엄종은 이런 깨달음의 단계에서 사사무애법계 단계를 깨달음의 궁극적인 목적으로 삼는다. 이런 사사무애법계는 바로 개체와 개체가 서로 장애가 되지 않음을 설명하고, 그 원리를 상즉상입(相卽相入)의 관계성으로 설명하고 있다. 그러나 화엄철학의 상즉상입은 자아의 自性(실체)을 긍정한 토대에서 관계성을 설명하는 것이 아니라 그 실체성을 부정하는 방식으로 설명하고 있다. 왜냐하면 화엄사상은 오히려 실체로서의 자아를 관계적 사유를 가로막는 것으로 보기 때문에 우선적으로 실체적 주체를 부정(空)해 관계적 주체를 확립할 수 있는 토대를 마련하고자 하였다.

화엄사상은 실체적 주체를 긍정하는 事法界에서 시작한다. 사법계는 자아를 긍정하고, 객관 대상을 긍정하고 있는 세계이다. 불교는 고통과 번뇌를 벗어나 영원한 자유를 체득하고자 함을 궁극적인 목표로 삼는다. 인생의 고통과 번뇌는 바로 집착에서 발생한다고 보고, 집착은 모두 행위와 의식작용의 근저에 있으면서 그 자체는 변하지 않는 동일성을 가진 주체가 있다는 생각에서 발생된다고 본다. 즉 '생각하는 주체로서의 나', '공부하는 주체로서의 나', '밥 먹는 주체로서의 나'에서와 같이 행위와 의식은 항상 변한다고 하더라도 그 근저에 있으면서 그 행위를 영위하는 주체(자성)는 변화지 않는 것으로 본다. 또한 인간의 눈앞에 펼쳐져 있는 외부세계 또한 모두 각자의 독립된 자성을 가지고 있다는 점에서 또한 사법계에 속한다. 사법계는 모든 사물이 서로 분명하게 각자 독립적인 세계로 존재한다고 인식하는 세계이다. 이와 같은 사법계에 의해 설명된 自性은 자존성, 독립성, 결정성을 가지고 있음을 설명한다. 불교가 自性을 부정하는 이유는 자아와 타자의 실체성이 바로 인생의 고통과 번뇌의 원인으로 간주하기 때문에, 이런 자성이 원래 존재하지 않음을 깨달을 때 비로소 사법계에서 이법계로서 나아갈 수 있다고 본다.

둘째 단계는 사물의 실체를 부정하는 理法界의 세계이다. 이법계는 바로 사법계에서 말하는 개별 사물의 보편성을 의미한다. 불교는 그 보편성을 서양에서와 같이 이성에서 찾는 것이 아니라 바로 空性에서 찾고 있다. 空은 개별 사물이 각각 고립된 실체라는 생각을 부정함을 의미한다. 즉, "자아는 없다", 또는 "타자는 없다"라는 것이다. 여기에서 자아와 타자의 보편성인 空(없다)의 의미는 모든 사물의 존재 형태가 실체로서 존재하는 것이 아니라는 의미이지 결코 아무 것도 없음을 의미하는 것은 아니다. 여기에서 '없다'는 바로 緣起 관계에 의해서 존재함을 말한다. 그래서 불교에서는 空이 바로 緣起라 한다. 세계의 보편성은 서양근대에서와 이성주체 안에 존재하는 것이 아니라 타자와의 관계맺음에서 찾을 수 있다. 화엄사상에서 주체에 대한 비판은 연기설을 축으로 하여 전개된다. 연기는 바로 주체가 독립적으로 존재하는 것이 아니라 내적 요소들의 관계에서 일어남을 이야기한다. 불교에서의 자아는 결코 色 · 受 · 想 · 行 · 識의 五蘊이 연기에 의해서 일어난 현상이지 실제 존재하는 것은 아니다. 그렇다면 "色 · 受 · 想 · 行 · 識의 부분이 결합되어 나의 주체를 구성하는 것이 아닐까?"하고 의문을 가질 수 있지만, 이 오온이 단순하게 결합해서 이루어진 전체로서의 '나'가 아니다. 오온이 결합해서 이루어진 전체의 '나'가 실제로 존재한다는 생각은 하나의 허구이지 결코 실제로 존재하는 것은 아니다. 토끼와 소뿔을 결합한 토끼뿔이 실제로 없음에도 불구하고 있다고 생각하는 것은 하나의 상상이며 하나의 신념에 불과하다고 본다. 또한 우리는 오온이 나였다면, 나는 내 마음대로 주재할 수 있어야 할 것이다. 즉, 주체가 생로병사에서 벗어나고자 한다면 그것들에서 벗어날 수 있어야 하겠지만, 실제로는 그렇지 못하기 때문에 오온이 바로 나라고 할 수 없다. 이와 같이 자아가 그 자체의 독립성을 부정하고 나서 드러나는 것은 여러 가지 요소들의 상호 의존에 의해 생겨난 관계적 구조물일 뿐이다. 사물은 실제로 존재하는 것은 아니며, 단지 사건만이 관계적 조건에 따라 찰나에 존재할 뿐이다. 그래서 개체는 바로 그 자체로 존재하지 않는다는 의미로 공성을 이야기하여 자아를 해체시키고 있다. 이와 같이 이법계에서는 사물의 실체성을 부정하고 있음을 설명하고 있다.

위에서 설명한 바와 같이, 화엄사상에서는 인간을 空이라고 규정하고 있다. 이와 같이 자아는 철저하게 연기 관계 안에서 성립되고, 그 관계에 의해 규정되어 실체적 자아를 탈피할 수 있지만, 그들 개체를 형성하고 있는 관계 전체의 구조가 또한 실체화될 수 있다. 그것을 실체화하여 마침 자아와 다른, 그 무엇이 있는 것처럼 생각하고 집착할 수 있기 때문에 화엄종은 또한 공을 부정하는 空空의 논리를 전개한다. 관계 전체의 구조가 실체화되어 포스트구조주의자들이 말하는 물질, 언어 생활 양식, 규칙들이 절대적 지위에 놓이게 되면, 개체는 철저하게 전체 관계 안에서만 형성되어지고 그 관계에 의해 규정되어지는 결과물로 전락하게 된다. 그래서 화엄사상은 자아의 실체성을 부정할 뿐만 아니라 또한 전체와 그 전체를 구성하는 요소들의 실체성 또한 부정하게 된다. 여기에서 화엄사상은 바로 이사무애법계를 이야기한다.

理事無碍法界는 개체와 연기 관계가 별개로 독립하여 존재하지는 않는 세계를 말한다. 일상인은 개인적이고 주관적인 자아에 치우쳐, 전체로부터 분리된 개체적 자아가 실체로서 존재한다고 생각하거나, 또는 관계 구조를 절대화하여 자아란 없고 자아를 형성하는 욕망, 언설, 생활양식만이 존재한다고 생각한다. 이 두 법계는 형식논리적 사유로 보면 마치 이율배반적인 관계와 같이 개체성만을 강조하게 되면 관계 전체는 그 존재근거를 잃어버리게 되고, 관계 전체만을 강조하게 되면 개체성은 사라져 버리게 되는 것처럼 보인다. 개체는 바로 개체이고, 전체는 바로 전체이지, 개체가 바로 전체이고, 전체가 바로 개체일 수는 없기 때문이다. 여기에서 불교는 中의 의미를 가지고 온다. 中은 바로 우선적으로 양 극단이 모두 아니라고 규정한다. 우선적으로 사법계에서와 같이 구체적 사물에 자성이 있음을 부정하여, "나는 없다", "타자는 없다"라고 하여 공을 강조한다. 위에서 말한 바와 같이 여기에서 말하는 '없다'는 결코 아무 것도 없다는 의미의 부정이 아니라 나는 모두 관계에 의해 존재하기 때문에 나의 존재 근거를 자신에게서 찾을 수는 없다는 의미이다. 나는 관계속의 한 존재이기 때문에 "내가 없다"에서' '없다'의 의미는 바로 전체성을 이야기하고 있다. 즉 "나는 전체이다"에 대한 간접적인 표현에 불과하다. 이와 같이 직접적인 표현을 사용하지 않는 것은 '전체'를 또한 그 자체로 존재하는 실체로 볼 수 있기 때문이다. 그러나 전체는 분명히 여러 가지 개체들에 의해서 존재한다. 집을 예로 들면, 집은 지붕과 기둥, 벽돌에 의해서 지어지는 것이지, 이런 요소들을 배제하고서 집이 그 자체로서 존재하는 것은 아니다. 그래서 집은 그 자체가 존재할 수 없기 때문에, "집은 없다"고 이야기할 수 있는 것이다. 여기에서 '없다'의 의미는 바로 집을 구성하는 구체적인 개체를 긍정하고자 하는 것이다. 그러므로 "전체는 개체이다"라고 할 수 있게 된다. 그리하여 전체로부터 분리된 개체적 자아가 실체로서 존재한다고 생각할 수도 없고 또는 자아를 형성하게 하는 전체 관계적 법칙만이 존재한다고도 생각할 수 없다. 관계 단절적 자아는 실체적 자아의 표현이며, 이것은 자아실체에 대한 집착이다. 또한 자아를 관계 지움으로 해체하여 자아를 벗어나 있는 관계적 전체만을 주장하는 것은 바로 관계구조의 표현이며, 이것은 연기를 실체화한 것에 불과하다. 여기에서는 '개인과 전체', '하나와 모든 것'은 상호배타적인 관계에 놓이게 된다. 따라서 사법계는 空를 통해서 개체가 전체적 관계로부터 단절된 개체가 아님을 이야기하여 연기를 강조하고, 또한 空空을 통해서 전체가 각각의 개체를 넘어서서 개체를 주재할 수 있는 전체가 아님을 이야기하여 개체를 강조하게 된다. 그리고 더 나아가 이 두 가지 방법을 모두 부정하면서 동시에 둘 다를 긍정하는 이사무애법계를 이야기하게 된다. 이 법계에서는 전체 아닌 개체, 개체 아닌 전체란 존재하지 않는다. 그리고 바로 이 점에서 개체가 곧 전체이고, 전체가 곧 개체이며 色卽是空, 空卽是色이 성립하게 된다.

화엄종의 이런 측면은 바로 서양 근대이후의 철학의 발전과정을 설명할 수 있을 것이다. 서양근대철학이 실체적 자아를 긍정하고 있다는 측면에서는 바로 사법계의 논리에 속한다고 할 수 있다. 니체나 포스트구조주의자들은 근대의 실체적 주체를 해체하면서 상징적 질서, 상상적 질서를 이야기하고 있다는 측면에서 그들의 관점이 화엄사상의 이법계 논리 속한다고 할 수 있다. 그러나 그들이 자아의 실체를 부정하면서도 오히려 사회구조와 언어를 절대화하고 있다는 점은 여전히 실체주의에서 벗어날 수 없다고 할 수 있다. 왜냐하면 화엄종에서는 포스트구조주의가 해체하고 있는 주체를 관계구조에서 어느 한 부분으로 이야기한다고 해도 단지 부분에만 속하는 것이 아니라 전체를 담고 있는 부분이기 때문에 엄밀한 의미에서 부분이라고 할 수 없다. 부분이 아니기에 바로 전체일 수 있는 것이다. 이처럼 개체가 전체를 담고 있는 개체, 즉 '一卽一切'의 개체로 이해되면, 개체 너머 전체 관계를 실체화하는 것은 사라지게 된다. 어느 개체도 전체 중의 어느 한 부분으로 고정화 될 수 없기 때문이다. 규정된 개체와 규정된 전체를 구분하는 절대적 기준은 존재하지 않기 때문이다. 그러므로 개체는 전체와 일은 일체와 하나가 된다. 이처럼 '一卽一切'를 성립시키는 것이 바로 이사무애법계이다.

위와 같이 화엄의 공사상에 의거하여 일즉일체의 관점에서 보면, "개체는 전체와 어떤 관계에 있는가?" 개체가 전체의 단순한 부분이 아니라면 "개체의 의미는 과연 어디에서 찾을 수 있을까?" 이 물음에 대한 답은 화엄의 사사무애법계에서 주체와 타자간의 관계성에 대한 설명으로 나타나고 있다.

4. '주체'와 '타자'의 관계

사사무애법계에서는 개체와 개체의 관계가 서로 장애가 되지 않은 세계를 말한다. 이 세계는 바로 앞에서 말한 세 유형의 세계에 대한 깨달음을 전제로 할 때 가능하다. 이법계에서는 공을 이야기하여 실체적 주체를 비판하고 연기의 전체적 구조를 제시하였다면, 이사법계에서는 이법계의 실체가 될 수 있는 가능성에 대해 다시 공을 이야기하여 연기의 전체적 구조에서 개체를 강조하여 개체와 전체적 구조가 분리되지 않음을 설명하였다. 이와 같이 공의 보편성의 입장에서 사물을 보게 될 때 사물과 사물의 관계는 결코 아무런 관계가 없는 것이 아니라 모든 사물은 상호 관련성을 가지게 된다고 볼 수 있다. 즉 "나는 없다", "타자는 없다"에서 '없다'라는 공통된 술어를 매개로 하여 개개의 주어인 주체와 타자가 일대일로 대응하여 조화하게 된다. 이것을 화엄조사 종밀은 다음과 같이 말한다.

> 동쪽 거울(갑)은 저 서쪽 거울(을)을 끌어 당겨 포용할 때, 동쪽 거울(갑)은 저 서쪽 거울(을) 안으로 들어간다.[133)]

위의 문장에서 갑과 을이 서로 일대일로 대응하면서 갑은 을 속에 들어가고, 을은 갑 속에 들어가게 된다. 이는 결코 이법계에서 전체적인 구조적 의미에서 연기를 이야기하는 것이 아니라 바로 사물과 사물, 즉, 자아와 타자의 구체적인 연기관계를 설명한다. 모든 사물에는 개체성을 가지면서도 다른 사물과 관계를 맺는다. 이것은 어떻게 가능한가? 나는 타자가 아니고, 타자는 내가 아니다. 이와 같이 각자의 정체성을 긍정하면서[134)] 결코 타자를 받아들이거나 그 안으로 들어 갈 수 없을 것이다. 만약 타자와 관계를 맺을 수는 있다고 하더라도 그 땐 이미 자신의 정체성을 잃어버린 것은 아닌가? 이와 같이 개체가 안으로 자기의 정체성을 유지하고자 하는 것은 자아를 실체화하는 것이지만, 또한 자기의 정체성을 버리고 밖으로 나아가 타자를 위한 관계 맺음을 하는 것 또한 자기를 실체화하는 것이다. 그러나 모든 존재하는 개체는 자신의 경계를 가지면서 안과 밖의 상호 유기적인 관계에 의해서 존재한다. 만일 안으로 향하는 힘이 강하면, 경계는 점점 작아져 궁극적으로 하나의 점이 될 것이며, 반대로 밖으로 향하는 힘이 강하면, 경계가 점점 확장되

---

133) 『佛敎大藏經』: 如東鏡攝彼西鏡入我東鏡中時, 卽我東鏡便入彼西鏡中去, 第68冊, 410쪽

134) 개별사물에 대해 긍정하고 있다는 점이 바로 중국불교의 특징이라 할 수 있다. 인도불교가 원래 구체적 현실세계를 부정하면서 공의 세계로 나아갔다면, 중국불교는 반대로 공에서 현실세계를 드러내는 방향으로 전개되어졌다. 그래서 화엄종 또한 사사무애법계를 교판의 궁극적인 경지로 삼아 공을 통해서 구체적 사물을 드러내고자 한다. 이런 점은 중국 전통적인 사유방식의 영향에 의한 것이라 할 수 있다. 특히 화엄종은 장자의 사상적 형태와 유사하다고 볼 수 있다. (方立天, 『中國佛敎哲學要義』 (北京,人民大學出版社, 2002), 698쪽

어 결국 터져서 흩어져 버릴 것이다[135]. 이와 같이 개체는 바로 자신 안의 힘(주체)과 밖의 힘(타자) 중 어느 것도 부정하지 않고 균형을 이루어서 존재하게 된다. 여기에서 평형은 결코 어느 것도 아닌 공에 의해서 가능하게 된다.

위에서 이사무애법계에서 하나가 바로 전체이고, 전체가 바로 하나임을 이미 살펴보았다. 이것은 바로 하나와 전체가 분리되지 않음을 말한다. 여기에서 하나는 바로 구체적인 사물을 말하는 것이며, 전체는 바로 공성임을 알았다. 그러나 실제로 이것은 바로 하나의 사물의 두 가지 측면에서 불과한 것이다. 즉 하나의 사물 안에 개체성과 관계성이 동시에 들어 있다. "자아는 없다", "타자는 없다"에서 '없다'는 바로 자아와 타자의 연기를 이야기하기 때문에 관계성을 의미하며, 자아와 타자는 연기 관계의 구체적 조성부분으로서 개체성을 의미한다. 여기에서 자아와 타자는 모두 바로 관계성과 개체성을 동시에 가지게 되는 것이다. 여기에서 법장은 다시 공의 논리를 이야기하여 개체가 단지 개별성만을 강조하거나 타자와의 관계성만을 이야기한다면 이것 또한 실체로 파악하고자 한다. 이런 점은 분명히 이사무애법계와 다르다. 이사무애법계에서는 色卽是空, 空卽是色과 같이 개체성과 그 밖의 관계성이 서로 구분되면서 분리되지 않음을 이야기하고 있지만, 사사무애법계는 바로 구체적 개별사물 안에서 개체성과 관계성을 모두 가지고 있음을 말하고 있다. 사사무애법계에서의 개별사물은 자신의 고유한 성향을 유지하고자 하는 개체성과 타자와 연기관계를 통하여 전체성에 참여하고자 하는 관계성을 동시에 가지고 있기 때문에 이것을 관계적 주체, 또는 주체적 관계라고 할 수 있다. 이와 같다면 개체와 개체는 어떤 방식으로 관계를 맺는가?

주체가 존재하는 것은 타자에 의거하고, 타자가 존재하는 것은 주체에 의거해서 가능하다고 본다. 여기에서 구체적인 개체는 자신의 입장

135) 한자경, 『일심의 철학』, (서광사, 서울), 97쪽

에서 볼 때는 주체이지만 타자의 입장에서는 타자가 된다. 그래서 모든 개체는 주체이면서 타자가 된다. 그래서 모든 개체는 '동일한 몸'(同體)과 '차이가 있는 몸'(異體)로 가지고 있다고 본다.

> 이 가운데에는 두 가지가 있다. 첫째는 차이가 있는 몸이고, 둘째는 동일한 몸이다. 이 두 가지 문이 있는 것은 모두 연기의 문 안에 다음 두 가지 뜻이 있기 때문이다. 첫째는 '서로 말미암지 않는다'(不相由) 라는 의미이다. 왜냐하면 諸法이 스스로 공덕을 갖추고 있기 때문이다. 因 가운데 緣을 기다리지 않는다는 사실이 이것이다. 둘째는 서로 말미암는다(相由)는 의미가 있다. '연을 기다린다'(待緣)는 것이 그것이다. 처음의 견해가 동일한 몸이라하고, 나중의 견해를 차이가 있는 몸이라 한다.[136)]

法藏은 하나의 대상이 연기관계를 맺고 있고 가운데 두 가지 측면이 있다고 본다. 동체는 모든 사물이 본질적으로 공이기 때문에 동일한 본질을 가진다는 것을 의미하며, 이체는 모든 사물이 존재자로서 각각 본질적으로 다르기 때문에 서로 다른 본질을 가진다. 예를 들어 주체와 타자는 空하기 때문에 동일한 것이다. 왜냐하면 주체는 타자의 조건의 산물이며, 타자는 주체의 조건의 산물이기 때문에 스스로 존재할 수 없다. 그래서 空이 된다. 동시에 그것들은 타자의 조건으로서 본질이 다르다. 동체는 자신 이외의 모든 것의 원인이 되기 때문에 그 자체는 말미암지 않으며, 이체는 서로 다르기 때문에 서로 관계를 맺는다. 여기에서 법장은 이체와 동체는 각각 또한 상즉상입을 가지고 있다고 본다. 그러면 우선적으로 이체의 相卽相入을 살펴보면, 법장은 상즉을 존재와 공이 동

---

136) 法藏, 『華嚴五教藏』(서울: 조계종출판사, 2001), 603쪽, "此中有二, 一異體, 二同體. 所以有此二門者, 以諸緣起門內. 有二義故, 一不相由義, 謂自具德故, 如因中不待緣等是也. 二相由義, 如待緣等是也, 初卽同體, 後卽異體."

일한 것으로, 상입은 힘이 있음(有力)과 힘이 없음(無力)이 동일한 것으로, 상즉과 상입의 관계를 체용의 관계로 보고 양자가 또한 분리되지 않는 것으로 보았다. 우선적으로 상즉에 대해 살펴보면, 법장은 다음과 같이 말한다.

> 주체가 존재할 때는 타자는 반드시 無이다.[137)]
>
> 타자는 자성이 없음으로 그 타자는 주체가 만든 것이기 때문이다.[138)] 주체가 만일 공할 때, 타자는 반드시 유가 되기 때문에 주체는 타자에 즉한다.[139)]

주체와 타자의 관계 맺음에서 주체는 그 자체로 존재할 수 없고 반드시 타자에 의해서 존재하기 때문에 주체는 바로 공한 반면에, 타자는 주체를 세우기 위해 존재해야 한다. 그래서 주체의 공이 바로 타자의 존재이다. 또한 주체는 타자의 존재근거이기 때문에, 타자는 공이고 주체는 존재가 되며, 타자의 공이 바로 주체의 존재가 된다. 이와 같이 주체가 없으면 타자가 있을 수 없고, 타자가 없으면 주체가 존재할 수 없다. 그래서 상즉의 의미는 주체가 타자이고, 타자가 주체가 된다. 이와 같이 관계는 개념은 원래 어느 하나로 환원될 수 없는 두 항의 분리를 존재로 한다. 여기에서 분리는 결코 수직적(권력적) 분리가 아니라 수평적 분리에 해당된다[140)]. 이와 같이 주체는 타자보다 상위에 존재하면서 하위범주를 지배하는 것이 아니라 타자를 자신과의 동일선상에서 놓고

---

137) 『佛教大藏經』, 제68책, 325쪽, "自若有時, 他必無故."

138) 같은 책, 같은 곳, "由他無性以自作故."

139) 같은 책, 같은 곳, "自若空時他必自有故自卽他."

140) 권상우, 「從關係的思惟模式來探索朱熹宇宙本體論」, 『孔子研究』, (2003년 6기, 山東, 孔子基金會), 61~65쪽

상호 존재 근거로 삼는다는 것이다.

자아와 타자의 상즉의 전제조건은 바로 주체(또한 타자)가 자신을 실체화하여 타자(주체)를 환원해서 이루어지는 것이 아니라 한편으로 자신의 유한성을 지각하고, 또 다른 한편으로 타자의 장단점을 인식하는 가운데에 서로의 부족한 점을 보충하고자 한 것이다. 이것이 바로 상입이 된다. 상입은 앞에서 설명한 바와 같이 有力과 無力에 의해서 설명되어진다. 법장은 "자아가 온전히 작용력을 가진 까닭에 능히 타자를 받아들이며, 타자가 전혀 작용이 없는 까닭에 능히 주체에 들게 한다"[141]고 설명한다. 이것은 타자가 주체에 들어가는 경우를 설명하고 있지만, 주체가 타자에 들어가는 경우에도 동일한 방법으로 설명된다. 따라서 주체와 타자가 서로 상대방에 들어가는 것이 바로 상입이 된다. 상입은 가능한 것은 힘의 有無에서 가능하다. 여기에서 힘이 있다는 것은 양자간의 관계 맺음에서 주체는 가지고 있지만 타자는 가지고 있지 않은 작용을 이야기한다. 그래서 힘의 有無는 바로 양자간의 차이성을 설명해 준다. 즉 주체가 A라는 힘을 가지고 있으면 타자는 가지고 있지 않고, 타자가 B라는 힘을 가지고 있으나 주체는 가지고 있지 않기 때문에 서로 주고받는 작용이 일어나게 된다. 이것은 양자가 가지고 있는 고유한 성향을 주고받으면서 자신으로 하여 관계 전체로 나아가게 해 주는 것이다. 이와 같이 양자가 작용이 주고받는다는 측면이 바로 상입이 되고, 양자가 관계맺음을 가진다는 것이 바로 상즉이 된다. 그래서 상즉과 상입은 결코 분리되는 것이 아니다.

개체와 개체의 관계에서 개체와 전체의 관계로 나아가 同體의 相卽相入 관계를 설명한다. 화엄종에서 동체의 상즉상입 관계를 설명하는 것은 관계주체가 관계를 맺는 대상이 어떤 특정한 대상에 제한되는 것이 아니라, 관계 주체가 세계의 무한한 지평으로 나아가 무한한 존재와

141) 같은 책, 같은 곳, "自有全力故, 所以能攝他, 他全無力故, 所以能入首."

관계맺음을 설명하고자 한다. 화엄종은 동체의 상즉을 '一卽多'로 표현하고 있으며, 이것은 주체가 바로 우주전체의 존재근거이기도 하고, 또한 우주 전체가 바로 나의 존재근거가 된다는 것이다. 이것은 주체와 우주만물이 상입하여 주체가 우주 전체의 사물 안으로 들어가고, 우주 전체가 주체 안으로 들어가 하나가 되기 때문이다. 그리고 여기에서 나아가 우주전체를 포섭한 주체가 다시 주체를 포섭하고 있는 우주전체 안으로 들어가고, 주체를 포섭하고 있는 우주전체가 다시 우주전체를 포섭하고 있는 주체 안으로 들어가 여기서 다시 重重無盡하여 무한한 세계가 창출하게 된다. 이와 같이 화엄종에서 주체의 무한성은 서양 근대의 이성주체과 자신이외의 모든 타자를 자신에게 환원시키면서 그것들의 존재근거가 된다는 의미에서 무한성이 아니라, 자신의 유한성을 인정하면서 모든 것과 끊임없이 관계 맺음에서 그 의미를 찾을 수 있다. 그래서 이 무한한 세계의 주인공은 바로 '실체로서의 나'가 아니라 그 '관계를 맺는 나'이다.

5. 화엄종의 탈현대적 의미

위에서 주체와 타자의 관계를 서양적인 사유방식인 실체론과 불교적 사유방식인 관계론적인 관점에서 다루어 보았다. 실체론이 다양한 존재 가운데 어느 하나를 절대화하여 다른 모든 것을 부정하는 존재 방식이라면, 관계론은 모든 존재를 긍정하면서 타자의 존재를 자신의 존재 근거로 삼는 존재형태임을 살펴보았다. 포스트구조주의자가 절대화된 이성주체를 해체하면서 그 자리에 타자를 내세웠지만, 그 결과 오히려 주체를 부정하는 경향으로 발전하였다면, 이것은 바로 그들이 여전히 서양 전통적 사유방식인 실체론적 사유방식을 여전히 벗어나지 못하였기 때문으로 해석된다. 이에 반해 화엄종의 관계론적 존재방식은 주체와 타자의 관계를 둘 중에 어느 하나만을 강조하는 것이 아니라 양자를 서로의 존재 근거로 보아 주체는 타자의 존재 근거이며, 타자는 주체의 존재 근거라는 사유방식이다. 이와 같이 화엄종에 근거해서 주체와 타자가 서로 공존할 수 있음을 증명하였다고 하더라도, 화엄사상이 현대가 초래한 문제를 해결할 수 있는 유일한 대안이라고는 생각하지 않는다. 탈현대철학이 명백하게 서양 근대성이 초래한 문제에 대한 반성으로 출현하였다면, 화엄종은 1500여 년 전 중국의 현실문제에 대한 반성에서 출현하였다고 할 수 있다. 이와 같은 구체적 시대문제를 간과하고 단지 보편적인 관점에서 대안이 있다고 해서 현실 문제를 해결할 수 있는 것은 분명히 아닐 것이다. 하지만 본 논문은 새로운 사유방식의 전환을 통해서 주체와 타자의 문제를 재반성해 볼 수 있는 사유근거를 제공할 수 있을 것이라 생각한다.

/ 참고문헌 /

『佛敎大藏經』,

法藏, 『華嚴五敎藏』(서울: 조계종출판사, 2001),

강영안, 『타인의 얼굴』(서울: 문예출판사, 2004)

『주체는 죽었는가?』 (서울, 문예출판사, 1996년)

한자경, 『일심의 철학』, (서울, 서광사, 2002),

『불교철학의 전개』, (서울, 예문서원, 2001)

方立天, 『中國佛敎哲學要義』(北京,人民大學出版社, 2002)

이삼열, 『현대철학과 포스트모더니즘』, 『철학과 현실』, (1997년, 겨울호, 철학문화연구소),

권상우, 「從'關係的思惟模式來探索朱熹宇宙本體論」, 『孔子硏究』, (2003년 6기, 山東, 孔子基金會)

5장

과거의 단군과 미래의 단군

1. 왜 단군인가?

한 나라의 문화는 그것이 속한 환경과 구성원들의 시대적 요청에 의해 생성된다. 예를 들면, 사막으로 둘러싸인 지역은 모래에 관한 표현들이 많고, 1년 내내 겨울인 지역은 다른 지역에 비해 유달리 눈에 관한 표현이 많다. 말하자면 특정 지역을 대표하는 문화는 하나의 특수한 원인으로부터 생성되는 것이 아니라 시공간의 유기적인 연관위에서 복합적으로 생겨난다는 것이다. 이 때문에 인간이 대지에 발을 붙이고 사는 이상 그가 속한 지역의 문화와 사상 또는 그들이 지닌 고유의 철학[142)]을 따르는 것은 너무도 자연스러운 일이다.

142) 본문에서 사용된 사상과 철학은 유사한 의미로 사용된다. 사전적 의미를 살펴

그렇다면 우리민족이 가지고 있는 고유의 사상 또는 철학은 무엇인가? 오랜 시간 우리민족은 불교 · 유교 등의 외세의 사상에 영향을 받아왔다. 그러나 그것이 비록 오랫동안 우리민족의 문화형성에 영향을 주었다 할지라도 그것을 우리의 독창적인 사유의 뿌리라 말할 수 없다. 만일 그것들을 우리민족의 문화를 저변에 깔린 사상과 철학이라 한다면 이는 우리 스스로 정체성을 상실한 뿌리 없는 민족이라 주장하는 것과 진배없다. 하지만 다행히도 우리민족에는 우리만의 고유한 뿌리가 존재하며 이것은 암암리에 민족의 정체성에 위기가 올 때 마다 여러 가지 형태를 빌려 민족의 구심점이 되어 왔다. 이때 구심점의 역할을 하는 것이 바로 단군이다.

문제는 단군이 가지는 사상적 의미가 단순히 우리민족에만 국한된 사유체계에 머무르느냐 그렇지 않으면 공자 · 예수 · 석가와 같이 인간이 나아갈 길을 제시한 보편철학의 선구자가 되느냐에 있다. 분명 단군의 사유는 태생적으로 한민족(韓民族)이란 틀을 벗어날 수 없다. 이 때문에 자칫 그 형식에 얽매여 그것이 가지는 본질을 사장(死藏) 시키는 결과를 가져 올 수도 있다. 이때 말하는 본질은 21세기 현대에도 논의될 수 있는 보편적 철학[143)]으로서의 가능성을 의미한다.

본 장의 핵심 논의 또한 이것에 있다. 한민족의 상징으로서 존재하

본다면 사상은 '어떠한 사물에 대하여 가지고 있는 구체적인 사고나 생각'에 해당되며 철학은 '인간과 세계에 대한 근본 원리와 삶의 본질 따위를 연구하는 학문'을 의미한다. 이 경우 철학은 사상에 포함되는 개념으로 볼 수 있다. 단군 연구는 그 특수성으로 인해 순수한 철학적 접근이 쉽지 않다. 하지만 그렇다고 해서 철학적 요소를 찾을 수 없는 것은 아니다. 다만 그 경계를 규정하기가 모호하기 때문에 본 논문에서는 사상과 철학을 병행해서 사용하고자 한다.

143) 철학은 그 자체로 보편성을 함의하고 있다. 하지만 특정 지역에서만 통용되는 사상 또한 넓은 의미에서 철학의 범주에 포함시킬 수 있다. 단군신화 혹은 단군이 가지고 있는 내용은 그 해석에 따라 지역적 혹은 보편으로의 가능성을 내재하고 있다. 이 때문에 이들의 구분을 위해 보편적 철학이라는 용어를 사용하고자 한다.

는 단군은 어디까지나 민족적 특수성에 국한된 사유만을 산출하게 된다. 하지만 만약 그 속에 전 인류에 통용 될 수 있는 보편적 개념을 함의 하고 있다면 이는 특정 민족에 국한된 사상 혹은 철학의 틀을 벗어나 보편적 철학으로의 가능성을 가지게 된다. 이것에 대한 답을 얻기 위해서는 우선 기존 단군연구 가운데서 철학적 관점[144)]에 기초한 연구에 대한 분석이 필요하다. 왜냐하면 기존의 철학적 관점에 기초한 연구 또한 단군이 가지고 있는 철학적 요소를 분석하고 체계화시킨 것이기 때문이다. 다만 이들 사이에는 연구자의 성향이나 그 접근방식이나 그 결론을 달리하는 경우도 있으며 때로는 단군이라는 공통 키워드를 제외하고는 어떠한 접점도 찾기 힘든 경우도 있다. 하지만 만약 개별적 연구가 가지는 결론의 분석을 통해 이들을 종합 할 수 있는 유개념(generic concept; 類概念)을 도출 할 수 있다면 단군연구의 보편적 철학으로의 가능성 또한 불가능한 것은 아닐 것이다. 왜냐하면 모든 단군연구는 단군이라는 공통의 키워드 이외에 나와 타자의 관계성을 문제로 삼는 인간에 대한 문제를 집중적으로 다루고 있기 때문이다. 만약 여기에서 기존 연구들을 하나로 통합시키고 동시에 인간의 보편적 문제에 대한 해답을 추출 할 수 있다면 이는 곧 민족적 특수성을 넘어 전 인류적 보편으로 나아갈 수 있는 단서를 확보하는 것이 된다. 이러한 단서의 확보는 곧 단군연구의 새로운 가능성이자 동시에 이 장이 지향하는 목표점이다. 따라서 논자는 이러한 관점을 가지고 기존의 단군연구를 분석하고 그 분석을 통해 앞으로의 전망을 점치고자 한다.

---

144) 단군에 관한 연구는 그것이 역사적 문헌 혹은 신화적 담론으로부터 출발하기 때문에 문학 · 역사 · 문화인류학 등등 다양한 인문학적 요소가 복합적으로 녹아있다. 이 때문에 순수철학적 형태의 연구를 찾는 것은 쉽지 않다. 논자가 '관점'이란 표현을 사용한 이유도 여기에 있다.

2. 기존 단군연구의 동향

지금까지 이루어진 단군에 관한 연구는 그 대상의 특수성으로 인해 철학적 접근이 아닌 역사적 · 민속적 그리고 신화의 해석에 기초한 문학적 형태가 다수를 이루고 있다. 단군에 관한 철학적 접근이 어려웠던 까닭은 일차적으로 단군의 진위 여부를 놓고 신화와 역사라는 이분법적인 잣대가 작용했기 때문이다. 철학적 논의는 사실판단과 당위성을 지닌 가치판단을 바탕으로 이루어지는 작업이다. 이 때문에 사실판단으로써 단군의 역사성이 전제되지 않는 이상 쉽게 그 논의를 진행시키기 힘들다. 그러나 그렇다 해서 철학적 논의가 오직 역사적 사료에만 전적으로 의존하는 것은 결코 아니다. 만일 철학을 사실에만 국한시킨다면 그것은 철학의 범주를 지나치게 축소시킨 해석이다. 왜냐하면 인류의 정신적 가치를 탐구하고 남겨진 정신적 유산을 발굴하여 그것의 진의(眞義)를 밝히는 온고지신(溫故知新)적인 태도 또한 철학의 중요한 역할이기 때문이다. 이런 의미로 본다면 단군에 대한 철학적 접근은 한민족의 정신의 흐름을 분석하고 그것에 뿌리깊이 녹아있는 의미산출의 근거를 파악하는 것이라 할 수 있다. 그럼 이러한 논자의 관점을 바탕에 두고 기존 단군연구의 경향과 쟁점을 살펴보고 이들을 통합할 수 있는 하나의 철학적 관점이 존재하는지를 살펴보도록 하겠다.

20세기 초부터 시작된 단군에 대한 연구는 21세기인 지금에 와서 양적 · 질적으로 큰 성과를 보였다. 하지만 다양한 분야에 걸친 방대한 분량의 단군연구 업적을 여기에서 모두 망라하는 것은 무리도 있거니와, 사실 불필요하다. 왜냐하면 기존 단군연구의 결과물이 많은 만큼, 그 결과물들을 정리하는 작업도 이미 많이 이루어졌기 때문이다. 이들은 간단히 정리하면 다음과 같다.

우선 강동구는 「단군신화의 민속학 및 철학 · 사상 분양의 연구」[145]에서 단군신화에 대한 전반적 연구경향을 시대별 · 분야별로 살핀 후 민속학과 철학 · 사상 분양의 연구경향을 고찰해 평가하였고, 이은봉은 「단군신화 연구의 경향과 과제」[146]에서 여러 종교 분야의 의미 있는 단군 연구를 종교별로 모아서 고찰하고 과제를 제시하였다. 한편 김정숙은 「북한에서의 단군 연구」[147]에서 남북분단 이후 북한에서 이루어진 단군연구를 전기(1962~1964)와 후기(1987~1993)로 나누어 학자별로 소개하면서 남북 단군연구의 차이를 지적했다. 연구사를 정리한 개별 논문 뿐만 아니라 중요한 연구를 엮은 논문집도 여러 권 간행되었는데 그러한 논문집을 통해서도 단군 연구의 흐름을 파악할 수 있다. 대표적인 논문집으로 『단군신화 연구』[148], 『단군신화논집』[149], 『단군, 그 이해와 자료』, 평양에서의 "단군릉 발굴"을 기념하여 이루어진 북한 학자들의 연구를 모은 『단군과 고조선 연구-남북학자들이 함께 쓴』[150] 등이 있다.[151]

전반적인 연구경향의 정리가 아닌 특정 문제를 집중적으로 다룬 연구도 있는데 이들 가운데 철학적 논의를 중심으로 한 것을 살펴보면 다음과 같다. 박태홍은 「단군신화에 나타난 유교적 성격」에서 유교와 단군의 관계를 점층적으로 분석한 후 단군의 관념이 유교적 사유를 바탕으로 하고 있음을 피력 했다. 그의 연구는 단군에 대한 새로운 접근에

145) 윤이흠외 『단군 - 그 이해와 자료』, 서울대학교출판부, 1994

146) 『고조선단군학』 창간호, 고조선단군학회, 1999

147) 『단군 - 그 이해와 자료』

148) 이응봉 편, 온누리, 1986

149) 이기백 편, 새문사, 1990

150) 단군학회지음, 지식사업사, 2005

151) 김주실, 「20세기 한국의 단군 연구와 최근의 경향」 『차세대 인문사회연구』 2권, 동서대학교 일본연구센터, 2006년, 276쪽

서 매우 의미 있는 작업이지만 유교의 개념에 단군이 의미를 억지로 끼워 넣으려는 선언적 형태가 산재되어 있기 때문에 그의 논의에 대해서 보다 심도 있는 고찰을 필요로 한다. 신두환은 「訥齊 梁誠之의 禮樂思想 - 時文에 나타난 '조선예악'과 壇君」에서 梁誠之[152]라는 인물을 통해 조선 초기에 단군에 대한 인식과 태도를 살펴볼 수 있게 한다. 특히 유교가 국교라 할 수 있는 조선에서 단군이 차지하는 위치가 적지 않았음을 보임으로써 역사적 진위의 여부를 떠나 단군이 한민족의 정신적 뿌리로 인식되어 왔음을 보여준다. 위의 논문과 유사한 연구로 이현이의 「朝鮮朝에 있어서 壇君의 認識」[153]이 있는데 이것 또한 사료를 통해 조선에서 구체적으로 단군이 어떻게 인식되었는지를 알려주고 있다. 이들 논문은 비록 철학적 의미 보다 역사적 형태의 접근이 강하지만 7세기 전 우리민족의 단군에 대한 인식과 그에 따른 사유의 형태를 엿볼 수 있다는 것에서 단군의 철학적 접근에 중요한 단초를 제공하는 연구라 할 수 있다.

그 밖에 단군사상의 핵심 개념 중 하나인 弘益人間의 개념을 교육적인 이념의 형태로 파악하고 이것을 다시 유가철학에 적용시킨 선우미정의 「교육이념인 '弘益人間'의 유교 철학적 고찰」[154]이라는 연구가 있으며, 한국인이 가지는 인간에 대한 인식을 단군신화를 통해 파악하려한 윤종빈의 「壇君神話에 나타난 韓國人의 人間理解」[155]와 유남상의 「한국 고대 사상에 나타난 인본정신」[156] 등이 있다. 그리고 역철학(易哲學)의 관점을 통해 단군신화를 분석하고 이것을 다시 한민족의 시간적

152) 梁誠之, 자 순부(純夫), 호 눌재(訥齋), 송파(松坡), 시호 문양(文襄) 생몰연대 1415(태종 15)~1482(성종 13)

153) 『석당논총』 16권, 동아대학교 석당학술원, 1990

154) 『동양철학연구』 제70집, 동양철락연구회, 2012

155) 『유학연구』 제3집, 충남대학교 유학연구소, 1995

156) 『새마음 논총』 창간호, 충남대 새마을연구소, 1977

사유의 분석적 도구로 사용한 남명진의 「壇君神話에 나타난 韓國人의 原初的 人間觀」[157] 등이 있다.

이상 지금까지 기존에 논의된 단군연구들을 대략적으로 살펴보았다. 하지만 이런 작업은 어디까지나 기존에 행해졌던 단군에 관련된 연구들을 나열하고 정리한 것에 불과하기 때문에 그것으로 부터 어떠한 형태의 철학적 쟁점도 이끌어내지 못한다. 이 때문에 논자는 위에서 소개한 몇몇 연구들을 분석하여 이것들이 가지는 핵심 쟁점들을 파악한 후 다시 그것이 가지는 차이점과 공통점을 비교 분석하여 모든 단군 연구를 관통할 수 있는 단일한 주제를 찾아내도록 하겠다.

(1) 단군연구의 萌芽期(1925~1944)

단군연구를 시대적으로 분류해 본다면 첫 번째로 19세기 말 20세기 초 일본의 학자들에 의해 조직적으로 말살되어가는 우리민족의 정신을 고취시키고 전통성을 지키기 위한 구심적이자 상징적 대상으로 단군을 연구의 대상이 삼은 시기를 들 수 있다. 당시 단군연구의 선두에 섰던 대표적인 인물로는 신채호(申采浩)와 최남선(崔南善)등이 있다.

신채호의 단군연구는 선교(仙教), 화랑사상(郎家思想)[158] 등의 학설로 대표될 수 있다. 그는 우리 고유의 신관을, 「東國 古代 仙教考」(1910)에서 "환인 · 환웅 · 단군은 곧 이른바 三神이요, 삼신은 곧 선교의 창립의 조상이다. 그런 즉 환인 · 환웅은 곧 실재의 사람이 아니고 추상적인 신이니 그 뜻이 대략 예수교의 삼위일체와 불교의 三仏如來와 같은 것"으로 파악했으나, 『조선상고사』(1931)에서는 별로 주목받지 못하는 환인과 환웅을 배제하고 삼신을 天一, 地一, 太一의 三一神으로 파

157) 『동서철학연구』 제26, 한국동서철학회, 2002

158) 단군조선의 수두제전 '단군제'에서 연맹왕국시대의 영고 · 동맹 · 무천 · 소도로, 그리고 고구려의 선배제도 및 新羅의 화랑제도로 변천해 왔다는 신채호의 학설

악하였다.[159) 『조선상고문화사』(1916~1922)에서는 강화도 마니산의 삼랑성이 "단군의 祭天하시던 곳"으로 삼랑은 "종교의 魂이요, 国枠의 중심인" 화랑과 선인의 연원임을 밝혔고, 「조선 역사상 일천년래 제일대사건」(1925)에서는 이 삼랑을 '낭가' 개념으로 발전시켰다. 또 『조선상고사』에서는 '수두'라는 神壇에서 매년 5월과 10월에 제사를 지냈는데 이때 제주(祭主)가 단군이며, 여러 수두 가운데 최고를 신수두라 칭하고, 그 우두머리를 '대단군'으로 불렀다는 주장을 폍쳤다.[160) 이러한 그의 태도는 한민족 고유의 종교적 의례가 행해지는 성소(聖所), 종교조직, 종교지도자 등등 종교와 관련하여 단군을 파악하고 접근한 것으로 볼 수 있다. 신채호는 이런 일련의 작업을 통해 밖으로부터 기원한 유교 · 불교 · 도교와는 분명히 다른 한민족 고유의 종교전통이 상고시대부터 존재해 왔다는 사실을 강력히 피력하고자 했다. 그는 한민족의 독자적 종교의 전통을 밝혀내는 중심에 단군을 두었으며, 단군과 다른 종교와의 차별성을 부각시키기 위해 종교적 주제를 다루면서 단군을 유교 · 불교 · 도교를 비롯하여, 기독교 · 이슬람교와 비교분석하는 방법을 사용하였다.[161) 하지만 신채호의 단군에 대한 종교적 접근은 그의 주장에 비해 객관적인 고증이 떨어지며 동시에 자신의 신념을 부각시키기 위해 무리하게 정설로 입론화하고자 시도한 것이 그의 주장이 가지는 한계로 볼 수 있다.

하지만 그의 단군연구는 소박한 형태로나마 종교학적 · 민속학적 방법을 적용하여, 한국사의 흐름을 사상사적 측면에서 고찰해 방법론에 있어 역사인식의 단계를 높였고, 화랑도와 그 사상의 기원에 대한 재해

159) 김일권, 「"단군론"의 역사적 변천 연구」, 서울대학교 석사논문, 1995

160) 신채호, 『조선상고사』 『신채호전집』, 단재 신채호기념 사업회, 1997, 90쪽

161) 김주실, 『20세기 한국의 단군 연구와 최근의 경향』 『차세대 인문사회연구』, 278쪽

석과 더불어 우리 민족의 전통적인 개성을 밝혔다는 점에서 역사적 측면에서는 분명 적지 않은 의의를 가진다.[162) 하지만 그의 일련의 작업들은 몇몇의 순수학문적인 측면 제외한다면 대부분 일제에 의해 민족의 역사가 왜곡되고 말살되던 시대적 분위기에 대항하여 전개된 부분이다. 이런 이유에서 그의 학설들은 이후 진위여부 및 그것이 지니는 학술적 가치문제에 대해 다양한 형태의 도전에 놓이게 된다.

이와 같은 형태는 최남선에게도 유사한 형태로 나타난다. 다만 차이가 있다면 역사적 과점에서 단군의 문제를 접근한 신채호와 달리 그는 철학, 문화인류학적인 방법론을 통해 이들 문제를 접근했다는 점이다. 최남선은 미우라 히로유기(三滸周行) · 구로이타 가쓰미(黑板僧美) · 이미니시 류(今西龍)등이 주도한 조선사편찬사업에 대항하여 그만의 독창적인 학설을 제기한다. 특히 1925년 「不咸文化論」을 주창한 이후 최남선은 본격적으로 단군연구를 집중적으로 시작한다.[163) 「단군론」(1926) · 「壇君神錢의 古義」(1928) · 「壇君神典에 들어있는 歷史素」(1928) · 「民俗學上으로 보는 壇君神話」(1928) · 「壇君及 其硏究」(1928) 등이 여기에 해당된다.[164) 최남선이 이러한 저작을 집필하던 당시 일본학계의 단군에 대한 태도는 다음과 같았다. 그들은 『삼국유사』에 수록된 단군신화 그 대상으로 삼고 이것의 분석을 통해 단군조선 자체가 날조된 역사임을 증명하려했다. 하지만 최남선은 그들의 논리적 바탕이 되는 『삼국유사』에 수록된 내용들이 단군의 전생명(全生命)이

162) 『한국민족문화대백과』, "郞家思想" 참조, 한국학중앙연구원, 2010

163) 최남선은 단군에 대한 연구를 진행하고 논설을 쓰는 외에 단군 신앙 운동에도 참여하였다. 대종교 강연회에 연사로 자주 참석했고, 개천절을 기념하는 글을 여러 차례 발표하였으며, 묘향산 · 평양 · 구월산의 단군 유적을 성역화 할 것을 주장하였다. 또한 고적애호 운동과 시조부흥운동에도 적극적으로 나섰다.(尹勝俊, 「六堂 崔南善의 '壇君論' 硏究」 『인문학 연구』, 37집, 각주 22참조)

164) 尹勝俊, 「六堂 崔南善의 '壇君論' 硏究」, 302쪽

아님을 지적함으로써 이후 논증되는 모든 주장이 일본 학자들의 잘못된 편견에서 비롯된 오류임을 지적했다.[165] 왜냐하면 신괴(神怪)한 요소를 많이 가지고 있는 단군신화는 어디까지나 신화 · 전설로 보아야 하지 역사적 신문(信文)으로 볼 수 없다는 태도를 취한다. 그렇기 때문에 단군신화를 역사적 사실로 보려는 것은 누가 보더라도 잘못된 일인데, 일본 학자들은 이를 기준으로 단군신화를 재단하여 역사적으로 증명할 수 없고 믿을 수 없는 사실이라고 부정한다는 것이다. 말하자면 문제를 바라보는 관점이 잘못되었음에도 불구하고 그 관점을 바로잡으려 하지 않은 채 도리어 문제의 제기에 아무런 문제가 없다고 주장하는 것이

---

165) 아래 표는 육당의 「壇君抹消論」에 실린 일본학자들의 주장과 내용이다. (尹勝俊의 「六堂 崔南善의 '壇君論' 研究」, 305쪽)

학설	학자	주요내용
僧徒 妄談說	那珂通世 白鳥庫吉	- 단군신화는 僧徒의 妄說을 역사상의 사실로 뽑아 쓴 것 - 단군신화는 佛說에 근거한 架空의 仙譚 - 단군은 朝鮮國의 先祖가 아니라 高句麗의 先祖
王儉城 神說	今西龍	- 단군왕검의 '왕검'은 平壤의 古地名에서 평양의 기초를 연 仙人의 이름으로, 다시 단군왕검이라 하여 朝鮮 創始의 神人이 됨 - 왕검선인(단군)전설은 아시아 북방 민족의 공통적 시조 출생담 - 단군설화는 조선민족의 선조인 '한'종족과는 무관함
成立 年代觀	三潴周行	- 箕子傳說은 고구려시대에 성립 - 壇君傳說은 기자전설보다 훨씬 후대인 고려시대에 발생
民族的 感情說	三潴周行	- 기자전설을 이용하여 사대심을 표하면서도 오히려 억제할 수 없는 독립 · 자존심의 발흥과 종주국의 반항심으로 단군전설이 생겨남
民族的 信仰說	稻葉岩吉	- 고구려 · 백제는 東明傳說을, 신라는 卵生神說을 각기 가지고 있었음 - 고려가 통일하면서 기자전설이 등장 - 지배자 계급은 대외적 필요에 의해 기자전설을 공행함 - 민족적 신앙의 중심은 단군전설에 있었음 - 중국이 쇠퇴하고 조선이 일본에 병합되면서 단군전설이 승리를 거둠
官學的 斷案	小田省吾	- 『魏書』는 물론 중국의 어느 史書에도 단군 기사는 보이지 않음 - 『고려도경』(서긍)이나 『묘향산보현사비』(김부식)에도 단군 기사가 없음 - '단군'은 '단님'을 표기한 것으로, '단님'은 '달님'(山君, 山神)의 와전임 - 단군전설은 본래 묘향산의 산신연기와 평양선인의 전설이 혼동됨에서 생겨난 평양의 개벽 연기

다.[166] 이 때문에 최남선은 일본학자들과는 차별되는 형태로 단군의 문제를 접근한다. 그는 우선 민속학을 중심으로 한 인문과학적 방법을 통해서 『삼국유사』에 인용된 『古記』의 원문을 고찰하고 설명하여 단군신화에 대한 일반 독자의 이해를 돕고 동시에 『삼국유사』에 기록된 단군신화의 신화적 측면과 역사적 측면의 분석을 통해 이들 양쪽 측면을 무차별적으로 사용했던 기존 일본학자들의 연구방법과는 차별적인 태도를 취한다. 이러한 그의 태도는 『古記』에 대한 인식태도에서 그 형태를 찾아볼 수 있다.

> 대저 壇君記는 그 내용상으로 前後의 兩部를 형성하여, 前壇君(PreTangun)部는 순수한 神話體요, 後壇君部는 擬似한 歷史體를 지었읍니다. 그런데 歷史 地理를 살핌은 무론 歷史體 의 壇君部 는 桓雄과 熊女의 婚媾生子에 이르러 클라이막스를 보이고, 거기서 별안간 急轉直下의 勢로 壇君의 建國 事實을 적되, 다시는 說話的 分子의 섞인 것도 없고, 또 어수선한 事實의 傳하는 것도 없고, 建邦 設部와 遷居 化身을 淡淡히 平叙하고, 인해 歷年을 보임으로써 붓을 거두어 버렸읍니다. 이렇게 兩部의 體制가 根本的으로 相異할 뿐 아니라, 그 接合點이 너무도 不實하여 事實 及 文字上의 連絡을 도무지 볼 수 없으니, 대개 壇君記의 現態는 본디부터 生質 不同 한 兩種 材料의 便宜的 結合으로 成한 것이요, 壇君神典은 壇君의 誕降에 이르러 이미 結尾가 되고, 그 이후는 獨立 別行하던 史文을 잠시 添着하였음에 不外함이 容易히 看取됩니다.[167]

『삼국유사』에 기록된 단군신화에 이러한 태도는 문헌에 치우쳤던 기

---

166) 尹勝俊, 「六堂 崔南善의 '壇君論' 硏究」, 304쪽

167) 「壇君神典에 들어 있는 歷史素」 『전집』 2, 237쪽

존 연구의 한계를 극복하고 종교학 · 신화학 · 언어학 · 민족학 · 역사학 · 사회학 · 지리학 · 경제학 등등의 모든 인문분야에서 다양한 각도를 통해 단군에 접근할 수 있는 교두보를 마련하였다.

이와 같은 다양한 접근 가운데서 철학 혹은 사상적인 측면이 녹아있는 연구를 뽑는다면 「不咸文化論」이 여기에 해당된다. 「不咸文化論」에서 그는 백(伯;白)의 어원을 'ㅂ · ㄺ' 규정하고 그 뜻을 神 · 天으로 해석하였다. 그리고 이것에 기초하여 백산(白山)은 신산 · 영산(神山 · 靈山)으로, 태백(太白)은 최대신 · 지고신(最大神 · 最高神)으로 파악하였다. 그리고 이러한 맥락에 기초할 경우 태백산은 지고의 신산(神山) 또는 천산(天山)의미를 가지게 된다.[168] 그가 천산 · 신산을 주목한 까닭은 동아시아의 공통적 신화소(Mythmes, 神話素)인 신강 · 천강(神降 · 天降)의 공간적 바탕을 이끌어내기 위해서였다. 그는 산악(山岳)과 천계(天界)를 동일시하는 고신앙(古信仰)[169]적 관점에 기초하여 '산 정상'의 상징적 의미에 주목하였으며, 동시에 환웅이 태백산 꼭 대기로 내려올 수밖에 없었던 이유를 신화적으로 풀이하였다. 산은 그 자체로 높이 솟아 있음으로써 하늘과의 연락처로 여겨왔을 뿐 아니라 천강 혹은 신강의 터였기 때문에 산 · 천 · 신(山 · 天 · 神)은 오래전부터 동일시되어왔다는 것이다. 뿐만 아니라, 환웅 이외에도 한민족의 국조(國祖)와 국모(國母), 시조(始祖) 등이 산청(山情)에 하강한 사실을 들어 모두가 하늘에 본원을 둔 동일한 환족(桓族)임을 환기시켰다.[170] 그가 이와 같은 작업을 통해 단군신화가 동북아시아의 보편적인 천손강림신화 · 천강이세신화(天孫降臨神話, 天降理世神話)의 하나로 정교일치(政敎一致)

168) 尹勝俊, 「六堂 崔南善의 '壇君論' 硏究」, 313

169) 「壇君神典의 古義」, 『전집』 2, 194~196쪽 ; 「壇君神典에 들어 있는 歷史素」 『전집』 2, 231~232쪽 ; 「不咸文化論」 『전집』 2, 44~45쪽

170) 「壇君神典의 古義」, 『전집』 2

및 당시대의 사회상을 반영하는 오랜 된 전승임을 밝히고 동시에 한민족이 본원지를 떠나 동쪽으로 이주하여 평양에서 구월산에 이르는 대동강유역에 자리를 잡은 역사적 과정임 보여준 것이라는 결론을 도출하였다.[171)]

그러나 「不咸文化論」은 언어의 기원에 따른 비교언어학적 측면[172)]과 고대신화의 신화소 등의 단편적이고 미약한 몇몇의 논거들만을 통해 동북아시아를 하나로 규합하는 새로운 학설을 수립하고자 했기 때문에 적지 않은 부분에서 논리적 비약 혹은 논리의 한계를 지녔으며 동시에 그의 주장을 비판하는 학자들에게 공격에 실마리를 제공하였다. 하지만 최초로 신화소와 언어학적 기원을 연구의 방법론으로 사용한 「不咸文化論」은 여러 인문학 분야에 있어 단군연구에 새로운 지평의 실마리를 제공하였음을 틀림없다.

(2) 단군연구의 전개(1945~현재)

앞서 살펴 본 신채호와 최남선의 단군연구는 순수한 학문적 접근이기 보다는 당시 암울한 시대적 상황을 타파하고자 하는 도구적 성향이 강하였다. 이 때문에 그 내용에 있어 다소 牽强附會적인 측면 또한 존재

---

171) 「壇君神典의 古義」, 『전집』 2, 234~237쪽 참조

172) 최남선은 'ㅂ · ㄺ' 이외에도 壇君王儉의 어원을 '당굴-알감' 혹은 古語의 對子로서 天神의 主上의 뜻을 가진 말이라 한다. 그는 단군의 표기가 檀君 혹은 壇君으로 혼용된 까닭은 그것이 뜻(義)이 아닌 音을 취한 것이기 때문이라 규정하며 중요한 것은 그것의 字義가 아닌 그 音表에 있다고 주장한다.(「壇君神典에 들어 있는 歷史素」『전집』 2, 234~237쪽) 그리고 이것에 기초하여 흉노어 '撑梨孤屠', 天 · 巫를 뜻하는 몽고어 '騰格理'(텅거리)의 類語인 天 또는 무당이란 뜻의 조선어 '당궁'이며, '알감'이라 尊長 · 神靈을 뜻하는 '알'과 長子 · 大人의 뜻을 가진 '감'이 합하여 '尊長者 '를 뜻하는 말이라 규정한다. 이를 통해 최남선은 주장하고자 하는 것은 단군왕검의 의미는 바로 天子 · 巫君呪術的 主觀者 · 司靈的 君主로서, 呪術宗敎的(Magico-religious)社會의 君長이라는 것이다.(尹勝俊, 「六堂 崔南善의 '壇君論' 硏究」, 318쪽 참조)

한다. 그러나 한편으로 다양한 인문학적 접근을 통해 단군을 고찰하고 정리하고자 시도한 것은 이후 순수학문으로서 단군연구의 가능성을 열어두는 토대를 마련하였다. 이 가능성은 광복이후 많은 학자들의 손을 거쳐 그 싹을 틔우게끔 하였다. 그리고 그 형태는 한민족의 사유바탕에 깔려 있는 단군에 관한 의미를 밝히는데 초점이 맞추어졌다. 광복이후 단군연구는 다양한 인문학적 접근을 통해 시도되었지만 여기에서는 한민족의 사유의 틀을 분석하고 그것의 바탕에 단군이 있음을 지적한 연구들을 중점적으로 살펴보도록 하겠다.

첫 번째로 종교적(宗教的) 관점을 통해 단군을 이해하는 방식이다. 종교는 사실판단이 아닌 특정집단의 가치판단이 종합되어 생겨난 사유양태이다. 이 때문에 종교는 반드시 그것을 믿는 자들의 신앙심(信仰心)을 필요로 한다. 이때의 믿음은 조금의 의심도 없는 순수한 형태를 취한다. 이때 믿음의 대상이 되는 단군에는 한민족의 선조라는 특수성이 수반된다. 이 때문에 종교적 관점을 통해 단군을 접근할 경우는 한민족의 특수성과 동시에 순수한 종교적 믿음인 신앙심이 함께 거론되어야 한다.

단군에 대한 종교적 접근은 크게 무교적(巫教的)[173] 접근과 '상제(上帝)-하나님'으로 파악하는 크리스트교적 접근이 있다.

우선 무교(巫教)을 살펴보자면 무교(巫教)에서 무(巫)는 미분화된 천

173) 한국 巫教에 대해 유동식은 다음과 같이 정의했다. 巫教는 한국 문화의 地核으로 선사시대로부터 현대에 이르기까지 각양각색으로 나타났던 샤머니즘적인 종교현상 전체에 대한 총칭으로 사용되고 있다. 이에 대해 무속이란 현재 우리가 볼 수 있는 민간신앙 가운데 이른바 샤머니즘이라고 말하는 현상에 대한 이름으로서, 무속은 무교의 일부요, 고대 무교의 잔류 현상이다. 그러므로 한국의 샤머니즘을 가리킨 일반 용어로는 무교로 쓰는 것이 타당하다.(유동환, 『韓國巫教의 歷史와 構造』, 서울 연세대학교 출판부, 1978, 13~21쪽 참조) 본 논문에서 지적하는 巫教는 靈媒를 통한 接神 · 降神的의 무속이 아닌 神人의 합일과 그에 따른 인간의 자각에 기초한 한 인문종교(각주 32참조)의 형태를 의미한다.

인합일(神人合一)에 근거하고 있으며, 이는 순수한 인간도 아니요, 순수한 신도 아닌 인간이면서 동시에 신이기도 한 존재를 지칭한다. 말하자면 신과 인간의 태일지형(太一之形)을 의미한다. 이러한 신인(神人)의 巫에서 우리는 이이일적묘합(二而一的妙合)의 단일성을 간취할 수 있다. 류동식은 이러한 입장에서 무교의 특징으로 신인묘합(神人妙合)뿐만 아니라 성속(聖俗), 천지, 남녀 등의 이원적 대립의 일치융합(一致融合; Coincidentia oppositorium)까지도 내세우고 있다. 그리고 이러한 이원적 대립이 일치융합을 통해 무적묘합(巫的妙合)으로 다시 轉移한다고 주장한다.[174] 이때 일치융합은 결코 강신(강신)이나 접신(接神)의 빙의의 형태가 아닌 신과 인간이 동등한 입장에서 1:1로 마주하는 조화와 결합의 의미를 지닌다. 이 때문에 신인을 통한 종교적 사유는 신에 대한 무차별적인 믿음이 아닌 인간의 자각을 통해 스스로 신의 형태에 도달하고자 하는 형태를 취하게 되며 이는 곧 인문종교(人文宗教)[175]의 그것이라 할 수 있다.

인문종교의 형태를 띈 무교와 달리 상제를 유일신 혹은 절대자로 파악하고 크리스트교적 神(God)의 형상으로 단군을 해석하는 연구도 있다. 이들은 삼일신관(三一神觀)이 크리스트교의 삼위일체 신관과 유사하는 점, 유일신으로 해석할 수 있는 점 등을 근거삼아 단군을 그들의

---

174) 이을호, 『한 思想의 苗脈』, 思社硏, 1986, 21쪽 참조

175) '인문종교'는 唐君毅가 유교를 지칭하여 제시한 개념이다. 그는 초월적 정신을 바탕으로 한 유교의 도덕 속에는 이미 종교적 신앙이 내재되어 있음을 지적하고 이것을 특수한 형태의 종교로 파악했다. 그리고 이것을 다시 인문종교 혹은 도덕종교로 命名했다.(이승환, 「唐君毅的人文宗教思想研究」 『중국학논총』 32집, 258쪽) 본문에서 사용된 인문종교는 유교가 아닌 단군을 그 대상으로 하기 때문에 唐君毅의 본래 의도와 차이를 보일 수도 있다. 하지만 무조건 적인 신앙의 형태가 아닌 내적인 초월성을 바탕으로 한 자기반성과 행위의 실천에 형태는 인문종교의 그것과 흡사하기 때문에 논자가 그 개념을 차용하여 사용한 것이다

교리를 통해 해석하려 시도하였다. 우선 김인서은 「檀君論」을 통해 『삼국유사』에 나타난 일연의 관점이 지나치게 불교적이며, 최남선의 「不咸文化論」은 하늘숭배 혹은 태양숭배사상이 천조대신을 국신으로 삼는 일본의 신관에 영합한 것이라 비판한다. 그리고 결론적으로 "단군은 환인의 아들도 아니요 곰의 아들도 아니요 천조대신의 아들도 아니요, 조선인의 지상신 하나님의 아들"이라는 주장을 한다. 이 때문에 "하나님은 단군의 하나님이며 조선인의 하나님이자 인류의 하나님이다. 이는 우리 조상의 희미하던 하나님 신관이 예수를 통해 완전하여진 하나님의 신관이다. 이렇듯 거룩하고 고상한 신관이 한민족의 신앙이 되는 날 우리 민족이 새로 날 수 있다고 전망한다."[176] 단군을 유일신인 하나님 파악하고 한민족을 하나님의 자손으로 보는 이런 태도는 크리스트교입장에서 단군을 주체적으로 수용하려는 형태이다.[177]

삼일신관을 삼위일체론으로 해석한 연구로는 윤성범의 「단군신화는 'vestigium trinitatis'이다」[178]이 있다. 이 논문은 "단군신화는 한국의 신관념의 대표적인 유산"이므로 종교학적으로 해석하여야 한다는 전제에서 출발한다. 그는 전제를 뒷받침하기 위해 이병도의 역사적 해석, 김재원의 고고학적 해석, 백남운의 사회학적 해석, 이병윤의 심리학적 해석들을 간략하게 소개하고 그것들로부터 자신의 주장을 다지고자 했다. 이러한 일련의 작업은 모두 단군의 내용과 기독교적 내용을 유비적(劉備的)으로 다루려는 시도라 할 수 있다. 그는 우리말의 桓이 tengri 개념의 한자 표명인 광명, 즉 환하게 빛나는 것으로 해석하고, 이것에 기초하여 환인은 한님, 환웅을 한울님으로 그리고 환검(桓儉)은 tengri의 한

176) 김서인(1952), "檀君論" 「신앙생활」11-3 『김인서 저작전집』, 5권, 교문사, 1976, 393~395쪽

177) 허호익, 「단군신화에 대한 기독교적 이해」 『한국기독교신학논총』, 20집, 한국기독교학회, 351쪽

178) 『기독교사상』, 10월호(1963)

자 표음이므로 이를 하느님으로 보아야 한다는 최남선의 입장을 기본적으로 수용한다. 그러나 동시에 최남선이 tengri를 태양신이며 여신으로 본 것에 대해서 비판 한 후 대신 원시 유일신관이 반영되어 있다는 팔리젠(N. Pallises)의 견해를 수용한 후 그의 견해에 따라 환인=한님, 환웅=한울님, 환검(단군)=하나님(tengri)의 등식으로 파악해야 함을 피력했다.[179] 이와 유사한 주장으로 환인, 환웅, 환검이라는 말에 공유되는 환이 모두 한의 한자어 표기이므로, 언뜻 보기에는 세 신(神)들의 이름 같지만 실제로는 하나의 신 곧 하나님을 삼신일체론적으로 표현한 것으로 파악해야 한다고 주장한 박종천의 연구도 주목할 만하다.[180] 결국 이들 연구가 공통적으로 말하는 것은 환인, 환웅, 환검의 등장은 삼위일체 하나님의 잔재(vestigium trinitatis)라는 것이다.

그러나 이들의 주장은 모두 크리스트교적 교리에 입각하여 단군신화를 해석하려는 허수아비논증의 오류에 대한 비판을 피하기 힘든 것으로 보인다. 왜냐하면 크리스트교적 사유의 기원인 유대의 역사와 한민족의 역사는 시공간적으로 그 접점을 찾기가 매우 힘들 뿐만 아니라, 나아가 단지 그 내용적 유사성만을 두고 이들이 똑같다고 파악하는 것은 지나친 억측이 아닐 수 없다. 하지만 단군을 허구의 신화적 존재가 아닌 한민족의 뿌리로 파악했다는 점은 곧 단군에 관한 사유가 한민족의 정신 아래 깔려 있음을 암묵적으로 인정하는 것으로 파악될 수 있다.

이와 달리 단군과 크리스트교의 연결에 부정적인 견해를 가지는 학자도 있다. 전연경은 「소위 전이해와 단군신화」를 통해 민족의 주체가 신학의 주체가 될 수 없다고 주장한다. 그녀는 고대 한국의 신관이 크리스트교의 삼위일체 신관과 유사하다는 주장은 단지 "신관의 접촉점"을 찾으려는 시도에 불과하며 또 단군신화 또한 샤먼적 범신론에 속하는

179) 윤성범, 「한국인의 신 관념 생성」 『한국적 신학』, 선명문화사, 1972, 206쪽

180) 박종천, 「한국인의 신 관념 생성」 『상생의 신학』, 한국신학연구소, 1991, 211쪽

것이기 때문에 이것을 유일신의 형태로 보는 것은 불합리한 것이라 피력한다.[181] 이외에 단군신화의 속에서 삼위일체의 하나님의 잔재가 있음을 주장한 윤성범의 주장을 정면으로 반박하는 박봉랑[182]과 단군신화에 나타난 삼신일체의 구조는 인정하지만 그것이 크리스트교적 형태가 아닌 가나안신화에 더욱 가까움을 주장하고 이것을 통해 단군과 크리스트교와의 관계를 부정하는 박종천[183]의 연구가 단군과 크리스트교와의 쟁점 가운데 놓여있다.

앞의 두 가지 접근 이외에 무적신관(巫的神觀)의 상제신관(上帝神觀)을 통해 옥황상제와 같은 신 관념으로 승화하는 과정에서 한민족의 심성 아래에 몰아적(沒我的)신바람이 깔리게 되었다고 주장하는 견해도 존재한다. 이 주장은 메를로-퐁티(Merleau-Ponti)의 현상학적인 방법을 이용하여 한민족의 삶의 세계를 무적의식(巫的意識) 또는 신바람(神明)으로 규정한 후 다시 이것을 분석하는 방식을 취한다. 신바람에 대한 분석은 다음과 같다.[184]

> (1) 우리는 신바람이 나야 감정이 자발적으로 발동한다.
> (2) 우리에게 있어서 신바람은 휴화산과 같이 폭발력을 잠재적으로 갖고 있다.
> (3) 신바람은 하나에로 전인적으로 몰입하는 열정과 열광을 갖기 쉽다.

---

181) 전연경, 「소위 전이해와 단군신화」 『기독교사상』, 8~9월, 대한기독교서회, 1963, 22~29쪽 참조

182) 「기독교 토착화와 단군신화 - 윤성범 교수의 소론에 관하여 삼위일체적 해석의 신화적 문제를 중심으로」 『사상계』, 「성서는 계시의 유일한 쏘스 - 윤성범 박사의 대답에 답함」 『사상계』 10월호

183) 「단군신화의 상생이념에 대한 신학적 해석」 『상생의 신학』

184) 김형효 『韓國思想散考』, 일지사, 1979, 23~25쪽.

신바람을 통해 한민족의 삶의 기저(基底)에 있는 잠재적요소를 이끌어 낸 것은 단군을 현실과 동떨어진 관념 혹은 신화적 형태가 아닌 현실이 적극적으로 반영된 형태로 받아들였다는 점에서 위의 두 가지 형태와는 차별적 가치를 가진다.

종교적 접근 이외에 언어학적 기원의 비교방식을 통한 단군을 접근한 연구도 있다. 하지만 이러한 연구들은 단군연구의 새로운 형이기 보다 기존 연구를 심화 분석한 형태로 볼 수 있다. 왜냐하면 종교적 접근이나 언어학적 접근은 모두 기존 최남선이 이미 연구한 내용들을 심층적으로 분석시키고 발전시킨 것에 해당되기 때문이다. 광복이후 단군연구가 최남선에 의존할 수밖에 없었던 이유는 적어도 단군연구에 있어 그가 그의 다양한 시도들은 기존에 존재하지 않던 새로운 형태이며 이는 곧 그를 단군연구에 있어 선구적인 위치에 놓이게끔 만들었기 때문이다. 이 때문에 광복이후 단군연구는 어떤 형태로든 직 · 간접적으로 그의 영향 아래 놓이게 된다. 이런 맥락에서 본다면 단군에 대한 언어학적 접근이 「不咸文化論」의 논변과 유사한 형식을 취하는 것은 또한 그다지 특별한 일은 아닐 것이다. 이들 가운데 대표적인 연구로는 우리말의 '한'을 분석하고 확장시켜 한민족의 사유형태를 밝히고자 한 것들이 있다. 이를 총칭하여 '한의 철학'으로 부를 수 있으며 이는 적지 않은 학자들에 의해 연구되어졌다.

안호상은 한을 하늘천(天)의 '한'으로 파악하고 그것의 의미를 15가지로 분석한다. 그 분석을 살펴보면 "1)큼, 높음(上) 2)하나, 유일, 3)으뜸, 처음, 4)하늘(天), 5)밝음(明), 6)바름(正), 7)긺(長), 8)넓음(廣), 9)오램(久), 10)많음(多), 11)뭇(衆) 12)모두(諸) 13. 임금, 어른(帝,王), 14)겨레이름 15)가장(大,最)로 나눌 수 있으며, 그 뜻은 다시 큰 알(卵)과 해(日)로써 난생설화의 뿌리이자, 허공(虛空)과 이치(理致) 그리고 한누리로서 온누리(全世界)이며 동시에 하나의 큰 얼로서 주체와 객체의 통일체라 설명한다.[185] 그의 이러한 주장들은 기본적으로 문헌학적 근거를 참조했으나 여전히 그것의 근거와 주장은 많은 부분에서 보다 구체적인 논증과 설명을 필요로 한다. 하지만 한민족의 일상적 언어와 옛 부터 내려온 개념들을 종합하여 하나의 사유체제를 정립했다는 점은 고유한 말을 기초로 하여 보편적 개념을 이끌어내려 했다는 점에서 분명히 의미 있는 일이다.

신철균 또한 '한'의 개념을 정립하는데 그의 주장 역시 안호상과 대동소이한 형태를 지닌다. 이 둘의 차이는 위에서 나열한 15가지 의미 이외에 1)동(東), 2)희다(白), 3)일체(一切) 4)포용(包容)의 뜻이 추가 되었을 뿐이다.[186]

'한'에 대한 이들의 주장은 비록 우리말과 그 의미를 민족의 고유한 사유체계를 찾고자 했다는 점은 높이 살만하나 그것을 통해 한민족의 전통적 심성의 심층구조를 철학적으로 설명하기에는 미흡한 점이 없지 않다. 이 때문에 이을호는 이들의 주장을 분석하여 그것에 내재된 개념들을 하나로 정리하려 했다. 그는 '한'이 다의적이며 동시에 상대적인 내용을 함께 포함하고 있는 점을 주목하고 이것을 수리적으로 치환한다. 그에 따르면 1+1은 원래 2이지만 이때의 2는 크게 화합함으로써 태일(太一)의 1이 된다. 이 때 태일의 1은 곧 '한'이 된다. 왜냐하면 앞서 살펴본 것과 같이 '한'은 전체로써의 '온'에 의미를 포함하고 있으며 여기에는 모든 것이 하나로 종합될 수 있기 때문이다. 그는 이것을 1+1=1x로 표현하는데 이을호의 부연 설명에 따르면 이 때 1x가 지칭하는 것은 창조된 자로서의 1이기 때문에 과거와 현재와 미래의 영원성을 갖는다. 여기서는 생사가 서로 어울려 영생의 개념으로 포섭 할

185) 안호상 『민족사상과 정통종교의 연구』, 민족문화출판사, 1996, 148~165쪽 참조.

186) 신철균 「민족화합의 통일철학으로서의 '한' 사상 소고」 『한국철학연구』 12, 1982, 해동철학회 5~27쪽.

수 있다고 한다. 그리고 이들을 통해 한이 가지는 개념으로 유일성 · 포괄성 · 창조성을 집약할 수 있게 된다. 이을호의 이러한 관점의 바탕에는 단군신화 속에 담겨 있는 삼일의 원리에 담겨진 수리적 구조를 도식화 한 것[187]이기 때문에 이것 또한 단군연구의 한 부분으로 파악해야 한다.

이상 기존 단군연구에 대한 대략적인 흐름을 살펴보았다. 논자가 파악하기에 철학적 측면의 단군연구에 현주소는 20세기 초의 연구 성과를 크게 벗어나지 못한 것으로 보인다. 그것에는 여러 가지 이유가 있겠지만 가장 큰 문제점은 단군연구의 출발점이 순수한 학문의 연구가 아닌 시대적 요청에 의해 정치 혹은 사회의 각성에 도구로 사용되었다는 점이다. 말하자면 기존 단군연구는 목적이 아닌 수단으로 사용 된 것이다. 결과적으로 민족주의 또는 사회의 자발적 요청을 기대하지 않고 순수한 학문적 형태로 단군을 접근하는 것이 점차 요원(遙遠)하게 되어버린 것이다. 광복이후부터 지금에 이르기까지 수단이 아닌 목적으로 단군을 접근하려는 시도가 없었던 것은 아니지만 한민족이란 키워드가 필수적으로 단군연구의 특수성으로 인해 유 · 불 · 도(儒 · 佛 · 道)등의 타학문과의 잦은 충돌을 가져오게 되었다. 특히 조선 중기 성리학의 흥기 이후 자리 잡은 유학(儒學)의 벽이단(闢異端) 전통은 은연중에 단군을 배척하는 양상을 낳기도 했다.[188] 이 때문에 지금에 와서 순수한 형태의 단군연구가 이루어지기 위해서는 단군사상을 보편적 철학의 경계로 끌어올릴 필요가 있다. 여기에서 필요한 것이 바로 한민족을 벗어나

187) 이을호, 『한 思想의 苗脈』, 26~27쪽 참조.

188) 이 문제는 기자조선(箕子朝鮮)의 문제까지 거슬러 올라 갈 수 있다. 20세기 초 유학을 통해 단군을 포섭하려는 움직임도 있었지만 그것 또한 어디까지나 유학이 주(主)고 단군은 종(從)인 관계였다. 이후 유학적 관점을 통한 단군연구의 형태는 대부분 단군을 그 자체로 인정하기 보다는 유학의 아류 혹은 유학을 통해 단군 읽기를 벗어나지 못했다. 자세한 내용은 본 논문에서는 생략하도록 하겠다.

온 인류가 공감할 수 있는 보편적 사유를 단군연구의 테마로 잡는 것이다.

3. 단군연구의 가능성과 그 전망

철학 혹은 사상이라 함은 그 속에 보편가능성이 내제되어 있다. 보편의 사전적 의미는 '모든 것에 공통되거나 들어맞음. 또는 그런 것'이다. 이 때문에 보편철학이라 함은 지역과 시간 공간을 넘어 인류의 사유에 공통적으로 적용되어야 한다. 하지만 단군연구의 경우 이미 그 출발점부터 한민족이라는 지역적 특수성을 내재하고 있다.

특수란 보편과 상대되는 의미이다. 그러므로 지역적 특수성을 지닌 단군연구가 보편철학이 되기 위해서는 반드시 태생적으로 지니고 있는 한계를 극복해야만 한다. 앞서 살펴본 기존 단군연구들은 모두 지역적 특수성 위에 있거나 혹은 그것에 영향을 받은 연구들이다. 그리고 언급했듯이 20세기 초 단군연구의 시작은 시대적 요청에 의한 것이었다. 여기서 한 가지 의문을 가질 수 있는 것은 '5000년의 역사 속에서 본격적으로 단군에 관한 연구가 시작된 것이 고작 100년 남짓 밖에 되질 않았는가?'이다. 비록 고려 일연(一然)의 삼국유사 속에서 단군이 언급되기는 했지만 그것 또한 당시 매우 심도 깊은 논의가 행해졌던 불교에 비하면 단순한 이야기 수준을 벗어나지 못했다. 그렇다면 실제로 단군연구는 20세기 초 어려운 정세를 극복하기 위해 만들어진 도구에 불과한 것인가? 이들 고리를 해결하기 위해 최남선이나 신채호 등은 화랑도의 연원이나 최치원의 낭랑비 서문에 적힌 현묘지도(玄妙之道) 등의 그 근거로 하여 고조선 이후 단군의 명맥이 이어져 오고 있음을 밝히고자 했다. 하지만 이것 또한 어떤 논리적 근거나 정합성이 없는 단순한 언명으로 비춰질 가능성이 있지만 동시에 단군의 사유가 어떤 형태로 전승되었는지를 찾는 최소한의 단서 일 수도 있다.

논자가 이렇게 불확실한 가정을 한 까닭은 그들의 주장의 논리성을 접어두더라도 그들이 주목한 민족적 동질성 측면을 간과할 수 없기 때문이다.

단군연구는 부득불(不得不) 현존하는 최고(最高)의 사료인 『삼국유사』에 의존할 수밖에 없다. 철학적 논의에 앞서 단군이 허구의 인물이냐 그렇지 않느냐의 문제가 발생하는 원인 또한 여기에 있다. 이것의 진위여부를 떠나 우리가 간과하지 말아야 할 부분은 단군신화의 바탕에는 한민족의 고유한 에토스(ethos)가 깔려 있다는 점이다. 즉 단군이 민간과 관(官)에서 끊이지 않고 회자(膾炙) 되어졌고 또 거부감 없이 수용되어 왔다는 것은 그것이 바로 한민족의 정서적 코드와 부합했음을 의미한다.

이러한 관점은 "인간의 마음은 개인의 역사를 가질 뿐 아니라 인류문화 최고의 단계로부터 남겨진 인류 공통의 경험을 심리적 잠재의식 속에 이어 받는다", "사라져 버린 원시시대의 정신적 유산은 모든 시대, 모든 민족의 신화체계 속에 표현되어 있는 독특한 이미지를 동반하고 있다. 그리고 이들 이미지 전체는 집단 무의식을 형성하고 있고, 그것은 모든 개인에게 잠재적으로 유전되기 때문에 신화적 이미지는 자연발생적으로 상호 일치하며 지구상의 모든 지역, 모든 시대를 통해 새로이 발생 될 수 있는 근거를 설명할 수 있다"[189] 고 주장한 정신분석학자 융(Jung)에게서도 찾아 볼 수 있다.

이런 측면에서 단군신화를 본다면 화랑도의 정신과 낭랑비 서문의 내용들 또한 동일한 에토스의 연장선으로 볼 수 있는 가능성이 열린다. 그리고 이 에토스를 분석함으로써 한민족의 고유의 철학이 가지는 성격을 파악 할 수 있게 된다. 비록 여기에는 여전히 분석된 에토스가 단

189) 왕빈, 『신화학 입문』, 금란출판사, 1980 35~38쪽.

순히 한 지역의 문화적 특수성에 국한되느냐 혹은 전 인류적인 보편성을 포함하고 있느냐의 문제가 생겨나겠지만 이것은 어디까지나 추후의 문제이다.

단군신화의 분석을 통해 한민족의 에토스를 뽑아내는 접근은 결코 새로운 방법이 아니다. 하지만 그것은 어디까지나 방법론에 하나이기 때문에 논자 또한 기존의 신화적 분성의 방식을 사용하여 한민족의 에토스를 뽑아내고자 한다. 다음은 레비 스트로스와 반 게넵의 구조주의적 방법을 모델로 하여 단군신화의 종교적 구조화 한 것이다.[190)]

Chaos	mediator	cosmos
人世	桓因, 桓雄, 天符印, 下降	桓雄天王治世의 人世
熊	靈艾一 蒜二十枚, 不見日光百日	熊女(女身)
熊女	假化雄	子(壇君王儉)

위의 표는 단군신화의 핵심적인 내용인 환웅과 웅녀의 사이에서 단군이 태어나는 과정을 도식화 한 것이다. 여기서 주목할 점은 단군신화의 내재적 의미를 혼돈(混沌;Chaos)에서 조화(造化;cosmos)로의 변화에 초점을 맞추고 있다는 점이다. 혼돈에서 조화로 넘어가는 것은 신화적 세계에서 인문주의적 세계, 즉 신의 권력이 인간에게로 이행되는 것을 의미한다. 권력이양을 테마로 한 신화는 단군신화뿐만 아니라 다른 문화권의 신화에서도 찾아 볼 수 있지만 권력의 이행과정에 있어서는 차이를 보인다.

서양의 경우 그리스신화 속 우라노스 · 크로노스 · 제우스로 이어지

190) 전도웅, 「한국 무교와 교육사상」 『용인대학교 논문집』 2집, 용인대학교, 279쪽 위에 인용된 표는 정진홍의 『종교학서설』(전망사, 1980)의 내용은 전도웅이 요약 정리한 것이다.

는 권력 이행의 구조는 반드시 친부(親父)의 살해(殺害)를 바탕으로 한다. 바빌로니아신화 또한 하늘에서 내려온 마르둑이 지상에 있던 가이아를 죽이고 지상세계를 차지하는 형식을 취한다. 이것은 원시사회의 권력 이행 구조에서 흔히 볼 수 있는 친부살해의 모티브에 해당된다.[191] 이러한 사유의 형식은 서양의 지성사의 전개에서도 살펴볼 수 있는데 플라톤의 두 세계(idea)이론을 정면으로 반박함으로써 존재할 수 있는 아리스토텔레스의 일원론적 세계관이나 인문주의적 희랍철학과는 전혀 다른 패러다임을 지닌 중세 헤브라이즘(Hebraism)철학 그리고 神(GOD)이 아닌 인간을 통해 세계를 해석하려한 근대 이성주의 마지막으로 이성에 대한 강한 부정으로 부터 출발한 후기구조주의에 이르기까지 친부살해의 에토스는 신화를 넘어 지성사에 까지 두루 영향이 미치고 있음을 알 수 있다.

반면 동양의 경우 그 형태를 조금 달리 한다. 기(氣)를 감응(感應)을 통해 세계를 파악하려는 동양은 단절이 아닌 연속성으로 세계를 파악한다. 그리고 그 세계를 구성하는 최소한의 조건으로 '천지인삼재'(天地人三才)를 든다. 이들 삼재(三才)는 감응과 연속성을 그 바탕으로 삼기 때문에 천인간(天人間)의 소통과 조화를 그 핵심으로 한다. 서구의 친부살해의 에토스가 전적으로 인간을 중심한 세계 해석으로부터 비롯

191) 프로이트는 『토템과 터부』에서 인류 문화사의 최초의 중대한 사건에 대해 서술하고 있다. 원시인의 무리는 모든 여성을 혼자서 차지하려는 질투심 많고 거친 부(父)가 지배하고 있었다. 그는 성장한 아들들을 무리에서 추방해버린다. 그러나 추방당한 아들들은 어느 날 힘을 합쳐 아비를 살해한 다음 아비의 사체를 먹어치운다. 이렇게 해서 아들들은 父 집단에 종지부를 찍는다. 잡아먹힌 태초의 아비는 틀림없이 아들들에게는 선망과 공포의 대상이었을 것이다. 이제 아들들은 아비를 먹어치움으로써 아비와 동일시될 수 있었으며 아들들은 아비가 가졌던 힘과 권위의 일부를 얻게 되었다.(한용환(1999), 『소설학 사전』, 문예출판사)

된 것[192]이라 한다면 동양의 삼재적 세계관은 천지인의 유기적 관계를 바탕으로 삼기 때문에 단지 인간만을 이들로부터 분리해서 독립적으로 파악할 수 없다. 따라서 인간이 천지와 동등한 위치에 놓이기 위해서는 어떤 형태로든지 간에 세계해석의 권리를 천으로부터 부여 받아야만 한다.

중국의 신화 가운데 이러한 조건에 꼭 부합하는 것으로써 절지천통(絶地天統)신화를 들 수 있다. 절지천통신화는 『상서』「주서」에 기록된 것으로 치우(蚩尤)와 전투에서 승리한 전욱(顓頊)이 그의 신하인 중(重)과 려(黎)를 보내어 하늘과 땅을 연결하는 길을 끊게 했다는 것[193]을 핵심 내용으로 하고 있다. 이것은 자칫 단절의 형태로 보일 수도 있지만 이것은 단지 직접적인 왕래 할 있는 통로를 차단한 것에 불과하다. 단절이 발생된 이후에도 여전히 천의 뜻과 의지는 중려를 통해 천명(天命)의 형태로 인간 세상에 전달되어 진다. 이 때문에 단절은 기존 神(上帝)에 의해 직접 통치되던 지상세계가 이제는 천명을 전달받은 인간에 의해 다스려지는 형태의 변화를 의미하는 것이다. 절지천통신화에서 혼동의 원인은 지상세계와 천계가 구분 없이 무차별적으로 섞여 있음에서 생겨난다. 그러므로 천지의 단절은 상하의 구분을 가져오고 동시에 인간세계만의 법칙의 수립과 동시에 조화로운 세계의 출발점을 의미한다. 그리고 천명의 형태를 통해 세계해석의 권리가 모두 인간에게 주어졌기 때문에 이제 천인의 조화는 천명을 인간이 얼마나 올바르게 해석하고 실천하느냐로 그 중심이 이동되어진다. 이 때문에 이후 중국의 모든 사상들의 핵심은 인간에게 부여된 천명 혹은 천도(天道)의 자각과

192) 서양의 친부살해의 모티브는 세계에 대한 패러다임 변화라 할 수 있다. 서양의 지성사는 인간에 의한 세계해석의 과정으로 볼 수 있다. 심지어 중세적의 종교적 세계관 또한 인간 스스로가 신 앞에 굴복한 형태일 뿐 결코 동양과 같이 인간과 천을 동등한 입장에서 보는 구조는 아니다.

193) 『상서』「주서」"乃命重黎 絶地天通 罔有降格"

실천에 초점이 맞추어진다. 중국에서 다양한 학파들이 생겨났음에도 불구하고 그 핵심은 모두 인간의 자각 및 실천에 초점이 맞추어진 것 또한 천명을 통해 세계해석의 권리가 인간에게 주어진다는 형태의 인문주의적 에토스에서 비롯된 것으로 볼 수 있다.

절지천통신화가 단절을 통해 혼돈에서 조화로의 변화를 결정하는 분기점을 말한다면, 단군신화는 절지천통신화와는 다른 형태의 내용을 그 핵심에 둔다. 단군신화의 기본구조는 환웅과 웅녀의 결합을 통해 단군왕검이 이 세계에 모습을 드러내는 것을 내용으로 가진다. 이 때 단군신화의 구조는 천을 상징하는 환웅과 지을 상징하는 웅녀의 결합을 통한 천지의 융합과 조화를 핵심에 둔다. 그리고 천지의 융합과 조화의 결과물로서 인간인 단군왕검이 요청되어 진다. 이때 천과 지가 만나 인을 탄생시키는 과정에서 어떠한 투쟁이나 다툼도 존재하지 않는다. 이것은 곧 천의 세계, 지의 세계, 인의 세계를 구별이 없는 하나의 통일적 세계로 본 것을 의미한다. 너와 나를 구별했을 때 대립이 생긴다. 너와 나를 구별하여 대립함이 없는 하나의 세계에서는 조화와 화합만이 있지 투쟁이나 갈등이 나타나지 않는다.[194] 천지인의 조화는 절지천통신화에서도 나타나지만 그것의 절차적 차이로 인해 이들이 지향하는 점 또한 차이를 지니게 된다. 천명의 자각과 실천을 통해 조화와 법칙을 찾고 이를 통해 인격완성의 길을 걷는 것을 핵심으로 삼는 절치천통신화와 달리 단군신화는 인간은 자각이나 인격완성이 아닌 천지인의 조화 그 자체에 초점을 맞춘다. 논자가 단군신화를 통해 일차적으로 추출하고자 한 에토스가 바로 이것이다. 말하자면 단군신화에 나타난 에토스는 천인의 단절을 통한 조화가 아닌 천지인의 조화 그 자체를 수용하고 이것의 실천을 통해 세계를 변화시키고자 하는데 있는 것이다.

---

194) 선우미정 「교육이념인 홍익인간의 유교철학적 고찰」『동양철학연구』 70집, 동양철학연구회, 192쪽.

단군신화에 나타난 에토스를 조화의 실현, 즉 현세적 공간에서의 천지인의 조화로 파악할 경우 기존의 다양한 형태의 단군연구들을 하나로 묶을 수 있는 공통분모를 추출할 수 있게 된다. 단군연구가 보편철학이 되기 위해서는 반드시 한민족적인 요소가 제거되어야만 한다. 왜냐하면 한민족이라는 제한된 틀을 가지고 다른 문화의 가치관을 마주할 경우 서로의 다름으로 인해 결국 대립이 발생하기 때문이다. 고조선의 멸망 이후 우리민족은 다양한 외세의 사상내지 철학을 받아 들였다. 하지만 그때마다 그것을 무비판적으로 수용하기 보다는 그 본질은 보존하면서 동시에 우리의 토양에 맞는 형태로 탈바꿈 시켰다. 본질을 보존하면서 걸림 없이 우리의 것으로 탈바꿈 시켰다는 것은 곧 조화를 의미한다. 이러한 조화를 바탕으로 한 예로는 한국적 불교의 특징인 화쟁(和爭)과 회통(會通)과 이기(理氣)의 대립이 아닌 조화를 통해 인간의 심성론을 파악하고자 한 조선의 성리학에서 이러한 측면을 엿볼 수 있다. 뿐만 아니라 최근의 단군연구 가운데 하나인 '한의 철학적' 형태에서도 찾을 수 있으면 심지어 크리스트교적 관점을 통해 단군을 해석하려한 연구에서 조차도 분열이 아닌 조화를 통해 단군과 하나님을 하나로 통합하고자 하는 것에서도 조화의 키워드를 찾을 수 있다. 단군신화에 나타난 에토스가 조화라는 것은 단군신화에 자체적 개념인 홍익인간(弘益人間)과 재세이화(在世理化)에서도 분명히 읽어낼 수 있다.

조화는 좁게는 타자와 나 넓게는 천지인의 온 세계를 포괄할 수 있는 개념으로 동서고금을 막론하고 철학에 있어 매우 중요한 화두이며 쟁점이다. "널리 인간을 이롭게 한다."는 홍익인간의 핵심사유는 오직 인간만을 이야기하는 인간중심적 사유가 아닌 인간과 신 그리고 만물을 유기체적으로 파악하고 조화를 통해 하나로 종합하려는 것을 의미한다. 그리고 여기서 말하는 유기체적인 세계는 다름 아닌 우리가 숨 쉬고 활동하는 현세의 시간이자 공간이다. 이러한 점은 홍익인간과 더불어 언급된 재세이화에서 단초를 확보 할 수 있다. 조화와 현세 중심적인 사유는 기존 단군신화가 가지던 민족적 틀과 신화적 한계를 극복하고 전 인류적인 보편철학의 가능성을 열어둔다.

중국의 공자(孔子)는 시대적 요청에 따라 군자(君子)의 지표에서 성인(聖人)으로 그리고 심지어 신으로 추앙받기도 했다. 하지만 동시에 문화혁명 시절에는 봉건계급주의의 상징으로 탄압의 대상이 되기도 했다. 그리고 지만 지금에 와서는 다시 억압적인 중국의 이미지를 쇄신하기 위한 인문주의의 상징이 되어 다시금 경외(敬畏)의 대상으로 자리하고 있다. 우리민족이 가지고 있는 단군 또한 공자의 경우와 크게 다를 바 없다. 공자가 지금의 공자일 수 있는 까닭은 춘추전국시대 초나라 출신의 공자 아닌, 보편적 인류애(人類愛)로써 인(仁)을 주창한 인물이기 때문이다. 단군 또한 충분히 보편적 사유의 근거로서 존재할 수 있다. 분명 단군신화의 진실 여부를 탐구하고 밝히는 것은 중요한 작업이다. 하지만 한편으로 단군신화가 가지고 있는 조화와 그것을 현세에서 실현하고자 하는 태도가 인간에 대한 보편 철학적 물음으로써 가능성을 지닌다면 이 또한 연구하고 발전시켜야 할 의무가 있다. 21세기 대한민국은 한류라는 새로운 바람을 통해 문화대국으로써의 가능성을 시험받고 있다. 진정한 의미의 한류가 존재하기 위해서는 한민족이 지니고 있는 에토스를 파악하고 그것이 어떻게 문화로 나타날 수 있느냐의 철학적 접근이 이루어져야 한다. 분명 이 작업을 하는 과정에서 검증된 사료의 부재는 간과할 수 없는 부분이다. 그렇기 때문에 견강부회식의 논증으로 빠질 여지 분명히 또한 존재한다. 이 때문에 단군연구에 있어 신화적 부분은 반드시 한민족의 에토스와 사유저변에 깔린 보편성을 끌어내는 의미산출의 근거로 사용되어야만 한다.

4. 21세기 단군의 의미와 과제

21세기 한민족에 있어 단군의 의미는 소통(疏通)이 아닌 불통(不通)의 형태로 나타나고 있다. 이것은 광복이후 일제에 대항하기 위한 시대적 요청의 부재와 더불어 생겨난 단군에 대한 비판적 시각에서 비롯된 결과이다. 검증 가능한 사료가 부재로 인한 의심 혹은 외세의 사상을 정립하기 위해 단군을 의도적으로 부정하는 일련의 행위들은 마치 청말(淸末)에 일어난 고사변운동의 의고주의(疑古主義)를 연상하게 한다. 전자는 지나친 민족주의로 인해 단군조선을 지나치게 확대해석하려는 일부 연구가들에 대한 반발이라 하지만 후자는 자기 스스로 민족성을 부정하려는 아이러니한 행위가 아닐 수 없다.

하지만 그 어떤 이유를 막론하고 단군이 불통(不通)의 대상이 된다면 이것은 단군신화의 핵심이자 한민족의 고유한 에토스인 조화에 부합되지 않을 것이다. 이런 의미에서 본다면 지나친 민족주의적 관점으로 단군을 옹호하는 연구 또한 단군연구의 본래적 의미를 상실하고 지나치게 폐쇄적인 형태로 나가게 한다. 21세기 한국은 IT 강국이란 이름에 걸맞게 인터넷이란 가상공간이란 광장 속에서 자유롭게 자신의 의견을 교환과 토론이 일어나는 나라이다. 그 가운데 유독 단군에 관한 부분에 있어서만은 끊임없는 불통이 생겨난다. 그 논쟁의 중심을 들여다보면 지나친 민족주의에 기대어서 타문화까지 무차별적으로 단군조선의 아래 포섭시키려는 주장과 그것에 대해 반대하는 주장이 대립각을 세우고 있다. 문제는 이들 사이에 어떠한 소통도 이루어지지 않고 오직 비방과 무시만이 존재한다는 점이다. 이들이 이렇게 목소리를 높이는 배경에는 직간접적으로 기존 학자들의 연구결과들이 자리하고 있다. 문제는 고고학적 사료의 부족으로 인해 이들을 증명할 방법이 요원하다는 점에 있다. 하지만 비전문가인 일반인들에 있어 연구자들의 결과물은 이미 사료 이상의 당위성을 부여한다. 앞서 말했듯이 단군이 가지는 에토스는 조화이며 소통이지 결코 불통이 아니다. 일반인들이 가지는 단군의 배타성과 지나친 민족주의적 관점을 해소하기 위해서는 단군신화 가운데 녹아있는 조화의 키워드를 단군연구의 중심과제로 삼아야 할 것으로 여기진다. 그리고 그 중심과제가 비록 조화가 아닐지라도 단군연구의 방향은 반드시 민족이나 지역적 한계를 벗어나 보편적 철학의 가능성을 그 대상으로 삼아야 할 것이다.

/ 참고문헌 /

『상서』「주서」

신채호, 『조선상고사』; 단재 신채호기념 사업회(1997), 『신채호전집』.

윤이흠 외(1994), 『단군 – 그 이해와 자료』, 서울대학교출판부.

고조선단군학회(1999), 『고조선단군학』 창간호.

안호상(1996), 『민족사상과 정통종교의 연구』, 민족문화출판사.

왕빈(1980), 『신화학 입문』, 금란출판사.

한용환(1999), 『소설학 사전』, 한용환, 문예출판사.

이을호(1986), 『한 思想의 苗脈』, 思社硏.

한국학중앙연구원(2010), 『한국민족문화대백과』

단군학회지음(2005), 『단군과 고조선 연구–남북학자들이 함께 쓴』, 지식사업사.

김일권(1995), 「"단군론"의 역사적 변천 연구」, 서울대학교 석사논문. 1995

김주실, 「20세기 한국의 단군 연구와 최근의 경향」『차세대 인문사회연구』 2권, 동서대학남명진(2002), 「壇君神話에 나타난 韓國人의 原初的 人間觀」『동서철학연구』 제26, 한국동서철학회.교 일본연구센터.2006

선우미정, 「교육이념인 홍익인간의 유교철학적 고찰」『동양철학연구』 70집, 동양철학연구회

신철균(1982), 「민족화합의 통일철학으로서의 '한' 사상 소고」『한국철학

연구』 12, 해동철학회.

이현이(1990),「朝鮮朝에 있어서 壇君의 認識」『석당논총』 16권, 동아대학교 석당학술원.

이승환,「唐君毅的人文宗教思想研究」『중국학논총』 32집윤종빈(1995),「壇君神話에 나타난 韓國人의 人間理解」『유학연구』 제3집, 충남대학교 유학연구소.

유남상(1977),「한국 고대 사상에 나타난 인본정신」『새마음 논총』 창간호, 충남대 새마음연구소.

윤승준,「六堂 崔南善의 '壇君論'研究」『인문학연구』 37집

허호익,「단군신화에 대한 기독교적 이해」『한국기독교신학논총』 20집

윤성범(1972),「한국인의 신 관념 생성」『한국적 신학』, 선명문화사.

선우미정,「교육이념인 홍익인간의 유교철학적 고찰」『동양철학연구』 70집, 동양철학연구회전도웅,「한국 무교와 교육사상」『용인대학교 논문집』 2집, 용인대학교전연경(1963),「소위 전이해와 단군신화」『기독교사상』, 8~9월, 대한기독교서회.

남명진(2002),「壇君神話에 나타난 韓國人의 原初的 人間觀」『동서철학연구』 제26, 한국동서철학회.

이현이(1990),「朝鮮朝에 있어서 壇君의 認識」『석당논총』 16권, 동아대학교 석당학술원.

윤종빈(1995),「壇君神話에 나타난 韓國人의 人間理解」『유학연구』 제3집, 충남대학교 유학연구소.

유남상(1977),「한국 고대 사상에 나타난 인본정신」『새마음 논총』 창간호, 충남대 새마음연구소.

윤승준,「六堂 崔南善의 '壇君論'研究」『인문학연구』 37집

이승환,「唐君毅的人文宗教思想研究」『중국학논총』 32집

김서인(1952), "檀君論"「신앙생활」11-3 ; (1976),『김인서 저작전집』, 5권, 교문사.

허호익,「단군신화에 대한 기독교적 이해」『한국기독교신학논총』 20집

윤성범(1972),「한국인의 신 관념 생성」『한국적 신학』, 선명문화사.

박종천(1991),「한국인의 신 관념 생성」『상생의 신학』, 한국신학연구소.

전연경(1963),「소위 전이해와 단군신화」『기독교사상』, 8-9월, 대한기독교서회.

신철균(1982),「민족화합의 통일철학으로서의 '한' 사상 소고」『한국철학연구』 12, 해동철학회.

전도웅,「한국 무교와 교육사상」『용인대학교 논문집』 2집, 용인대학교

선우미정,「교육이념인 홍익인간의 유교철학적 고찰」『동양철학연구』 70집, 동양철학연구회

2부

동양철학과 현대사회

2부

동양철학과 현대사회

6장

유학의 경영철학

1. 유교자본주의를 넘어서

유교사상은 현대사회에서 어떠한 방식으로 사회적 기능을 할 수 있을까? 공자는 당시의 예악이 붕괴되는 현실 문제(勢)를 철학적 사유를 통해서 해결하고자 하면서 그 대안을 仁(理)에서 찾고자 한다. 그리고 공자는 인(理)에 근거해 현실의 문제(勢)에 호응하고자 한다. 그래서 그는 군주가 도덕규범에 근거해 국가를 경영할 때 당시 붕괴되어진 禮樂의 이상적 국가를 완성할 수 있다고 본다. 공자는 "백성들을 법제로써 인도하고, 형벌로써 다스리면 백성들이 형벌을 면하기는 하나 부끄러워 할 줄은 모르고 덕으로 인도하고 예로써 다스리면 부끄러워하는 마음이 있고 선한 일도 하게 된다"[195]라고 하였다. 그래서 공자의

195) 『論語』「爲政」, "子曰 道之以政, 齊之以刑, 民免而無恥. 道之以德, 齊之以禮, 有恥且格"

사상은, 철학적 측면에서는 인이 근본(體)이고 국가 경영이 말단(用)이 되겠지만, 사회적 기능이라는 측면에서 보면 국가경영이 근본(體)이고, 仁은 그것을 실현하기 위한 수단(用)이 된다는 두 측면으로 이해될 수 있다. 공자의 유학은 중국의 魏晉시대에 당면한 문제를 해결하기 위해 도가와 융합되면서 전개되어졌고, 宋明시기에는 불교와 도교의 도전을 받으면서 새롭게 해석되었고, 근대에는 서구의 문화와의 관계 선상에서 논의되어졌다. 이와 같이 유학의 전개과정을 보면, 유학은 항상 그 시대와 호응하면서 발전되어 왔다. 유학자는 자신이 직면한 현실 문제에 대해 우환의식을 지니면서 현실 문제를 합리적으로 해결하고자 함을 사명감으로 삼았다. 그렇다면, 오늘날 유학 또한 현실 문제를 자신과의 아무런 관계가 없는 書生의 학문적 태도에서 벗어나 현실에 대해 적극적으로 호응해야 한다.

그러나 아쉽게도 현대사회의 유학자나 유학연구자가 유학함의 의미를 몇몇 유학자의 이론을 탐구하거나 또는 유학을 단지 추상적이고 형이상적인 내용만을 다루어야 하는 것쯤으로 인식하고 있다. 그러나 유학사를 살펴보면 아무리 추상적이고 관념적인 철학일지라도 그것 자체는 유학자가 살아가고 있는 현실 인식에 대한 철학적 대안에 불과하였다. 오늘날 유학이 추상적이고 현실성이 없어 보이는 것은 바로 그들의 유학연구가 이웃이 아파하고 고통스러운 현실을 배제했기 때문이라 할 수 있다. 만약 유학이 현실에서 출발해야 한다면 오늘날 우리의 현실을 어디에서 읽어야 할까? 우리 현실을 여러 측면에서 읽을 수 있지만 현대 사회를 가장 잘 읽을 수 있는 도법인 경영을 통해서 현실적 문제에 접근해야 한다고 본다.

오늘날 자본주의는 극도의 발전을 이룩하고 있다. 기업은 현대 자본주의에서 가장 거대하고 핵심적인 조직체이다. 그러나 기업은 자본주의의 핵심적인 주체가 되면서 효율의 극대화를 그들의 목적으로 삼고 있으며 인류에게 상상할 수 없을 정도의 물질적인 풍요로움을 안겨다 주었다. 이러한 물질적인 풍요로움의 동인은 산업구조나 경제논리에서도 찾아질 수 있지만, 더 근본적인 동원은 이념에서 찾아져야 한다. 막스, 베버와 독일의 사회비판이론가들은 서양 근대화를 이성의 합리화 과정으로 설명하고 있다. 이런 합리화의 실제 과정은 자본주의와 관리체제에서 가능한 모든 수단을 활용하여 이윤을 극대화시키기 위한 도구적 합리성이다. 이런 도구적 합리성은 인간 조직도 또한 기업의 효율성을 위한 수단으로 전락시키고 있다. 그래서 만물 중에서 가장 고귀하다고 평가되는 사람의 존재도 사용하다가 효율성이 떨어지면 헌신짝 버리듯이 버리는 것이 오늘날 경영이다. 이는 실제로 경영학 이론에서 분명히 잘 나타나고 있다. 경영학자들은 조직이론에 관한 수많은 경영이론을 내 놓고 있지만 대부분은 바로 이윤의 극대화를 목적으로 삼을 뿐이지 그 방법에 대한 정당성을 묻고 있지는 않다.

현대 기업경영이 인간을 대상화하고 사물화하고 있음에도 불구하고 그들이 목적 즉 이윤과 효율성을 달성했다고 해서 모든 것이 정당화될 수 있는가? 목적과 수단의 정당성을 고려하지 않고 경영에서 성공했다는 것은 어떻게 보면 마치 전쟁에서 승리한 뒤 그 전쟁이 부당한 전쟁이었음을 깨닫는 것과 같다. 경영학이 이와 같이 극단적인 상황으로 나아가고 있는 것은 경영학에 대한 철학적 반성이 결여되어 있기 때문이다. 과연 인간의 바람직한 삶은 무엇이고, 그리고 타자를 어떻게 대해야 하는가? 그리고 바람직한 이윤은 무엇인가? 하는 점에 대해 충분한 철학적 검토가 필요하다고 본다.[196] 이와 같이 경영학이 지혜와 가치를 통해서 무엇이 진정한 이윤이며 또한 어떤 조직관리가 과연 바람직한 것인가에 대해 반성해 볼 때, 현재 겪고 있는 위기를 극복하고 인류전체의 발전에 이바지할 수 있다.

---

196) 이해창, 「경영철학과 유학적 발상」, 『경영연구』(제25권. 제2호), 1991년, p7.

2. 유학사에서 경영의 의미

유학은 바로 위와 같은 현실에 대한 냉철한 인식에서 출발해야 한다. 자본주의 체제의 효율성의 논리가 天倫의 논리를 지배하면서 자식이 부모를 해치고, 부모가 자식을 버리게 만들고 있다. 이러한 도구적 이성의 비도덕성에 대해 이미 서양에서 많은 비판이 쏟아지면서 다양한 대안들이 제시되고 있다. 유학도, 서구의 도구적 이성에 대한 비판과 대안을 서구의 몫으로만 돌리기보다는 유학 내부에서 모색해 볼 필요가 있다.

유학사에서 보면, 유학은 결코 상업 활동을 부정하지는 않았다. 사마천(史馬遷)의 『史記』 「貨食列傳」에는 공자의 제자 중에 子貢이 바로 유가적 소양을 가진 상인이라는 점에서 子貢 또한 '유상'이라고 불러질 수 있을 것이며, 공자 또한 상업인으로서의 자공을 높이 평가하고 있다는 점에서 유가사상은 결코 상업을 결코 부정하지는 않았음을 알 수 있다. 이와 같다면 중국전통사회에서의 유상이 오늘날 서구의 자본주의의 기업과는 분명한 차이가 존재하겠지만, 유교가 상업 자체를 부정한 것은 아니다. 그렇다면, 유학은 오늘날 자본주의 체제에 대한 비판은 상업행위 자체보다는 자본주의 기업의 경영방식에서 찾아져야 할 것이다.

현대 경영은 일반적으로 경제주체의 목적을 합리적으로 달성하기 위해 계획수립, 조직구성, 지휘통솔, 통제라는 네 가지 단계가 순환적으로 이루어지는 일련의 과정으로 구성되어진다. 네 개의 순환적 과정에 보편적으로 적용되는 개념이 바로 '의사결정(意思決定, Decision-marking)'이다. 이것은 바로 현대 경영관리에 가장 필수적인 요소이면서 경영관리의 전제라고 할 수 있다. 이런 의미에서 최근 경영학에서는 경영의 본질을 의사결정으로 귀결하고 있는 실정이다. 우리는 한보스캔들을 통해서도 알 수 있듯이 최초의 의사결정이 잘못되면 그에 수반되는 후속의사결정들이 엉망진창이 되어 결국 도태되어지는 경우를 쉽게 볼 수 있다. 이와 같이 기업경영의 성패는 바로 의사결정능력에 의해 좌우된다. 그래서 경영에서 의사결정이 과연 어떠한 가치관에 의해서 이루어지는가 하는 문제는 어떠한 경영을 추구하는가를 결정짓는 요소이다. 실제로 기업경영에서는 이러한 의사결정의 잣대를 바로 개인의 이익과 조직의 효율성에 두고 있기 때문에 문제가 발생한다고 볼 수 있다. 이와 같이 의사결정이 개인의 이익과 조직의 효율성을 얻게 위한 의사결정은 과연 정당할 수 있는가?

현대 경영은 크게 두 가지로 분리될 수 있다. 그 하나는 경영의 철학적 기초이고, 다른 하나는 경영의 구체적 응용이론이다. 전자가 경영철학에 해당된다면, 후자는 구체적이고 효율적인 경영관리제도와 전략이 여기에 해당된다. 경영철학은 경영자의 결정태도를, 그리고 경영관리전략은 경영자의 관리태도를 형성하게 된다.[197] 그리고 경영자의 경영태도는 경영자의 철학형태에 영향을 받게 된다. 경영제도와 전략은 경영관리자의 철학의 차이로 인해 다르게 나타날 수 있다. 예를 들면 기업의 잉여를 질료라고 볼 때 기업 경영자는 그것을 사용하여 직원의 작업환경, 직원대우를 개선하거나 생산규모를 확장할 수도 있고, 재투자에 사용할 수 있을 것이다. 이와 같이 경영철학은 기업경영인에 따라 다르게 정의되고 있지만 일반적으로 경영자의 신념과 이상이다. 경영인은 이를 통해 자신의 경영 행위에 정당성을 보장받고자 한다. 정당성이란 전체사회의 공유된 가치에 의한 평가를 통해 자신의 행동 또한 자신의 생존할 권리로 인정받는 것을 말한다.[198] 어떤 기업이 사회적 정당성을 잃게 되는 경우는 기업이 사회적 기대에 미치지 못한 경우에 발생한다. 그러나 경영에서의 철학이란 단지 기업가의 이윤을 정당화 시켜 주는 하나의 기제로만 작용할 뿐이다. 이와 같이 현대 경영에서는 바로 철학의 결

197) 曾仕强, 『中國的經營理念』, 聯經, 1985, 1~3쪽

198) 신유근, 『한국의 경영』, 박영사 1993, 774쪽

핍이라고 볼 수 있다. 그래서 유학은 바로 현대 경영 그 자체에 대한 비판하기 보다는 바로 그 경영철학의 부재에 두어야 할 것이다. 이러한 측면에서 볼 때 현대 경영은 분명한 한계성을 지니고 있으며, 경영의 철학 부재가 현대사회에서 다양한 문제를 초래할 수 있다.

유교는 한(漢)나라 왕권의 지지를 받으면서부터 중국을 비롯한 동북아 전통 사회에서 오랜 기간 동안 주도적인 역할을 담당해 왔다. 하지만 유교는 발생 초기인 춘추전국(春秋戰國)시기에도 주도권을 잡았던 것은 아니다. 오히려 법가에게 밀려 패배의 쓰라림을 맛보았다. 이러함에도 불구하고 한(漢)나라는 왜 유교만을 선택하였는가? 당시 한 무제(漢武帝)는 진시황이 법가식 경영을 받아 들여 중국의 패권을 장악할 수는 있었지만 그 강압통치로 인해 15년의 짧은 생명을 마감하는 것을 보고 유교식 경영술을 선택하였다. 그러면 유교식 경영식과 법가식 경영은 어떤 차이가 있기에 한 무제는 유교를 선택했는가? 법가는 조직을 효율성에 근거해서 관리해야 한다고 보고, 경영전략으로 제도(法), 권력(世), 전략(術) 등을 매우 강조 하였다. 이에 비해 보면 유교 또한 경영전략을 중시하지만 그것은 반드시 철학에 근거해서 운용되어야 한다고 말한다. 일반적으로 유교의 경영이론은 도(道)와 기(器)로 나누어 설명한다. 이를 현대경영 용어에서 말하면 도(道)는 철학적 기초가 되고, 기(器)는 경영전략으로 분류되어진다. 그러나 유학에서는 이 양자를 분리시키지 없고 항상 결합되어진 형태로 존재한다. 그래서 철학적 기초는 경영전략에 대한 정당성을 부여해 주고 경영전략은 유교의 이념(철학)을 효율적으로 실현시켜주는 수단으로 설명된다. 이런 철학과 경영전략이 유기적으로 작동하면서 유교가 전통사회에서 그 우수성을 증명해 보였다. 이는 역대 군자들의 유학공부에서도 알 수 있다.

중국과 조선의 군주들 대부분은 유교 경전을 늘 자신의 곁에 두고 시간이 날 때마다 읽었다고 한다. 중국 역사상 최고의 성군(聖君)으로 칭해지는 강희제(康熙帝)는 성리학에 심취해서 유교적 이념을 국가 경영에서 실천하려고 노력하였고 그의 학문에 대한 열정은 병석에 누웠을 때도 유교 경전을 손에서 놓지 않았다고 한다. 조선의 정조(正祖) 또한 자신이 유학의 전수자임을 선언할 정도로 유학 경전에 박식하였고, 그의 학문은 성리학의 집대성자인 주자(朱子)의 대학 주석에 대해 이의를 제기할 정도였다. 이외에도 중국과 조선의 역대 군주 중에 치국(治國)을 잘했다고 평가되는 군주는 대부분 유교적 이념에 충실하였다 그들은 개인 수양과 유교 경전을 통해 철학적 지혜를 쌓고 자신의 경영행위에 대한 정당성을 확보하고자 하였다. 이와 같이 유교의 경영이 결코 자본주의 체제의 기업 경영이 아니라 국가 경영이라고 하더라도, 경영 자체가 조직을 원활하게 통치한다는 점에서 유사한 점이 있다고 볼 수 있다. 실제로 이러한 유가의 경영은 18세기 유럽에서도 그 경영전략에 대해 높은 평가를 받은 적이 있다. 유교식 경영의 우수성은 서양 근대 철학자의 한 사람인 라이프니쯔도 제기한 적이 있다. 라이프니쯔는 〈최신 중국 사물〉에서 "중국인의 삶과 일상적 습속에 적용되는 윤리와 국가를 다스리는 경영술은 서양보다 훨씬 능가하다. 유가의 치국術이 얼마나 훌륭하게 중국 전체의 안녕과 질서 구축을 성공적으로 하고 있는가에 대해서는 서양인의 지식으로는 접근하기 어려울 정도로 우수하다."고 한다. 여기서 라이프니쯔가 유가의 '경영철학'에 대해서는 구체적으로 언급하고 있지 않지만 윤리와 경영술을 함께 언급하고 있는 것으로 보아 그는 경영과 철학을 분리시키지 않음을 알 수 있다. 유교식 경영의 우수성은 중국의 역대 군주와 조선의 군주들 대부분이 성왕(聖王)이 되기를 희망했있다는 점에서 알 수 있다. 성왕은 유교의 '내성외왕(內聖外王)'의 준말이다. '내성외왕'은 안으로는 철학체계를 확립하고 밖으로는 조직을 경영한다는 의미로 해석되어진다. 이 개념에서 유교는 철학의 목적을 경영에 두고 있음을 알 수 있다.

3. 유학에서 경영철학과 경영전략

경영철학은 현대 경영학이 발전하면서 형성된 개념이다. 현대 경영이론의 아버지라 불리는 테일러(F.W.Talor)는 그의 대표저작인 『과학과학원리』에서 "과학관리는 기본적으로 광범위하면서도 일반적인 몇 개의 원칙 또는 철학으로 이루어져 있다"[199]고 밝히고 있다. 그러나 그는 그 광범위하게 응용할 수 있는 철학이 무엇인가에 대해서는 구체적인 언급이 없다. 그러나 그의 저서의 전체 내용을 볼 때 과학관리에서 효율성을 관리원칙으로 삼고 있고, 또한 당시 미국사상계의 실용주의 철학과 그 기본정신이 동일한 것으로 보아 그의 관리철학은 실용주의에서 찾아 볼 수 있다. 이후 쉘돈(Sheldon, Oliver)은 그의 경영철학에서 경영기술원칙을 경영철학으로 보고, 데이비스(Davis, R. C)는 자유기업체제와 그 근저에 있는 사유권을 보호하기 위한 사상적 근거인 자유주의이론을 경영철학으로 보고 있으며, 맥그리거(Dougls McGregor)는 인간관(Y이론)을 경영철학으로 보고 있다. 이와 같이 경영철학의 의미에 대해서는 경영이론자에 따라 다르게 정의되고 있지만 일반적인 의미는 경영자의 신념과 이상이다. 경영인은 이를 통해 자신의 경영 행위에 정당성을 보장받고자 한다. 정당성이란 전체사회의 공유된 가치에 의한 평가를 통해 자신의 행동 또한 자신의 생존할 권리로 인정받는 것을 말한다.[200] 어떤 기업이 사회적 정당성을 잃게 되는 경우는 기업이 사회적 기대에 미치지 못한 경우에 발생한다. 그러면 이런 사회적 기대는 궁극적으로 바로 세계의 보편성에 찾아야 한다. 유학은 이런 보편성을 바로 萬物萬事를 포괄하는 道에서 찾고 있다. 그리고 道 또한 현실에

199) F.W. Talor, The Principle of Scientific Management, New York, 1967, P.32, 박진우 역, 『과학적 관리의 원칙』 박영사, 2004, 32쪽

200) 신유근, 『한국의 경영』, 박영사 1993, p.774

서 제도와 규범에서 실현되어야 함을 강조한다.

유교는 '인간이 어떻게 살아가야 하는가?'를 학문의 궁극적 목적으로 보고, 그 근거를 인간의 본성과 우주의 법칙에서 찾는다. 그리고 이를 도(道)로 표현하면서 경영의 지침으로 삼는다. 그래서 여기서는 우선 우주의 도에 근거해서 경영의 바람직한 모델을 간단하게 논의해 보자. 유교사상에서는 인간은 우주의 일부분이기 때문에 인간의 조직구조 또한 우주의 모형을 따라야 한다고 본다. 그들은 우주를 크게 하늘과 땅으로 구분하고, 하늘을 陽으로 상징하고 땅을 陰으로 상징한다. 그래서 음과 양의 속성은 서로 다르다. 양은 창조 · 주도 · 관리의 속성을, 음은 완성 · 피동 · 고용의 속성을 지니게 된다. 하지만 다른 한편에서는 음양은 서로 결합해 음은 양을 자신의 존재근거를 삼고, 양은 음을 자신의 존재근거로 삼는다. 그러나 음양의 결합은 음과 양의 차이성에 의해 가능하며, 또 음양의 차이는 항상 양자의 결합을 지향해야 하는 관계로 설명하고 있다. 이와 같이 모든 사물은 자신의 본분을 다하면서도 다른 한편으로는 타인과의 감응을 통해 전체조직의 조화를 추구한다. 이러한 음양의 관계 원리를 기업의 경영체제, 경영목적, 노사관계 등에 운용할 수 있을 것이다. 기업에서 경영인과 노동자 모두 자신의 직분의 차이를 인식하면서도 상대방을 자신의 존재 근거로 받아들인다면 조직 전체가 조화롭고 평화롭게 될 것이다. 이와 같이 어떤 조직의 경영행위이든 이런 음양의 방식에 의해서 운용된다면 그것은 도를 체현하고 있는 것이며 또한 정당하다고 본다.

형이상을 道라 하고 형이하를 器라 한다.[201)]

유학에서는 경영철학과 경영관리의 관계를 道와 器, 內聖과 外王, 體

201) 『주역』. 「계사전」

와 用의 범주체계로 설명한다. '道', '內聖', '體'가 바로 자연과 인간에 관통하고 있는 보편적 규율이라면, '器', '外王', '用'은 구체적 운용이론으로 설명할 수 있다. 이런 관계범주 중에서는 內聖外王의 道는 경영인이 자신의 세계관과 인간관에 근거해 세상을 경영해야 한다는 것을 의미한다. 유가의 성인은 인간, 자연, 사회, 경제를 어우르는 시각, 공익정신이 투철한 실천가, 청렴한 도덕성, 민족의 가난을 해결하고자 한 우환의식, 시대를 꿰뚫어 보고 미래를 직시한 통찰력을 지니고 있었다고 평가해 볼 수 있으며, 또한 器의 관점(경영전략과 지식)에 있어서도 공학도적인 정확성 지닌 리더, 인도주의적인 경영전략, 세계경제의 흐름에 대한 파악, 개척정신, 호연지기, 새로운 재화의 생산 등을 통해서 실제로 한국의 경제적 빈곤에서 탈출하게 해 줄 수 있는 능력을 갖추어야 한다. 유교에서 성인은 "백성들에게 은혜를 베풀어 많은 사람을 구제하는 것에 있다는 공자의 언급에서도 알 수 있다. 유학의 성인은 현실적인 문제, 즉 백성을 물질적이고 정신적인 측면에서 건강한 사회를 건설하고자 함에 대해 걱정하는 마음에서 시작한다고 볼 수 있다.

성인은 결코 자신의 고결한 도덕성을 보존하는 차원을 넘어서 현실의 문제를 고민하고 이를 해결하기 위한 전략과 실천성을 지니고 있어야 한다. 주자는 「대학장구」에서 유학의 핵심이념을 '全體大用'에서 찾고 있다. 주자는 인간의 도덕심에 갖추어져 있는 仁의 本體와 그 本體의 발현으로 愛가 萬事에 적응하는 大用을 함께 논하고 있다. 이는 그의 사상이 단순히 仁의 本體만을 강조하는 것이 아니라 그것이 구체적인 현실에서 어떻게 적용되어야 하는가 하는 문제 또한 매우 중시하였음을 알 수 있다. 주자는 도덕성의 실현은 반드시 특정한 제도를 통해서 실현되어야 한다고 본다. 그렇지 않고 단지 도덕성만을 강조하게 되면 불교와 같이 공허한 사랑에 그칠 가능성이 높을 뿐만 아니라 또한 제도가 가진 효율성만을 강조하게 되면 그 효율성의 정당성을 지닐 수 없다고 본다.[202] 그래서 주자는 유가가 추구하는 인류애(全體)는 바로 제도 또는 사업의 형태(大用)로 드러내야 실제적인 효과가 있다고 보았다. 실제로 유교에서 자주 거론되는 皇帝는 원시사회 당시에 필요한 집, 옷, 배나 생활에 필요한 것들을 발명하였고, 倉詰은 문자를 만들었으며, 禹임금은 물을 잘 다스린 성인으로 칭해 지고 있다. 우임금은 치수를 위해 13년 동안 집을 나가 있었는데, 그 사이 세 번이나 집 앞을 지나갔지만 한 번도 집에 들르지 않았다고 한다. 이와 같이 유학에서의 성인은 백성을 사랑하는 마음을 실천하기 위해 백성들의 현실적 문제를 해결해 주는 실천적인 능력을 지니고 있어야 한다. 그러나 그들이 처한 현실문제가 다른 이상, 그들의 治積 또한 다를 수밖에 없다. 동양에서 유행한 양명학은 도덕적 실천과 실용을 매우 중시한 학파이다. 양명학에서는 그 당시의 관방정치의 유교적 이데올로기를 부정하면서, 士農工商의 동양적 신분관계를 철저하게 부정하였다. 그래서 양명학파는 성인 또한 그 이전의 일부 도덕군자나 사대부 계층만이 될 수 있다는 기존 입장을 부정하고, 상인, 공인, 그리고 농민들도 비록 유학을 전문적으로 공부하지 않았다고 하더라도 도덕성에 근거해서 자신의 영역에서 성공할 수 있다면 그들 또한 성인이 될 수 있다고 주장하였다. 그래서 그들은 유가의 성인 개념은 바로 도와 기의 결합되어진 형태의 성인 관념을 제시하게 된다. 유가에서의 성인은 도의 파악과 체득에 머무르지 않고 그러한 도를 구체적인 영역, 즉 농업, 상업, 공업 등에서 실현할 수 있어야 한다고 보면서, 도덕성만으로는 성인으로 볼 수 없음을 누차 언급하였다.

위에서 살펴본 바와 같이 유가에서의 성인은 단지 도덕성을 함양한

---

202) 『朱子集』, 「卷三十五」, 四川教育出版社, 1996年版, 致劉淸之, 近年道學外面被俗人攻擊, 裡面被吾黨作壞. 婺州自呂伯公死後, 百怪都出, 至如呂子約別說一般差異底話自, 全然不是孔孟規模, 卻做官商見識, 令人駭歎. 然亦是伯恭自有些拖泥帶水, 致得如此, 又令人追恨也. 陸子靜一味是禪, 卻無許多功利術數, 目下收斂得學者身心不爲無力, 然其下稍無所依據, 恐亦未免害事也.

이상적인 인격자만이 아니라 현실에서 백성들이 안고 있는 물질적 문제나 경제적 문제 등을 해결할 수 있는 능력을 구비할 수 있어야 한다. 이와 같음에도 불구하고 현대의 경영에서와 같이 단지 효율성만을 강조하는 경영전략은 단기적인 이익을 얻게 해 주실 있다고 하더라도 지속가능한 발전을 할 수 없게 된다. 공자 또한 상업인으로서의 자공을 높이 평가하고 있다는 점에서 유가사상은 결코 이익을 결코 부정하지는 않았다. 이는 선진유학자들의 다음과 같은 말에서도 알 수 있다.

> 부와 귀는 사람이 하고자 하는 바이다. 그 도로써 하지 않으면 처하지 않는다. 가난함과 천함은 사람이 싫어하는 바이다. 그러나 그 도로써 얻지 못하면 제거하지 않는다.[203)]
> 의로움과 이익은 사람들이 모두 가지고자 하는 것이다. 요순이라도 백성들의 이익을 제거할 수 없다. 하지만 이익을 추구함이 의로움을 좋아함을 이길 수 없다. 걸주이라도 하더라도 백성들의 의로움을 제거할 수 없다. 하지만 의로움을 좋아함을 이익을 추구함을 이길 수 없다.[204)]

위의 구절에서도 알 수 있듯이 유학은 사람들의 경제적인 이익을 인정하고 있음을 알 수 있다. 여기서 유학자들이 강조하고자 한 것은 바로 이익에 대한 정당성(義)이다. 그래서 유자들은 仁義를 버리고서 자기의 명성과 이익을 성취할 수 없음을 수차 강조하였다. 주자는 "공자가 이익을 드물게 말한 것은 대개 오로지 이익만 말하고 싶지는 않았던 것이다.

---

203) 『論語』「里仁」: 富與貴, 是人之所欲也; 不以其道得之, 不處也. 貧與賤, 是人之所惡也; 不以其道得之, 不去也.

204) 『荀子』「大略」: 義與利者, 人之所兩有也. 雖堯舜不能去民之欲利, 然而能使其欲利不克其好義也. 雖傑紂亦不能去民之好義, 然而能使其好義不勝其欲利也.

사람들이 단지 이익만 쫓아 구할까 두려워해서이다."[205]라고 하여 유학에서 이익만을 강조하지 않은 것은 정당성 없는 이익만을 추구할까 두려워해서이지 결코 이익 자체를 부정한 것은 아님을 알 수 있다.

4. 유학에서 상인의 지위

유상은 중국 역사상에서 이미 존재하였지만 사람들에게는 크게 주목을 받지 못한 사회현상이다. 그 이유는 중국전통사회에서는 상인을 가장 천한 계층으로 간주하였기 때문이다. 그러나 유학은 앞에서 언급한 바와 같이 공자가 상인을 천한 계층으로 간주하고 있지 않음에서도 알 수 있듯이 유학 자체는 결코 상인을 부정하지는 않았다. 이러한 士農工商의 계층 구분은 실제로 '陽儒陰法'의 유교적 전제주의에 기인한다고 볼 수 있다. 상업억제 정책은 유가에 의해서 시작한 것이 아니라 "戰國 시대의 법가인 상앙에서부터 시작되어 진시황이 중국을 통일한 뒤 상인과 그 자손들을 죄인처럼 취급하여 변경지방으로 유배 보내기도 한 사실을 통해 법가와 관련 있음을 알 수 있다. 漢代에 이르러 상업억제 조치를 취하면서 사적인 상업 활동을 금지하였다. 이 밖에 정부는 의도적으로 사회적 지위를 낮추어 그들이 비단옷 입는 것을 허용하지 않았으며, 차나 말을 타는 것도 허용하지 않았고, 관리가 되는 것도 허락하지 않았고, 토지의 구매도 금하였다." 唐代 이후에는 상업억제 정책이 금지의 범위가 확대되어 사적인 판매가 수량을 넘은 자는 극형에 처하기도 하였다."[206] 전통적인 권력자가 상인을 확대한 이유에 대해 鄭

205) 『朱子語類』, 「券68」: 孔子所以 "罕言利" 者, 蓋不欲專以利爲言, 恐人只管去利上求也. 去僞.

206) 정인재, 「유상 - 중국상인의 신뢰와 윤리」, 『기업윤리연구』 제6집, 2003, p. 119~120.

德勝은 첫째, 경제 발전이 제한되어져 상업의 적극적인 작용을 알지 못하고 단지 농경만이 생산 활동인 시대에, 농경이외의 모두 기교적인 것에 속한다고 생각하였기 때문이다. 둘째, 전제황권이 상인세력의 팽창이 자신을 위협할 수 있다는 우려에 의해서 상업억압 정책을 폈으며, 셋째, 농경이 힘만 많이 들이면서도 소득이 적은데 반해 상업은 힘을 들이지 않고 많은 이익을 거둘 수 있기 때문에 백성들이 상업 활동에 적극적으로 참여하게 되면 농업종사자가 상대적으로 줄어들 뿐만 아니라 流民이 발생하여 통치하기 어렵다고 생각하였기 때문으로 본다.[207] 이와 같이 전제황권은 통치를 위해 공적인 활동을 중시하면서 사적인 상업 활동을 억압하였다. 상업은 사적인 활동임으로 사적인 활동이 공적인 활동을 해쳐서는 안 된다는 관념에서 나온 것이다. 이와 같이 사농공상은 전제황권의 통치와 관련이 있는데도 불구하고 유가 사상인 것처럼 간주되어지고 있다.

余英時는 명대 중기부터 유상들이 크게 주목을 받게 되었다고 본다.[208] 명대 중기에 중국의 상업 발전은 그 어느 시대보다 발달하였다. 그 원인으로는 사회생산력이 발달하였다는 경제적 분석이외에 인구의 증가와 유학자들이 관료로써 진출할 수 있는 기회가 적어지면서, 유학자가 상업에 종사하는 자의 수가 증가하였기 때문으로 보고 있다. 이 때 유학적 소양을 갖춘 상인을 '儒賣'라고 불렀다. 그 대표적인 '유매'집단으로 晉商과 徽商이 유가의 윤리도덕을 상업에 응용한 모델로 보고 있다. 당시 유학을 공부하는 선비로서, 상업의 길로 나아가는 사람들이 많아졌고, 그들은 유교의 가르침에 따라 장사를 하면서 유학자 못지않은 자부심을 가지고 있었다고 주장한다. 이러한 사상적 기초를 양명학의

207) 張德勝, 『儒商與現代社會..義理關契的社會學之辨』, 南京大學出版社, 2002. p. 69.

208) 余英時 著, 鄭仁在 譯, 『중국근세종교윤리와 상인정신』, 대한교과서주식회사, 1993. p.181.

心學이 제공해 준 것으로 보고 있다. 그는 心學이 모든 사람들이 四民(사농공상)이 직업을 달리하고 있으나 그 道를 같이 하였으며, 그들이 마음을 극진히 한 것은 동일하다. 선비는 이 도를 가지고 수양하고, 통치하였으며, 농부는 이 도를 가지고 모두 농사를 지었고, 노동자 기술자는 이 道를 가지고 도구를 만들었고, 상인은 이 道를 가지고 재화를 유통시켰다. 제각기 그 자질이 가까이 당기는 곳과 자기 힘이 미치는 곳에 나아가 생업에 종사하고자 하였다. 그래서 四民은 직업을 달리 하면서도 유가의 道에 의거한다는 점에서는 같다고 보았다.[209]

전술한 바와 같이 인간 또한 음양(남여)의 법칙에 의해 태어났으며 그 법칙을 본성으로 삼는다. 그러나 인간에게는 누구나 관계본성만 있는 것이 아니라 타인의 존재를 부정하고 자신만을 위한 본성 또한 존재한다. 전자는 도덕본성으로 보고, 후자는 신체적 욕망으로 본다. 그래서 유학은 항상 기질적 욕망을 극복하고 도덕본성을 실현해야 하고, 도덕본성에 근거해 행위를 해야 한다고 주장한다. 이런 의도에서 유교는 수기치인(修己治人)을 이념으로 삼는다. 유교에서는 인간은 도덕 주체에 의해 사사로운 욕심을 억제해 도덕 본성을 실현시키도록 잘 경영(통솔)해야 한다고 보는데, 이 경영과정을 수기(修己)로 본다. 자기 경영을 통해 도덕성을 실현한 후에 비로소 타인을 경영할 수 있다고 보고, 이 경영 과정을 치인(治人)로 본다. 그래서 유교는 자기 경영을 타인 경영의 전제 조건으로 삼고 있기 때문에 자기 경영의 여부가 타인 경영의 정당성을 결정짓게 된다. 유교사상에서는 자기 경영에 의거하지 않고 사사로운 욕심을 위해 타인을 경영한다면 그것은 정당하다고 할 수 없을 뿐만 아니라 효율적이지도 못하다고 본다. 맹자가 말하기를 "만약 당신(왕)께서 어떻게 하면 내 나라에 이익이 될까? 하는 것만을 생각하시

209) 余英時 著, 鄭仁在 譯, 『중국근세종교윤리와 상인정신』, 대한교과서주식회사, 1993, p.176.

면 대부들도 마찬가지로 어떻게 해야 내 영지에 이익이 될까? 하는 것만을 생각할 것이고 사인이나 서민들까지도 어떻게 하면 나에게 이익이 될까? 하는 것만을 생각할 것입니다. 위, 아래가 서로 다투어 이를 추구하게 되면 나라가 위태로워질 것입니다." 이는 경영자가 개인의 사사로운 감정을 가지고 타인을 관리하면, 타인 또한 자신의 이익을 위해 자신을 수단시 할 수 있어 대립과 갈등이 초래하게 된다고 본다. 맹자는 또한 도덕성에 근거해 타인을 다스리게 되면 타인 경영에 대한 정당성을 가질 뿐만 아니라 자신의 목적을 달성하는데 효율적일 수도 있음을 말한다. 맹자가 말하기를 "왕이 인정(仁政)을 행하면, 백성들의 기뻐함이 마치 거꾸로 매달린 고통을 풀어주는 것과 같습니다. 그러므로 일은 반으로 해도 공로(이익)는 배로 됩니다."라고 하였다. 이는 자기·경영을 통해 자신의 사욕을 해소하고 타인을 자신의 존재 근거로 보고 도덕적 행위를 하게 될 때 이익을 얻을 수 있음을 보여주고 있다. 그래서 도덕적 경영은 효율성과 정당성 모두를 보장해 준다. 이러한 효율성과 정당성의 관계는 최근 기업들이 장기적 이익을 기업의 목적으로 삼고 있다는 점에서도 찾아 볼 수 있다. 기업은 장기적 이익을 위해서 우선 윤리에 의해서 기업의 효율성을 강화시켜야 한다고 본다. 그러나 여기서 말한 효율성은 결코 법가나 고전 경제학에서 말하는 최대의 효율성은 결코 아니다. 법가식 최대 효율성은 단기적인 측면에서는 기업의 목적에 부합될 수 있겠지만 장기적인 측면에서는 반드시 최적의 효율성이라고 보기에는 무리가 있을 수 있다. 이에 반해 기업의 도덕성은 또한 단기적으로는 최대의 효율성을 보장해 주지는 않는다고 하더라도 장기적인 입장에서 볼 때는 효율성을 지닌다고 할 수 있다. 이와 같이 유교는 바로 철학적 경영을 운용하여 오랜 기간 동안 동북아 전통 사회에서 주도적 역할을 하였을 뿐만 아니라 미래 경영에도 이바지할 바가 크다고 생각된다.

5. 현대중국에서 儒商

중국은 개혁개방이후 20 여 년 만에 경제와 사회생활에 있어서 전대미문의 발전을 이룩하고 있다. 1949년 신중국 수립당시에 1인당 국민소득은 27달러에 불과하던 것이 2006년에는 2000달러를 돌파하였고, 개혁개방 이전인 1978년부터 작년까지 GDP는 연평균 9%의 성장률을 기록하고 있다. 중국의 꾸준한 경제 발전은 중국의 13억 인민들의 의식주문제를 해결할 수 있는 단계인 '小康社會'를 이미 달성하였다고 자평하고 있다. 그러나 최근 중국이 시장경제를 수용하면서, 인민들의 도덕성 결핍으로 인해 상거래를 장애하는 새로운 문제가 발생하고 있다. 어를 위해 중국공산당은 서양의 경제윤리를 받아들이기보다는 자신들의 전통에서 대안을 모색하고 있다. 그래서 그들은 5.4 신문화운동과 문화대혁명 기간에 철저하게 비판되었던 유교에 관심을 가지고 있다.[210] 이러한 정치적 배경에서 중국 공산당은 中華孔子學會가 주관한 '시장경제와 유학' 이라는 주제로 국제적인 세미나를 대대적으로 지원

---

210) 유가 사회의 궁극적인 관심은 바로 어떻게 행위주체를 중심으로 질서가 있으면서 조화가 있는 세계를 형성하는가에 있다. 이러한 유가가 추구하는 사회적 조화는 중국 공산당이 가장 필요한 이념으로 등장하고 있다. 甘陽은 "세 계통을 관통한다.(通三統)"라는 주제로 강연하였는데, 그 내용은 바로 시장경제(덩샤오핑의 가치). 공동부유(共同富裕 마오쩌둥 사상)와 화해사회(유가철학) 의 세 가지 전통을 관통한다는 것이다. 그는 강연 내용을 정리하여 『讀書』 2007년 6기에 발표하였다. 이 논문에서 그는 '유가사회공화국'이라는 개념을 제기하였다. 그는 중국적 노선은 미국과 같은 자본주의 공화국을 건립할 것이 아니라 유가사회주의 공화국을 달성해야 한다고 주장하였다. '중화인민공화국(中華人民共和國)'의 함의는 실제로 바로 '유가사회주의공화국(儒家社會共和國)'이라는 것이다. 왜냐하면 우선적으로 '중화'의 의미는 바로 중화문명이며, 그 주간은 바로 유가이기 때문이며, 그 다음 '인민공화국'의 의미는 결코 자본가의 공화국이 아니라, 공인, 농민 그리고 기타노동자를 주체로 하는 전 인민의 공화국이기 때문이라고 주장한다. 이런 학술적 배경에 근거해 후진타오 주석은 2007년도 제17차 전당대회에서 유학의 핵심이념인 허시에(和諧, 調和)사회를 그의 정치이념으로 삼아 공산당 당헌에 삽입하였다.

한 적이 있다. 이는 중국공산당이 시장경제가 초래한 문제와 경제발전을 유교에 근거해 해결하고자하는 강한 의지를 드러내고 있음을 보여주는 것이다. 시장경제와 유학과의 연관성은 공산당의 적극적인 지원으로 인해 학계와 기업문화로 확대되어지고 있는 실정이다.

최근 중국 대학에서는 '國學班'을 연이어 개설하고 있을 뿐만 아니라 심지어 CEO반에 국학이 중요한 강좌로 자리 잡고 있다. 기업 CEO반을 위한 국학강좌에서는 중국고전을 경영관리의 관점에서 강의하고 있으며, 특히 베이징대(北京大)나 런민대(人民大)에서 개설된 강좌는 비싼 강의료에도 불구하고 서서 강의를 청강할 정도로 흥행하고 있다고 한다. 또한 최근 중국기업의 인재모집에서는 중국전통문화의 윤리의식을 구비하고 있는가 하는 여부가 채용조건 중에 하나로 설정하고 있는 기업도 점차 늘어나고 있다고 한다. 여기서 전통문화의 윤리의식은 유교적 도덕성을 갖춘 사람으로 볼 수 있다.

그리고 유교에 근거해 기업을 경영하고자 하는 CEO 수 또한 증가하고 있다. 중국기업에서의 유교 경영은 아직 뚜렷한 실체를 드러내고 있지는 않지만, 그들은 기업 경영모델을 전통으로 돌아가 성인들의 지혜에서 찾고 싶어 하는 희망만큼은 부정할 수 없다. 그들이 전통 문화에 대한 관심은 단지 자신의 전통에 대한 애착이나 공산당의 지침에 의한 것만은 아닐 것이다. 그것은 바로 유가전통과 시장경제와의 관련성에 대한 강한 신뢰감에 기인한다고 볼 수 있다.

그래서 중국 학계에서는 우선적으로 197.80년대에 동북아 국가에서 일어난 유교자본주의라는 역사적인 경험에 큰 흥미를 가지고 있다. 동아시아 금융위기 이후 한국, 싱가폴, 대만 등 네 마리 용에 속하는 국가의 기업문화에서는 유교문화가 위기의 주범으로 간주되면서 그 흔적이 퇴색되고 있지만, 중국학계에서는 유교자본주의 몰락의 원인을 유교문화 자체에서 찾지 않고 정치 · 경제적인 문제로 돌리고 있다. 전 세계의 금융과 경제체제의 불안정성, 정부 주도형의 불완전한 시장경제 체제와

급속한 경제발전에 의한 부패와 불합리성에서 찾고 있다.[211] 그들의 이런 평가 배후에는 유교적 가치가 동북아 기업 경영에 여전히 도움이 될 수 있으리라 기대감이 도사리고 있다. 실제로 베이징대학 광화경영대학원 원장인 장웨이잉(張維迎)은 "중국의 드넓은 영역, 수많은 인구, 유구한 역사가 강성한 생존 능력 등은 인류 역사상 극히 드문 경우이다. 어째서 중국인들은 국가라는 조직을 이처럼 크게 만들고 통치할 수 있었는가 하는 문제에서 생각할 때 분명히 조직을 경영하는 전략 또한 뛰어날 수밖에 없을 것으로 보고 있다. 유가의 조직 경영이 비록 현대 기업 경영과는 다른 점이 있지만 그러나 기본적인 경영문제는 크게 다르지 않다고 본다. 권한과 수익을 어떻게 기업 구성원들에게 배분하고, 인재를 육성하고, 정보교환은 어떻게 하며 권력의 남용은 어떻게 방지해야 하는가 하는 것은 중국전통에서나 현대 기업 경영에서나 동일할 수밖에 없는 것이다."[212] 인류역사상 유학과 같이 2500여 년 동안 중국만이 아니라 이웃나라에게까지 정치, 경제, 문화, 교육 등 삶의 전반에 걸쳐 주도적인 역할을 행사해 온 사상체계를 쉽게 찾아 볼 수 없다. 그러면 여기서 "유학이 어떻게 오랫동안 동북아시아에서 사회 전반에서 주도적인 역할을 할 수 있었는가?"의 물음에 대한 답도 또한 유교의 경영에서 찾을 수 있을 것이다. 실제로 중국의 유가문화 전통에서는 서양과 같은 자본주의와 같은 경제체제가 있었던 것은 아니지만 張교수가 말한 것처럼 서양현대 경영전략보다도 우수한 이론적 자원을 가지고 있다고 추측해 볼 수 있다. 이런 이유로 중국기업인들은 유교전통에서 기업경영의 새로운 대안을 찾고자 하고 있다.

중국공산당의 시장경제에서의 유교적 가치에 대한 인정과 기업인들이 새로운 경영모델에 대한 희망이 어우러져 최근 중국에서 '儒商'이라

211) (許文, 1999, 1.30, 6)

212) 許倬雲, 『從歷史來看管理』, 廣西師範大學出版社, 2005, p.2

는 신조어를 등장시키고 있다. '儒商'은 유교와 상업이 결합되어진 용어이다. 현대 중국에서 유상과 관련성이 있다고 보이는 대표적인 문구로 "군자는 재물을 좋아하지만 도로 취한다.(君子愛財, 取之有道)" 를 들 수 있다. 이 문구는 중국에서 특정기업체를 알리는 광고내용에서나 또는 기업의 윤리를 강조할 때 흔히 사용되고 있다. 유가사상에서 군자가 정말 재물을 좋아했는가 하는 문제에 대해서는 충분한 논의가 필요하겠지만 이 문구를 통해 현대중국인들은 군자의 인격상을 시장경제체제에서 찾고 있음을 알 수 있다. 이 문구에서 이익과 거론된 용어는 바로 道이다. 그리고 수많은 기업인들과 학자들은 이 道의 의미를 유교에서 찾고자 한다. 이런 배경에서 중국에서는 유상은 유가적 가치를 가지고 있는 상인과 기업가를 의미한다.

현대 중국에서의 '儒商'의 의미는 처음에는 일반상인과는 달리 인문학적인 소양을 가지고서 사업을 하는 사람, 또는 학교 강단에서 뛰쳐나와 개인 사업에 종사하면서 성공하여 학문과 학계에 공헌한 사업가를 의미하였다. 여기서 인문학적 소양이 반드시 유교적 소양일 필요는 없겠지만 유학자가 자신의 도덕성에 의거해 기업을 경영하는 태도, 또는 사회를 위해서 봉사하는 정신은 분명히 유교와 일맥상통한다고 볼 수 있다. 이런 측면에서 학계에서는 '유상'을 1999년 9월 24-29일에 개최한 '유상과 21세기'라는 주제로 열린 국제학술세미나에서는 다음과 같은 내용으로 정의되고 있다. "유가 이념을 지도로 하여 상품경영 활동에 종사하는 상인, 유와 상을 결합시킨 상인, 즉 商이란 직업과 儒라는 윤리를 결합한 시장경제의 경제활동 주체, 일반 상인과 달리 상업도덕을 매우 중시하여 의롭지 않은 재물을 취하지 않는 상인, 유가학설을 행위준칙으로 삼는 좁은 의미의 상인, 중국 전통문화를 지니고 유가, 도가 묵가, 법가 병가의 장점을 구비한 넓은 의미의 상인, 비교적 높은 소양을 지니고 유가 도덕관과 가치취향을 지니고 自强不息과 창조 정신을 지닌 기업가, 內聖과 外王을 유기적으로 결합하여 전통 미덕과 시장경제에서 발생한 새로운 도덕관념을 유기적으로 결합하여 사람의 가치를 존중하고 인격화된 관리를 실행하는 상인 등으로 해석되고 있다."이런 유상의 근본적인 문제는 바로 이익을 어떻게 정당하게 얻을 수 있는가 하는 문제로 정리될 수 있다.

/ 참고문헌 /

張慶, "再論政治儒學, 劉君寧主編,『經濟民主與經濟自由』, 三聯書店, 1997.

張德勝,『儒商與現代社會..義理關契的社會學之辨』, 南京大學出版社, 2002.

陸曉, (美)乔治 恩德勒 編,『發展中國經濟倫理』, 上海社會科學院出版社, 2003.

蔣慶,『政治儒學』, 三聯書店, 2003.

許倬雲,『從歷史來看管理』, 廣西師範大學出版社, 2005.

한국철학사상연구회 논전사분과 엮음,『현대중국의 모색』, 동녘,1992.

余英時 著, 鄭仁在 譯,『중국근세종교윤리와 상인정신』, 대한교과서주식회사, 1993.

박병석,『중국 상인 문화』, 교문사, 2001.

M.Boisot and J.Child. "From fiefs to clans and network capitalism: Explaining China's emerging economic order," Administerrative Science Quarterly, 41, 1996.

장윤수,「張橫渠의 人文經濟論: 井田制의 理念과 實踐意志」,『동아인문학회 제9회 국제학술대회자료집』, 동아인문학회, 2008.

정인재,「유상-중국상인의 신뢰와 윤리」,『기업윤리연구』 제6집, 2003.

홍원식,「유교문화권과 자본주의의 발달」, 한국철학사상연구회 논전사분과,『현대신유학 연구』, 동녘, 1994.

권상우,「기업의 사회적 책임에 대한 주자학적 접근」,『동양사회사상』 15집, 2007.

7장

유학의 마음치료

1. 한국사회에서 유가의 치료학

한국은 전통사회에서 근대사회로 전환하는데 성공했다고 평가되고 있다. 전통사회에서 개인은 공동체의 일원으로서 공동체 발전을 위해 희생해야 하는 존재로 간주되면서, 개체성은 자연의 신비함이나 종교적인 힘에 의해 비도덕적인 가치관으로 배척되었다. 하지만 개체성은 서구의 근대성이 유입되면서 더 이상 공동체에 갇혀 있는 존재가 아니라 자유와 권리를 지닌 시민으로 전환 되었다. 개인은 그 어떤 존재의 간섭과 구속을 받지 않을 권리를 지니게 되었으며, 국가가 그들의 생명과 재산의 권리를 보호해 주었다. 그래서 개인은 타인을 해치지 않는 범위에서 자유롭게 자신의 삶을 영위할 수 있게 되었다. 하지만 개인은 타인, 사회, 자연으로부터 분리되어 파편화된 개인이 되었다.

그러나 서구의 개인주의는 개인은 자기 자신의 마음속에만 갇혀 있는 존재가 되면서, 샤르트르가 말한 바와 같이 "타인이 바로 지옥"이 되었다. 서구의 개인주의에서 볼 때 타인은 바로 나의 삶의 방해자에 불과하다. 그래서 타인은 더불어 살아갈 수 있는 존재가 아니라 자신의 목적을 위해서 조정되어야 할 대상으로만 간주되면서 자기 자신의 목적에 적합하다면 언제든지 파괴해 버린다. 그러나 이러한 태도와 행위는 결국 가해자 자신도 사람들이 그렇게 되었던 것처럼 자기에게 조정될 하나의 대상으로 전락하게 되었다. 이러한 현실에서 전통사회에서의 안정감, 소속감은 상실되면서 불안함, 공허함, 고독감 등으로 인해 발생한 사이코페스 나르시시즘, 자아자폐증 등과 같은 정신질환자의 수가 급격하게 증대되고 있다. 인간은 분명히 사회적 동물이며, 스스로 혼자서만 살아갈 수 없는 존재다. 하지만 서구의 개인주의는 개인을 자기 자신의 마음속에만 갇혀 있게 하면서 타인과의 신뢰와 협력은 더 이상 기대할 수 없게 만들고, 이에 정신장애는 증가하고 있는 추세이다. 현대인의 정신적인 장애증상은 표면적으로는 드러나지 않으면서 충동적으로 발생하기 때문에 언제 어떠한 사건이 발생할지 아무도 예측할 수 없다. 그 중에 하나의 행위가 바로 자살이다. 한국의 자살률은 OECD 국가들 중에서 1위라고 한다. 실제로 자살의 원인은 일반적으로 경제적 문제, 신체적 문제 심리적 문제 등이 자살을 증가시키는 원인으로 알려져 있지만, 실제로는 소통의 부재에 있다고 한다. 평소에 고립적인 삶을 살다가 심리적인 문제 상황에 직면했을때 자신의 고통을 호소할 수 없는 상태에 이르면 자살을 하게 된다. 그래서 자살 행위는 바로 남아 있는 사람들과의 소통의 한 방식으로 생각한다는 것이다. 즉 자신의 상황을 다른 사람들에게 전달해서 자신의 죽음을 통해 다른 사람에게 어떠한 방식으로 영향을 미치기 위한 동기를 가진다고 한다.[213] 자살은 인간이 소통할 수 없게 되었을 때 마지막으로 타인과의 소통을 시도하기 위한 행

---

213) 박형민, 『자살, 차악의 선택』, 이학사, 2010. p.400~401

위이다. 이러한 사실을 통해서 인간은 고립적이며 원자적인 인간으로 삶을 살 수 없으며 반드시 타인과의 소통해야 하는 존재임을 알 수 있다. 그래서 현대인은 개인의 자유를 넘어서 타인과의 소통할 수 있는 능력을 배양해야 한다. 이럴 때 개인의 자유를 인정하면서 타인과의 유대와 연대의 방식으로 현실의 문제를 해결해 보고자 해야 한다. 연대는 제도나 권력에 의해 구속된 방식이 아니라 타인과 사랑 및 신뢰에 근거한 자발적인 방식으로 이루어져야 한다. 이를 위해서는 자본과 권력이 판을 치는 현실에서 벗어나 자신의 내면을 반성해 보고, 타인과 소통하면서 연대하고 유대감을 가질 수 있는 심리치료는 매우 중요하다고 보인다.

하지만 최근의 서구 심리치료, 즉 정신분석, 개인심리학, 인지치료 등의 여러 가지 치료요법, 또한 철학치료, 문학치료, 음악치료 등의 여러 가지 치료법이 등장하고 있다. 그러나 이러한 서구의 정신치료는 대부분은 서구의 개인심리학에 근원을 두고 있다. 프로이드의 심리치료학에서는 인간의 심신 활동의 본질을 규정하고 성정 충동의 만족 여부라는 협소한 본능적 충동으로 쾌락의 득실 및 심리를 설명한다면, 이에 대해 아들러는 개인심리학이 사회 안에서의 좌절과 실패를 지나치게 강조하여 자기 비하 등의 심리적 이상상태를 설명하고 있다. 이러한 서구 심리학은 자아 중심적인 관점에서 출발하고 그 테두리를 벗어나지 않으면서 전개되었다. 이러한 서구 심리학은 비록 일정부분 현대인의 정신질환에 대해 일시적인 처방이 될 수 있어도 근본적인 처방 즉, 고독감과 공허함 무력함을 근본적으로 어떻게 해결할 수 는 없다고 본다. 그래서 개인의 자유를 인정하면서 타인과의 소통할 수 있는 심리학체계와 심리치료는 매우 중요하다. 이러한 의미에서 유학의 심리치료를 살펴볼 필요가 있다.

유학에서 개체는 결코 서구와 같은 개체가 아닐 뿐만 아니라 또한 공동체에서 갇혀져 있는 개체도 아닌 개체성을 인정하면서도 타인을 존재근거로 삼으면서 소통할 수 있는 심리체제를 지니고 있다. 그러나 이러한 소통의 마음은 바로 개인의 욕망(개체적 인간성성)에 의해 실현되지 못하면서 각 개체는 고립되고 폐쇄적인 존재(塞)가 될 수 있다고 본다. 그래서 담사동은 인과 불인의 구분은 통하느냐 막혔느냐에 달려 있다고 본다. 유학에서는 인, 즉 통을 정상적인 상태로 본다면, 불인, 즉 불통을 비정상적인 상태로 본다.[214] 그리고 이러한 불통의 원인을 마음의 장애로 보면서, 이러한 경우를 '心痛', '心疾'과 같은 의학적 용어로 칭하고 있다. 그래서 유가사상에서 미음치료는 '심통', '심질'을 진단하고 치유해서 소통적 자아를 회복시키는 것을 목적으로 한다.

명말청초의 유학자인 방이지는 동양철학을 치료학적인 관점에서 해석하면서. 유학, 도가, 그리고 불교 모두가 인생의 처방약이며, 공자, 장자, 부처와 같은 옛 성인들을 '大醫王'이라 칭하면서,[215] 성인들은 신체적 질병을 치유하는 한의사보다 더욱 중요한 의료인의 기능을 지니고 있다고 평가하였다.[216] 실제로 개인의 욕망조절이나 사회적 문제를 치

214) 담사동, 『인학』「상편」 4장, 仁不仁之辨, 於其通與塞. 通塞之本, 惟其仁不仁

215) 方以智, 『藥地炮莊』, 「序」 廣文書局印行, 民國六十四年.,

216) 야스퍼스는 "원시 시대의 사제적 유형의 의사, 편협하지 않은 시각으로 인간 전체와 인간 상황을 합리적으로 다룬 히포크라테스적 의사, 권위주의적이고 사변적인 견해에 사로잡혀 있던 중세의 의사, 이 모든 유형의 의사가 몇 세기만에 근대의 자연과학적 의사로 교체되었다"(야스퍼스 지음, 김정현 옮김, 『기술 시대의 의사』, 책세상, 2010. p.9)고 말한 적이 있다 그는 근대 이후의 의학은 자연과학적 방법을 통해서 신체나 신경증을 치유하는 행위에 제한적으로 사용되고 있지만, 근대 이전에 의학자는 신체 뿐만 아니라 환자 영혼과의 교류를 중시하는 등, 철학과 의학은 밀접한 관련성을 지니고 있었다고 말한다. 야스퍼스에 따르면 의학은 근대 이후의 근대 이후에 과학의 발전, 자본주의 등장으로 단지 하나의 신체를 치유하는 기술로 전락하였다. 그러나 인간에게는 신체적 질병, 우울증, 강박증, 편집증 정신분열증과 같은 신경정신과 질병과 같은 자연과학적 방법으로 치유할 수 있는 질병이 있을 뿐만 아니라 자기정체성, 가치관, 인생관 등과 관련되어 느끼는 아픔 등과 같은 자연과학으로 치유할 수 없는 질병 또한

료 관점에서의 논의는 한의학이나 유가 문헌에서 쉽게 찾아볼 수 있다. 이에 대해 중국학자 林殷은 다음과 같이 말한다.

> 의사는 병을 치료하는 일, 사람을 구해내는 일, 세상을 다스리는 일 이 세 가지를 삼위일체로 삼았고, 이것을 의사의 우열을 평가했다. 따라서 "상의는 나라를 고치고, 중의는 사람을 고치고 하의는 병을 고친다."(『備急千金要方』「診候」)고 한 것이다. 백성들을 인애한다는 관점에서 의학과 유학의 둘은 공동의식을 갖는다. 의학이 수행하는 治病, 救人, 濟世의 공능이 의술이 인수로 불리는 까닭이다.[217]

임은은 유교와 한의학이 담당하고 있는 치료영역은 상이하지만 둘 다 道에 근거하고 있다는 점에서 '醫儒同道'라고 말한다. 이는 바로 유학사상에서 신체와 도덕성 그리고 제도 등이 모두 천도에 근거하고 있

분명히 존재한다. 그리고 때로는 전자보다는 후자의 고통이 더욱 심할 때도 있다. 이와 같다면, 전자의 아픔을 해소하는 행위를 치료라고 한다면, 후자를 해소하는 행위 또한 치료라고 명명할 수 있다. 그래서 최근에 유행하고 있는 철학치료, 임상철학 등에서 치료의 개념을 신체적 질병, 또는 심리적 장애를 해소하는 행위에 국한하지 않고, 개인의 가치관, 인생관, 인성에서 발생하는 실존적 고통에까지 그 범위를 확대해서 적용하고 있다. 실제로 철학치료와 임상치료에서 의학적인 개념을 수용한 의도는 철학과 의학의 결합에 있는 것이 아니라 철학의 기능을 새롭게 해석하고자 함에 있다. 서구 근대철학이 일반인의 실존적 고통과 불안을 외면한 채 단지 사변적이고 형이상학적인 담론에만 머물러 있는 철학적 태도를 비판하면서, 개인의 실존적 고통을 치유하기 위해 '치료'라는 실천적인 개념을 사용하고 있다. 치료라는 개념에는 원래상태가 어떤 외부 원인에 의해 훼손 또는 왜곡되어질 때 특정한 방법을 통해서 원래상태로 회복하는 방법을 의미한다. 이와 같을 때 철학은 근대철학에서와 같이 진리 탐색 그 자체가 목적이 될 수 없으며, 철학을 현실 문제를 해결하는 방법으로 사용하고자 한다. 실제로 서양철학에서 보면, 소크라테스나 플라톤이나 중세 스토아학파 에프크로스와 같은 철학자들은 진리 자체에 대한 인식뿐만 아니라 욕구, 정서, 행복 등의 실존적인 문제를 다루면서 일반인들에게 바람직한 삶을 통해서 실존적인 고통을 치유한 적이 있다. 그래서 '치료'에 대한 정의를 근대 이후 자연과학적 의미에서 '치료'에만 그 범위를 제한하지 않는다면, 앞에서 언급한 서구철학자 또한 의사이며, 그들의 행위 또한 '치료'적 행위라 칭하고자 한다.

217) 林殷 지음, 문제곤 옮김, 『한의학과 유교문화의 만남』, 예문서원, 1999. p.94~95.

음을 말한다. 그래서 유가사상에서의 '치료'는 신체적인 질병 뿐만 아니라 심리적 장애와 사회의 병리현상까지도 적용될 수 있다. 유학사에서 치료학적인 관점을 중시한 유학자로는 앞에서 언급한 방이지 이외에도 그와 비슷한 시기에 활동한 李翁을 들 수 있다. 유학을 치료학으로 해석하면서, 그 근거를 계보학적인 방법으로 설명하고 있다.

> 공자, 안회, 자사 맹자와 송나라 때의 주렴계, 정이천, 장횡거 주자 등은 모두 의사로 치면 모두 뛰어난 名醫이고 오경과 사서 그리고 여러 유가들의 어록은 모두 의사들의 良方이 아닌 것이 없다.[218)]

이옹은 분명히 유학을 치료학으로 보고 있다. 유학에서 말하는 수양은 바로 자기 자신에게서 구하는 것이다. 그래서 유학의 치료는 잃어버린 마음을 찾는 것이다.[219)] 만약 소통적 자아를 잃어버리고도 구할 줄 모르는 사람을 사람의 본질을 잃어버린 것과 동일하다. 잃어버린 소통의 마음을 구한다는 것은 마음이 외부의 사물이나 유혹에 빠진데 대해 반성하고 이에 헤어나가려는 의지가 그 출발이며, 욕망의 늪에서 벗어나 소통적 자아를 회복하는 데서 있다. 실제로 공자는 공자의 "克己復禮", "殺身成仁", 改過說, 안회의 "不二過", 맹자의 '捨生取義', 求放心, '浩然之氣', 성리학의 "居敬窮理", 육구연의 "立乎其大", 왕양명의 "致良知" 등과 같이 유학자들은 어떻게 욕망을 극복을 하고 도덕적인 인간이 될 것인가 하는 공부론에 중점을 두고 있다. 유학은 개인의 신체나 사회의 병리현상까지도 사욕에 의해 발생한다고 보면서, 욕망을 극복하여 도덕적인 본성으로 회귀해야 한다고 주장한다. 그래서 유학의 공부론, 수행론이 바로 소통치료이라고 한다면, 유학사는 소통治療史라고 해도 과언은 아니다.

---

218) 李顒, 『二曲集』, 劵三. 孔. 顔. 思. 孟, 及宋之濂. 洛. 關. 閩 明之河. 會. 姚. 涇 俱是醫人的名醫: 四書及諸儒語錄, 俱是醫人的良方

219) 『맹자』, 고자상, 學問之道無他, 求放心而已矣

2. 유학에서 건전한 마음

유학은 일반적으로 개인의 마음을 다스려서 자아를 완성하는 위기지학으로 일컬어진다. 그러나 유학에서 기 즉, 자신은 어떠한 존재인가에 대한 이해를 통해서 유가적 심리에 접근해 볼 수 있다. 유가의 개체성의 확립은 공자의 인 개념에서도 알 수 있다. 유학에서의 인은 두 사람의 관계를 의미한다. 유학에서는 개체성의 존재론적인 근거를 주역의 음과 양의 관계에서 찾아 볼 수 있으며, 음과 양의 관계를 대대적 관계로 논의하고 있다. 대대는 바로 개인과 개인이 서로 맞주 서 있다는 의미이지만, 그러나 이러한 맞보고 서 있음은 결코 서구의 독립적이고 고립적이며 추상적인 개체와는 다른 의미를 지닌다. 즉, 각자가 개체의 특수성을 유지하면서 서로 연대할 수 있어야 한다고 본다. 공자가 인을 제시한 것은 바로 이러한 오륜의 관계 즉, 예악사회를 중건하기 위한 것이었다. 그래서 공자는 "사람이 어질지 않는다면 예가 무슨 소용이 있는가? 사람으로서 어질지 않는다면 악이 무슨 소용이 있겠는가? "人而不仁, 如禮何? 人而不仁, 如樂何? 『논어』. 「팔일」라고 하면서, 공자는 인간관계의 형식인 예를 인에 종속시키고자 한다. 실제로 공자가 유학을 창시한 근거는 인과 예의 관계에서 찾아져야 한다.

공자는 개체의 인격(인)에 근거한 사회관계(예악)를 확립하고자 했다. 그는 인간의 심리가 결코 사회규범에 의해서 형성되어 일반화된 타자가 아니라 인간이 본래 지니고 있는 마음에 근거한다고 본다. 공자는 인간을 부모와 자식 간의 혈연적 정감에서 파악하고자 한다. 공자 이전의 전통사회에서는 이러한 인간관계를 禮儀에 의해 즉 외부적인 권위와 규범에 근거했다면, 공자는 인간내면의 심리에 근거해서 나와 타인의 소통을 논하고자 하였다. 이러한 단편적인 예를 3년상에 대한 인식에서 알 수 있다. 3년상은 은나라부터 전해져 오던 모든 사람들이 준수하고 실천해야 하는 전통예의이던 것으로 보인다. 하지만 공자의 제자인 재아가 상례인 3년 상이 너무 길다고 불평하면서 1년으로 줄이는 것이 어떠한지를 묻는 질문에 대해 공자는 재아의 마음상태가 편안하느냐 라고 되묻자 재아는 편안한다고 대답한다. 그러자 공자는 재아를 不仁이라 말한다.[220] 공자는 인간은 태어난 후 3년간은 부모의 품에서 사랑을 받으면서 양육되기 때문에 부모 사후 3년 간 상례를 다하는 것이 인간의 감정에 부합된다고 말하고 있다. 상례에는 돌아가신 부모와의 관계에 있어 마땅히 해야 할 도리를 바로 부모의 사랑과 편안함에서 찾고 있다. 이와 같음에도 불구하고 재아와 같이 1년의 상을 한다는 것은 사회제도를 준수하지 않았다는 의미보다는 더욱 중요한 문제는 바로 인간심리에 부합되지 않으며 이와 같을 때 마음이 편할 수 없음을 언급하고 있다. 이와 같이 유학에서는 혈연적인 사랑에 근거해서 모든 인간관계에 적용할 때 사회적 소통이 가능하다고 본다. 이와 같이 유학에서 말하는 심리는 실제로 공허한 이념에 근거한 것이 아니라 인간의 마음속에서 작동하는 기능이 야기 하는 것이지 결코 공허한 감정을 말하는 것은 아니다. 이와 같이 부모와 자식 간의 관계를 중심으로 사람과 사람간의 관계 속에 융합시키는 것에서 만족감을 찾고 있다는 것을 알 수 있다. 그러나 공자는 이러한 심리를 결코 단지 개인의 욕망의 관계로 논의하는 것은 아니다. 대부분 서구의 부모와 자식의 애착관계가 특정 개인의 심리에 영향을 미친다고 하면서 이러한 애착관계가 형성되지 않을 때 정서적 불안을 경험하게 된다고 본다. 실제로 공자도 이러한 부모와 자식 간의 애착을 무엇보다도 중요시하며 이러한 생물학적인 혈연정감을 인의 근거로 삼고 있다고 볼 수 있다. 그러나 서구에서는 이러한

220) 『논어』, 「양화」. 宰我問, "三年之喪, 期已久矣. 君子三年不爲禮, 禮必壞. 三年不爲樂, 樂必壞. 舊穀旣沒, 新穀旣升, 鑽燧改火, 期可已矣" 子曰, "食夫稻, 衣夫錦, 於女安乎?" 曰, "安", "女安則爲之!. 夫君子之居喪 食旨不甘, 聞樂不樂, 居處不安, 故不爲也. 今女安則爲之!". 宰我出, 子曰 "予之不仁也. 予生三年, 然後免於父母之壞, 夫三年之喪, 天下之通喪也. 予也有三年之愛於其父母乎!"

혈연정감을 단지 자식과 부모의 유대감으로 언급할 뿐이다. 그래서 유학에서는 실제로 이러한 혈연적 애착의 관계를 단순한 단절로 보지 않고, 이러한 애착의 관계를 확장, 즉 인류전체의 사랑으로 확장해야 한다고 본다.

그러나 유학은 사회관계에서 개체 간 분리의 감정을 형제와의 관계에서 논한다. 그래서 공자는 부모와 형제간의 감정을 중시한다. 이와 같이 유학에서 사회성은 바로 부모와 자식을 통해서 친밀감을 확인할 수 있다면, 그리고 또한 형제 관계에서 습득하게 된다고 본다. 이는 프로이드가 동성부모를 통해서 사회적 관계를 형성하는 것과는 분명히 다르다. 공자는 형제의 사이의 심리를 개체성과 타자의 존재에 대한 인식이 이루어진다고 본다. 유가 문화권에서 형제자매 관계는 인간이 출생한 후에 남과 남의 최초 만남이라 할 수 있다. 형제의 관계에서는 부모의 애착을 받기 위해서 나와는 또 다른 타자를 인식하게 된다. 그래서 개인은 형제 관계를 통해서 자신의 정체성을 인식하게 되고, 타인의 존재를 인식하면서 서로 간의 차이성을 인정하게 된다.[221] 그러나 이러한 차이성은 프로이드가 동성부모와의 대립과 갈등 그리고 그들의 모습을 내면화 하는 것과는 달리, 형제 관계에서 개체성을 확보하기는 하지만, 그 형제도 또한 동일한 부모, 즉 혈연의 정감을 지니고

221) 『예기』에서는 가족의 덕목을 親親과 尊尊으로 설명하고 있다. 親親은 부모와 자녀의 관계가 바로 정감의 거리가 없는 사랑임을 의미한다. 한 尊尊은 형제자매 관계에서 필요한 우애와 공경을 의미한다. 그래서 유가에서의 사랑은 차별적인 사랑을 말한다. 사랑의 감정을 친친으로 표현하면서 가족 구성원 간의 유대감과 조화를 가능하게 한다. 이에 반해서 존존은 바로 형제의 관계에서 말하면서 차별성을 강조한다. 그래서 이는 가족구성원 들간의 존중과 공경을 의미한다. 이러한 친친과 존존은 예악으로 연결된다. 존존은 바로 예의 근거이라면 악은 친친의 근거이다. 그래서 예기에서는 "樂이라는 것은 같게 하는 기능을 하고, 禮는 달리하는 기능을 하게 한다. 같으면 서로 친하게 되고, 다르면 서로 공경하게 된다."라고 말한다. (『禮記』. 「樂記」, "樂者爲同, 禮者爲異, 同則相親, 異則相敬, 樂勝則流, 禮勝則離")

있기 때문에 그 차이성이 대립과 갈등으로 나아가지는 않는다. 그래서 유학에서는 이러한 형제간의 차이성을 공경이라는 정감을 통해 상대방의 차이성을 존중해야 한다고 본다.

그래서 가족 구성원은 공경에 근거해 각자 자신의 직분을 충실하게 수행하면서 상대방의 직분과 차이성을 서로 존중하게 된다. 그리고 이러한 차이성에 대한 존중과 부모와의 사랑을 통해서 한 인격은 차이와 연대의 감정을 지니게 된다고 본다. 유학은 이러한 가족 간에 지니게 되는 생물학적인 심리가 확립되지 않으면 사회구성원 간의 관계에서 비정상적인 심리를 구성할 수 없다고 본다. 이와 같이 공자는 예의 있는 실제 내용을 효제로 규정하고, 또 효제를 일상적인 부모와 자식 간의 애정에 두고 있다. 이것은 예와 의를 외재적 규범의 구속이란 것에서 마음의 내재적 요구라고 해석하여 원래의 경직된 강제적 규정을 생활 속의 자각적 이념으로 고양시키고 있다.

유학에서는 이러한 가족 간에 나타나는 심리를 자연스럽게 이웃과 국가로 세계로 확대할 수 있어야 한다고 본다. 공자는 이러한 효와 제를 바로 사람(인)의 근본이라 본다. 즉 인간 마음의 근본이며, 본원으로 이해하고 있다. 여기서 근본이라는 의미는 효와 제가 심리의 근원이지 전체는 아님을 의미한다. 유가에서는 이러한 효와 제의 혈연심리를 인류 전체에게 확대해야 한다고 본다. 그래서 그의 제자 증자는 공자의 仁을 일이관지하는 도이며 충서의 도로 확인했으며, 忠은 개체심리를 확립을 의미한다면, 恕는 개체심리를 사회의 장에서 실현된다는 의미를 지니고 있다. 그래서 유가에서는 개인의 심리에 근거해서 타인에 대한 동정심을 단서로 확충하여 사회적 장에서 실현되는 것으로 말한다. 그래서 공자는 "인이 어디 멀리에 있는가? 내가 인하려고 하면 이 인이 곧바로 다가온다[222]"라는 말에서도 알 수 있듯이 바로 인은 개인의 자율성을 의

222) 『논어』. 「술이」, 仁遠乎哉 我欲仁 斯仁至矣

미한다. 이러한 자율성은 원자적 개체의 자아실현을 할 수 있다는 의미가 아니라 타인과의 소통할 수 있는 자율성을 의미한다. 그래서 유가에서 인간은 자발적이고 자기중심적으로 행동하면서도 타인의 입장에서 자신의 행동을 대상적으로 성찰할 수 있는 능력을 동시에 지니고 있다고 보았다. 즉 창조적이고 능동적으로 행동하고 선택하는 주체적 자아를 의미하고 강조하는 것이다. 유학은 이러한 자율성의 내용을 바로 사랑으로 표현한다. 그래서 이러한 사랑은 바로 개인의 심리에 이미 내재해 있는 것으로 이해한다.

맹자는 공자의 심리를 계승하면서 인간의 사회성 모두를 인간이 본연적으로 지니고 있는 심리로 이해한다. 맹자는 "사람은 배우지 않고도 할 수 있는 바가 있으며, 그것이 본래의 양능이다. 또한 배우지 않고서도 알 수 있으니 그것이 바로 양지라고 한다. 어린 아이는 누구나 다 자기 어버이를 사랑할 줄 알게 마련이고, 점차 자라나게 되면 누구나 다 자기 형을 공경할 줄 알게 마련이다"[223] 라고 함에서도 알 수 있듯이 인간관계에서의 연대감과 차이성을 모두 인간의 심리에 근거한다고 본다. 그래서 유가에서의 사랑은 개체간의 분리를 극복하고자 하는 욕구에서 생겨나서 타인과 소통을 하지만 결코 각각의 개체성을 배제하는 것이 아니다. 인간은 자발적인 행동으로 자아를 실현하여 자신을 세계와 소통한다면 더 이상 고립된 원자적 인간존재는 아니다. 자신과 외부 세계는 전체의 일부가 되며, 정당한 지위를 획득하게 되고 이로 인해 자기 자신과 삶의 의미에 대한 회의도 사라진다. 이와 같이 나와 전체의 유기적 성장은 자신의 자아와 다른 사람들의 자아의 특수성에 대한 지극한 존경(義)을 표시하는 상태에서만 가능하다. 이와 같이 맹자가 도덕적 본성을 실현하여 타인과의 좋은 관계를 맺고자 함은 결코 외부적인 요

223) 『맹자』. 「盡心」, "孟子曰, 人之所不學而能者, 其良能也, 所不慮而知者, 其良知也. 孩提之童, 無不知愛其親也, 及其長治, 無不知敬其兄也"

인에 의한 것이 아니라 자신의 본성을 알고 그에 충실하게 이행하기 때문에 가능한 것으로 본다. 그래서 맹자는 혈연심리에 근거해서 심층심리로서의 사단을 발전시킨다.

> 불쌍히 여기는 마음이 없으면 사람이 아니요, 자기가 옳지 않음을 부끄러워하고 남이 옳지 않음을 미워하는 마음이 없으면 사람이 아니요, 사랑하는 마음이 없으면 사람이 아니요, 옳고 그름을 가리려는 마음이 없으면 사람이 아니다. 불쌍히 여기는 마음은 인의 시초요, 부끄러워하고 미워하는 마음은 의의 시초요, 사양하는 마음은 예의 시초요, 옳고 그름을 가리려는 마음은 지의 시초이다. 사람이 이 네 가지 시초를 갖추고 있다는 사실은 마치 사람에게 팔과 다리가 갖추어져 있는 것과 마찬가지로 자연스러운 일이다.[224)]

유가에서는 인의예지의 근거인 측은지심, 수오지심 사양지심 시비지심의 네 가지 단서가 인간의 심리를 구성한다고 본다. 이러한 사단은 기본적으로 대인관계에서 타인을 지향하는 사회적 정서라고 볼 수 있다. 따라서 인간은 심리는 외부에 의해서 형성되는 것이 아니라 본래 갖추고 있음을 심리정감인 사단에 근거해서 말하고 있다. 맹자는 인의예지의 도덕적 본성이 잠재해 있다가 외부 사물과의 감응을 통해서 사단의 마음이 드러난다고 본다. 이와 같이 맹자의 사단과 같은 사회 타인 지향적인 정서의 함양을 적극 권장하는 태도를 취하는 것이다. 이러한 유가적 도덕적 심리는 분명히 서구의 심리치료와는 분명하게 구분된다. 자신의 도덕적 심리에 근거해서 타인의 심리에 접근해 나가는 방식에 근

---

224) 『맹자』. 「고자상」, 惻隱之心, 人皆有之. 羞惡之心, 人皆有之, 恭敬之心, 人皆有之, 是非之心, 人皆有之, 惻隱之心, 仁也, 羞惡之心, 義也, 恭敬之心 禮, 是非之心 智也, 仁義禮智, 非由外鑠我也, 我固有之也. 弗思耳矣.

거해서 접근하고자 한다. 이는 유가에서 仁은 사회적 관계에서 논의되어져야 한다고 말한다. 그래서 유가의 "심적 욕구체계는 인간관계의 질서와 조화 추구 또한 하나의 지향적 추진력으로 작용한다고 볼 수 있다."[225] 유학에서 마음의 지향성은 바로 외부를 향하고 있음을 알 수 있다. 그리고 이러한 마음은 외부에서 주어지는 것이 아니라 오히려 인간의 마음에서 타인과의 관계에서 논의되어야 한다. 그래서 유가의 인 개념은 단순한 주관적 마음이 타인과의 관계에서 논의되는 것을 볼때 소통적 마음이라고 할 수 있다.

신유학은 이러한 타자와의 소통의 근거를 우주본체론에서 찾는다. 장재는「서명」에서 다음과 같이 말하고 있다.

> 乾은 아버지라 부르고 坤은 어머니라고 부른다. 나는 여기서 아득하게 작지만 하늘과 땅에 가득한 기가 나의 몸이 되고, 하늘과 땅의 장수(德)가 나의 본성을 이룬다. 사람들은 모두 한 뱃속의 형제와 같고, 모든 만물은 나와 함께 있는 친구인 것이다. [226]

장재는 유가의 이론기반인 가족관계를 우주 전체로 확대하면서 우주를 하나의 대가족으로 해석한다. 유가사상은 가족을 중심으로 하는 사회적 토대에 기인한다. 즉, 한 가정에서 부모에 의해 자녀들이 태어났기 때문에 형제들의 모양새는 서로 다르다 할지라도 그 부모는 동일하다.

---

225) 조긍호, 『유학심리학』, 서울, 나남출판, 1997, 101~102쪽, 실제로 맹자는 "신하가 인의만을 생각하여 임금을 섬기고, 아들이 인의만을 생각하여 어버이를 섬기며, 아우가 인의만을 생각하여 형을 섬기면, 이는 군신, 부자, 형제 관계에서 이익을 버리고 인의만을 생각하여 서로 관계 맺음을 하는 것이라", "懷仁義以事其父, 爲人弟者, 懷仁義以事其兄, 是君臣父子兄弟去利, 懷仁義以相接也. 然而不王者未之有也"(맹자. 고자하) 하여 사회 구성원이 모두 인의에 근거해 타인을 존중하면서 소통할 수 있는 道義세계를 구현할 수 있다고 본다.

226) 『張載集』,「西銘」, 乾稱父, 坤稱母, 予玆藐焉, 乃渾然中處. 故天地之塞吾其體, 天地之帥吾其性, 民吾同胞, 物吾與也.

장재는 유가의 가족 관계를 우주 안에서 설명하면서 세계안의 만물은 형체는 각각 다르다고 하더라도 모두 큰 하늘(陽)을 아버지로 삼고, 땅(陰)을 어머니로 삼고 있기 때문에 가족관계에서 동일한 부모에게서 태어난 형제와 동일하다고 본다. 그리고 만물은 모두 하늘과 땅이 결합하는 방향(天地之帥)를 부여 받아 본성, 즉 인의를 이룬다고 본다. 그래서 인간의 마음에는 타인에 대한 사랑과 차이에 대한 존중을 함께하는 마음을 지니게 된다. 이러한 유가적 심리에 근거해서 가족 간에 혈연정감에 근거해 서로 사랑하고 존경해야 하는 것처럼 천지를 부모에 비유하면 모든 만물은 모두 기운을 받아서 하나의 형체를 이루고 있기 때문에 형제이자 동포라고 본다. 그래서 모든 존재자들은 타자를 자신과 분리된 존재가 아니라 나의 형제와 나의 동포로 간주하여 혈연정감을 확대해야 한다고 주장한다.

정이천은 우주만물의 부모인 음과 양의 관계를 理로 해석한다. 『주역』에서의 세계관은 바로 음과 양의 '對待'와 '統一'로 볼 수 있다. 주희는 음양의 대대와 통일이 가능한 원리를 理로 보고 있다. 그는 乾(陽氣)과 坤(陰氣) 의 대립되는 두 기운이 교감해 만물을 화생한다(二氣交感, 化生萬物)고 본다. 주희는 "자연이 만물을 생하는 것은 단지 음만으로는 할 수 없고 반드시 양이 있어야 하며, 또한 단지 양만으로는 불가능하여 반드시 음을 가져야 한다."[227] 고 본다. 이와 같이 음양이 생명을 창출하기 위해서는 음기와 양기라는 차이성을 인정해야 한다. 그래서 유가사상에서 개체의 경우 이 개체를 구성하는 모든 부분과 부분 사이의 그리고 이러한 개체와 다른 모든 개체와의 관계를 의미하며, 또한 그러한 모든 관계를 전제로 한다. 관계가 없다면 개체는 개체가 아니며, 전체도 전체가 아닐 것이다. 어느 분리된 부분이나 움직임의 존재가 가능한 것은 그것이 한 단위로서 전체 속에서 존재하는 덕분인 것이다. 분리

227) 『朱子語類』, 「券 95」, 如天之生物, 不能獨陰, 必有陽; 不能獨陽, 必有陰.

가 가능한 모든 것은 자체가 아닌 他體에 의해 분리되어야 한다. 이러한 개체와 전체의 결합은 바로 개체가 타자와의 상호조화, 균형, 상보, 상생을 추구하며 상호 균형적이고 조화를 추구하며 이러한 균형과 조화는 바로 외부로부터의 강제에 의한 것이 아니라고 자발적이라고 할 수 있다.[228] 각 개체는 자신의 내재적 가치와 자율성을 지닌다. 그러나 그 차이성은 결코 상대방과 대립 및 갈등을 초래하는 것이 아니라 서로의 장 · 단점을 보완할 수 있는 연대의 관계를 추구한다. 그러나 그 감응에는 결코 그 개체들의 내재적 가치와 자율성을 제거하거나 초월한 전체성이 아니라 그 가치를 자신 안에 함축하고 있는 전체성이라 할 수 있다. 이러한 음양 관계의 생성원리는 생물의 근본원칙이라 할 수 있다. 주자는 음양의 관계원리를 우주만물의 보편원리로 해석하고 있다. 이와 같이 신유학은 공맹의 人道의 가치관을 天道로 확대해 해석하게 되면서 인간의 심과 초월적인 理와 결합되어 유가의 심리학을 종립하게 된다.

그래서 유학에서의 마음은 근대 개체성에서와 같은 고립적이고 폐쇄적인 마음이 아니라 바로 마음주체와 외부세계와의 관계 선상에서 논하고 있다는 점이 바로 특징을 지닌다고 볼 수 있다. 그래서 신유학에서는 心은 결코 폐쇄된 주체가 아니라 세계와의 관계 맺음을 통해 끊임없이 자신의 새로운 모습을 창조하고(成己), 상대방에 대해 존재의미를 부여해 나가는(成物) '세계의 중심'으로서의 주체이기도 하다. 유학에서의 "이 마음은 지극히 신령하여 비록 천리만리로 멀고, 천 세대 백 세대의 이전이라도 한 생각이 발하기만 하면 곧 여기에 이르니 그 신묘함이 이와 같다."[229]라고 하여 심의 작용이 시공간을 초월하여 모든 존재

228) 이영찬, 「유교의 소외원리」, 『사회과학논총』, 제21권 1호, 계명대학교 사회과학연구소, 2002 p.76

229) 『朱子語類』, 「券18」. 人心至靈, 雖千萬里之遠, 千百世之上, 一念纔發, 便到那里, 神妙如此

와 감응할 수 있음을 말한다. 유학의 도덕적 마음은 특정한 대상이나 집단과 소통하는 것이 아니라 만물과 감응하여 다양한 형태로 드러나게 된다. 그래서 이 '관계의 주체'는 바로 '내 마음 안에 세계를 갖추고 있다'[230]라고 한 맹자의 발언이나 '만물과 내가 한 몸이 되는 것이 바로 인이다.'[231]라고 한 정명도의 발언도 결코 과장된 표현만은 아니다. 이 때 세계는 바로 나에 의해서 존재하게 된다. 그래서 주자는 인간은 우주 만물 안에서 존재하는 다양한 존재들 중에 하나의 존재이지만 동시에 '개체 안에 세계'인 형태를 지니게 된다. 그래서 유학은 모든 대상과 관계를 맺을 수 있는 존재이기도 하다. 하지만 이러한 관계 맺음에 있어서 자신이 세계의 주체가 된다면 즉 도덕적 본성에 기인하지 못하고 욕망에 의해서 지배받게 될 때 마음의 소통이 병이 발생하게 된다고 본다.

3. 유학에서 心病

유가에서 인간은 소통적 존재이다. 유가는 인간은 하늘에서 부여받은 소통적 본성을 지니고 있으며, 이는 스스로 배우지 않고도 仁義를 體認하고 실행할 수 있는 良知 · 良能을 구비하고 있다고 본다. 그러나 인간이 완전한 선의 상태로 태어났다고는 하지만, 인간은 실제로 타인과의 소통보다는 단절되어지거나 특정한 집단에만 갇혀 있는 존재가 될 수 있다. 그래서 유학에서는 인간이 이러한 불통, 색의 상태에 처하게 될 수 있음을 말한다. 우리가 유학에서의 본래의 상태, 즉 정상적인 상태가 어떻게 되어서 비정상적인 상태가 되는가에 대한 질문과 이럴 경우에는 어떠한 심적인 고통을 얻게 되는가에 대해서 논의해 볼 필

230) 『孟子』,「盡心上」, 萬物皆備於我

231) 『二程集』, 萬物一體爲仁

요가 있다.

유가사상에서는 인간은 본래 천지만물과 일체이지만 개체성에 집착하여 이를 진정한 자아라고 여기게 되면서 마침내 나와 세계를 구분하게 된다고 본다. 정명도는 다음과 같이 말한다.

> 의서에 말하기를 "손발이 마비되는 병을 말하여 불인이라고 하는데, 이 말은 가장 적절히 이름붙인 것이라고 하겠다. 인이라는 것은 천지만물을 모두 자기와 한 몸으로 삼는 것이니 만물이 모두 자기가 아닌 것이 없다. 만물이 자기임을 느끼게 되면 무엇이든지 이루지 못하는 것이 있겠는가? 만약 자기와 만물을 따로 떼어내면 관계가 없어지게 된다. 마치 손발이 불인하면 기가 이미 관통되지 않아 사체가 모두 자기에게 속하여 있지 않는 것과 같다.[232)]

정명도는 '不仁'의 상태를 신체의 氣가 소통되지 않아 질병이 생기는 것과 동일하다고 하면서, 병리학적인 관점에서 논의하고 있다. 그는 손발이 마비되어 기가 소통되지 못함에 비유해서 인의 소통이 되지 못하게 됨을 비유하고 있다. 신체에서 손발이 마비되어 기가 소통되지 않으면 사지와 분리되어지는 것처럼 타인과의 인의 소통이 되지 않으면 서로 분리되어 아무런 관계가 없어지게 된다고 본다. 양명도 또한 모든 사물들과 감응하여 하나가 될 수 있는 것은 바로 일기(一氣)의 유통에 있다고 본다. 이러한 우주의 일기에 의해서 만물은 서로 소통할 수 있다고 있다. 그러나 이러한 기가 막히게 되면 소통이 단절되어지고 이러한 상태를 불인으로 보고 있다. 이와 같이 유가에서 소통이 이루어지지 않

---

232) 二程遺書 제2상 醫書言手足痲痺爲不仁, 此言最善名狀, 仁者以天地萬物爲一體, 莫非己也認得爲己何所不至. 若不有諸己, 自不與己相干. 如手足不仁, 氣已不貫, 皆不屬己.

는 상태를 바로 건강하지 못한 상태로 간주하고 있다. 인간 존재는 바로 소통할 수 있는 존재이며, 이러한 존재의미를 상실하게 될 때 인간은 그 자체의 의미를 상실하게 된다고 된다. 이러한 존재의 의미를 실현하게 될 때에는 정상이지만 그렇지 못할 경우 즉, 소통주체가 기질(이기적 개체성) 에 가려서 의해서 비정상적인 상태로 간주하고 있다. 이러한 상태를 바로 마음의 병으로 간주하게 된다.

송대에서 심병을 획기적으로 정의한 사람은 범준이다. 주희와 비슷한 시대에 활동한 그는 〈심잠(心箴)〉을 지었다. 箴이란 문체는 병을 고치기 위해 놓는 잠과 같은 의미이다.

> 망망한 천지 사이에 굽어보고 우러러 보아도 끝이 없는데 사람은 그 사이에서 보잘 것 없는 몸을 지니고 있다. 존재는 작아서 큰 창고 안의 피나 쌀 한 톨 같이 보잘 것 없지만, 천지에 참여하여 삼재가 되는 것은 오직 마음 때문이다. 지나간 옛날이나 다가오는 현재나 언 누가 이 마음이 없겠는가마는 마음이 형체가 부리는 대로 하면서 짐승이 되는 것이다. 오로지 입과 귀와 눈과 손과 발의 움직이고 멈추는 사이에 그 틈을 타고 들어와 저 심병이 되는 것이다. 한 마음은 은미한데 온갖 사욕이 마음을 공격하니 거기서 보존되는 것이 드물구나. 군자는 진실한 마음을 보존하여 잘 생각하고 잘 공경하여서 천군이 태연하여서 백체가 그 명령을 따르도록 하라.[233)]

범준은 유가에서 말한 심병을 인간이 세계 안에서 자신의 역할을 다하지 못할 때 발생한다고 본다. 인간은 천지의 기를 부여받고, 이 세계

233) 范浚, 『香溪集』. 「卷 1」. 心箴, 茫茫堪輿, 俯仰無間, 人於其間, 眇然有身, 是身之微, 太倉稊米, 參爲三才, 曰惟心耳. 往古來今, 孰無此心, 心爲形役, 乃乃獸乃禽,, 惟口耳目, 手足動靜, 投間抵隙, 爲厥心病. 一心之微, 衆欲攻之, 其與存者, 嗚乎幾希. 君子存誠, 克念克敬, 天君泰然, 百體從令

와의 소통할 수 있는 본성을 지닌 존재이다. 인간은 세계 안에서 형체로 보면 중요한 특징을 지니고 있지 않지만, 그러나 인간은 천지의 기운을 부여받아서 이 세계와 소통할 수 있는 본성을 지닌 존재이다. 즉 자신의 본성을 다하는 것은 바로 이 세계의 모든 존재의 차이성을 인정하면서 소통해야 하는 존재이기도 하다. 자신의 도덕본성에 근거해서 주체적으로 사회관계와 소통해야 하는 존재이며, 이와 같을 때 인간은 자신의 본성을 다할 수 있다. 하지만 인간에게는 이러한 소통의 본성은 바로 기질과 분리되어서는 설명할 수 없다는 것이다. 이러한 소통 본성은 발현되어질 때 기질의 영향을 받기 마련이다. 즉 인간의 마음이 외부 사물과 감응하게 될 때 자신의 기질의 영향에 의거해서 옳게 드러나지 못하게 된다는 것이다. 인간의 기질은 때로는 후천적인 경험이나 기질에 의해서 탁하게 되어 자신의 본질을 옳게 드러내지 못하게 하는 속성을 지닌다. 이와 같을 때 소통본성은 드러나지 못하게 되고 타인과의 관계가 단절된다고 볼 수 있다. 그래서 범준은 외물이 밖에서 감각기관을 통해서 유입되면서 소통의 마음을 공격하여 왜곡시킬 때 이러한 상태를 심병으로 보고 있다. 이와 같이 외부의 환경에 의해서 인간의 본성을 닫아버리면서 자신의 본성이 소외된다고 볼 때 이러한 상태를 심병으로 간주한다. 실제로 인간은 천지에서 받은 소통을 본성으로 지니고 있지만, 외부 환경에 의해서 그러한 소통본성이 이루어지지 않는 경우가 자주 있게 된다. 이는 형체의 부림을 받는 상태가 되면 심병이 된다는 의미이다. 이 심병개념은 송대 여러 문헌이 수용한다. 진덕수가 편찬한 심경도 이것을 수용하였다. 이로써 심병이란 개념은 유학자들의 마음 경험을 설명하는 용어로 더욱 용도가 높아졌다.[234] 그래서 주희는 이 "심이란 사람의 몸에 있으면서 그것을 주재하는 것이다. 하나이지 둘이 아니

---

234) 유권종, 「동양고전에서 사용되는 심병의 용례와 의미」, 『철학탐구』 제2집, 중앙대학교 철학연구소, p.23

며, 주인이지 손님이 아니며, 사물에 명령하는 것이지 사물에게 명령을 받는 것이 아니다"[235]라고 하여, 인간의 心을 기질의 간섭에서나 외부의 강압에서 벗어나 자발적으로 외부 대상과의 관계에 참여 하는 주재 능력[236]으로 파악하고 있다. 그래서 이 주재 능력은 바로 모든 존재와 소통[237]을 통해 올바른 관계를 가능하게 해 준다. 이와 같을 때 도덕주체는 자신의 환경 특히 인간관계에서 타인들과 바람직한 관계를 유지할 수 있으며 그 속에서 행복감을 얻을 수 있다고 본다. 하지만 외부의 영향에 의해서 훼손되거나 또한 잃어버릴 수 있다고 본다.

인간이 사욕(개체성)을 추구하게 되면 사회적 소통이 파괴된다고 본다. 즉, 인간이 자기의 이익을 추구하는 것은 사회적 소통을 막는 결과를 초래한다고 본다. 그러나 이러한 사욕이 사라지게 되면, 마음이 공평하게 되어 타인과의 소통이 자연스럽게 된다고 본다.

> 천지의 상도는 그 마음이 만물에 두루 하지만 사심이 없다 성인의 상정은 만사를 따르되 사정이 없다. 그러므로 군자의 학문은 확 트인 대공과 같아 물이 오면 순응한다. 그러므로 역에 말하기를 정하면 길하고 후회가 없으리라. 사심으로 왕래하면 친구가 너의 뜻을 잠시 좇으리라고 했다. 진실로 애써 외부의 유혹을 없애려 해도 동쪽에서 없어지면 서쪽에서 생긴다. 유혹을 없애는 시간이 부족한 것이 아니라 밖에서 유혹하는 단서가 없어서 이것을 다 없앨 수가 없다는 것이다.[238]

---

235) 『朱子集』, 「券67」, 觀心說, 心者, 人之所以主於身者也; 一而不二者也; 爲主而不爲客者也, 合物而不命于物者也.

236) 『朱子語類』, 「券5」, 主宰是心

237) 『朱子語類』, 「券98」, 統是主宰, 如統萬軍

238) 『二程全書』. 「明道文集」, 券3 定性書

정호는 "군자의 학문은 확 트인 大公과 같아서 물이 오면 순응한다"고 하여 사심이 없는 상태를 公으로 해석하고 있다. 그는 公을 사사로움이 없는 인간의 마음 상태 즉 순수하게 내적인 마음의 상태만을 나타내는 개념으로 해석하면서, 자기 이익을 추구하는 개체성(私)이 사회적 소통(公)을 가로막는 원인으로 간주한다. 그래서 정명도는 인간은 실제로 천지만물과 일체이지만, 개체에 집착하여 나라고 여기게 되면서 마침내 나와 세계를 나누게 된다고 본다.[239] 주희는 개체의 자기 지향성(私)이 公과는 함께 할 수 없게 되어 나와 物(타인)을 대립하게 한다고 본다. 그러나 이러한 사욕에 근거해서 외부대상을 수용할 경우에는 각종 외부의 유혹을 받게 되면서 내 마음은 혼란하게 될 수 있다고 본다. 이와 같이 개인의 중심을 상실하게 되면 외부대상을 기질에 의해서 수용하게 되면서 각종 명예와 권력 등 사회가 만들어 놓은 온갖 유혹에 빠지게 되면서 마음이 혼란하게 된다고 본다.[240] 그래서 유학에서는 다음과 같이 말한다.

> 이 심의 신령함에 있어서 그 지각이 理에 있는 것은 道心이요, 그 지각이 欲에 있는 것은 인심이다.[241]

> 단지 하나의 심이지만, 지각이 귀와 눈의 욕구를 따라가면 인심이 되고, 지각이 의리를 따라가면 곧 도심이 된다.[242]

주희는 심을 道心과 人心으로 구분하고 있다. 심의 지각이 道義에 부

---

239) 풍우란 박성규 옮김, 『중국철학사(하)』까지, 1999, p.517

240) 맹자, 고자상, 既得人爵, 而其棄天爵 則惑之甚者也, 終亦必亡而已矣

241) 『朱子集』, 「券56, 答鄭子上十」, 此心之靈, 其覺于理者, 道心也. 其覺于欲者, 人心也

242) 『朱子語類』 「券78」, 只是這一個心, 知覺從耳目之欲上去, 便是人心, 知覺從義理上去, 便是道心

합하면 道心이고, 개인의 욕구에 따르면 人心이 된다. 그래서 道心은 인의예지에 근거한 마음, 즉 관계대상의 차이성을 존중하면서도 사랑으로 대하는 마음이라면, 인심은 관계대상을 자신의 이익과 욕망을 실현하는 수단으로 대하는 마음이다. 그래서 유학에서는 인심이 위태로운 것이라면 도심은 쉽게 실현하기가 어렵다고 보고 있다.[243] 인심에 의해서 외부대상을 받아들이면, 모든 대상을 자신의 욕망의 대상으로 간주하게 된다. 타인도 그 자체를[244] 사랑하고 존경하기 보다는 타인을 나의 목적을 얻기 위한 대상으로 보게 된다. 실제로 인간현존재는 인심과 도심 간의 투쟁에 의해서 마음의 병이 생기기도 한다. 즉 나의 이익과 욕망을 추구하다 보면, 양심의 가책을 받게 되고, 반대로 도심에 의해서 타인과의 바람직한 소통을 하게 되면 오히려 나의 욕구를 포기해야 한다는 것이다. 이와 같이 현실적인 인간은 바로 인심과 도심이 갈등과 대립의 관계를 지니면서 양자가 서로 투쟁의 관계에 놓여 있다고 본다. 인간의 실존은 항상 인심과 도심이 항상 대립되는 과정을 살아가는 실존적인 존재이지만 어떤 경우에는 도심보다는 인심에 따라서 살아간다. 이럴 경우에는 인간은 양심의 가책을 느끼게 되고, 이를 치료하지 않으면 소통적 자아는 쭈그려지게(餒) 되고, 결국에는 소통적 자아를 포기하거나(自暴) 버리게 되면서(自棄) 타인과의 소통이 단절되고 고립된 존재로 전락할 수 있다고 본다. 이는 바로 인간의 본성에 대한 상실이다.

유학에서는 이러한 마음이 왜곡되는 원인을 외부에 있는 것이 아니라 바로 자아의 상실 또는 결핍에서 찾는다. 이러한 빈자리에 이기적 자아가 자리하게 된다. 유학에서는 이를 개인의 신체적 기질, 개인의 욕구에서 발생한다고 본다. 유가에서는 인간이 지니고 있는 자아가 소외

---

243) 같은 책, 如人心惟危, 道心惟微, 都是心

244) 『河南程氏 遺書』, 有人胸中, 常若有兩人焉. 爲欲善, 如有惡以爲之間. 欲爲不善, 又若有羞惡之心者, 本無二人. 此正交戰之險也

되어짐을 바로 질병의 원인으로 파악한다. 사람의 고유한 본성을 지니고 있음에도 불구하고 그 본성을 발휘할 수 없을 때 그 존재의미는 망각된다. 그 존재의미(大體)가 망각되고 욕망(小體)이 그 역할을 대신하는 삶을 살아간다면, 느끼는 고통은 신체나 신경증과 같은 심리적 질병과는 다른 유형의 실존적 아픔이다.[245] 이런 욕망이 그 자리의 주인의 노릇을 하면서 수많은 병리현상을 초래하게 된다. 유가에 따르면 인간의 본성은 타인을 사랑하지 않을 수 없다. 하지만 인간에게는 기질에 근거한 탐욕 또한 자리 잡고 있기 때문에, 그 본성이 상실되고 그 자리에 자신의 이기적인 자아가 대신한다. 이와 같이 사회현상에 의해 영향을 받게 되는 것은 바로 자신의 본성이 훼손되거나 상실되기 때문이라 할 수 있다. 그래서 이럴 경우를 유가에서는 심병으로 파악한다. 일단 거짓된 모습으로 포장하기 시작하면 참 자기는 존재하지 않는 것과 다름이 없다. 자신이 아닌 무언가로 된다면, 이는 진정한 자기 자신이 아니기 때문이다. 엘리스 밀러는 자신이 아닌 뭔가 다른 존재를 창출하여 변형되는 과정을 두고 "영혼의 살인" 이라고 표현했다.[246] 이럴 때 자아는 세계와 소통할 수 있는 주인공임에 불구하고 스스로를 하찮은 동물과 같은 존재로 전락시킬 수 있게 된다. 자신이 아닌 뭔가 다른 상태에 이르게 될 수 있다. 이와 다른 존재가 된다는 것은 인간 이상 혹은 그 이하로 떨어지는 결과를 낳게 된다. 이와 같이 자신이 소통자아를 상실하고 욕망적 자아를 참된 자아로 알게 될 때에는 인간은 외부와의 소통할 수 없게 된다. 이러한 자아상실이야말로 자기가 자신에게 가하는 가장 폭력적인 일이라 볼 수 있으며, 이는 인간성을 죽이는 일이다.

---

245) 김보경, 『유교소외론의 이념형적 구성과 적용』, 계명대학교 대학원 박사학위논문, 2011. p.22참고.

246) 존 브래드쇼 지음 김홍찬, 고영주 옮김, 『수치심의 치유』, 사단법인 한국기독교상담연구원, 2006. p.17

위와 같이 참 자아를 상실하게 되면서 권력과 명예와 도구적인 목적을 추구하고자 한다. 즉 자신의 도덕적 결핍을 피하기 위해서 밖에서 끊임없이 욕망을 충족하고자 한다. 서구의 근대성은 자신의 영역을 특정한 영역에서 제한하지 않고 끝없이 확장하고자 하는 것에서 찾고 있다. 그는 개체성의 확장을 인기, 사치, 명예, 권력 등으로 확장하고 있다고 주장하거나 아니면 자신을 사랑하기 위한 정신병질에 갇히게 된다고 본다.[247] 실제로 중독이란 단어의 라틴어를 보면, 글자 그대로 "자기 자신을 포기했다"라는 뜻이 된다. 중독이 되었다는 건 뭔가에 집착하는 상태에 굴복했다는 뜻이다.[248] 이는 바로 자신의 본성을 상실하고 이에 대해 도덕적 즐거움을 얻지 못하게 될 때 어떤 특정 감정이나 행위에 몰아하면서 이를 통해서 대리 만족감을 얻게 된다는 것이다. 그래서 중독은 날 아무도 사랑해 주거나 받아주지 않는 외롭고 기댈 곳이 없는 존재라고 여기는 생각에서부터 출발한다. 하지만 엄밀히 말해서 중독은 다른 사람이 자신을 사랑하지 않기 때문이기 보다는 자기가 자신의 존재를 사랑하지 않기 때문에 발생한다. 그러나 모든 탐욕은 만족될 수 없는 성질을 가지고 있기 때문에 그 결과 어떤 참된 만족도 있을 수 없게 된다. 이와 같이 자신의 감각적인 욕망만을 추구하여 실제로 언제나 걱정스런 마음으로 자신의 일만을 생각하지만 결코 만족하지 못하고 항상 불안하며 충분히 얻지 못하지 않을까 혹은 무엇을 놓쳐 버리는 것이나 빼앗기지나 않을까 하는 두려움에 항상 쫓기게 된다. 그래서 진정한 자신을 받아들이지 않는 것은 자신의 내면을 혼란에 빠뜨리며 무너지게 한다. 이것은 우리가 내면에 있지 못하고, 외부에서 우리를 가리는데 급급하다는 말이며 결국에는 이런 일에 온 힘을 다 써서 정작 세상

---

247) 홍승표, 「한국인의 사회심리적 문제점과 동양사상을 통한 해결방안」, 『인문학논집』(41집), 계명대학교 한국학연구원, 2010, p. 266

248) 존 브래드쇼 지음 김홍찬, 고영주 옮김, 『수치심의 치유』, 사단법인 한국기독교상담연구원, 2006. p.152

을 대처해 나아갈 힘은 없는 것이다. 그래서 퇴계는 "마음이란 것은 이와 기가 합쳐서 된 것인데, 이가 주도하여 기를 이끌면 마음은 고요하고 한결같아져서 저절로 쓸데없는 생각이 없어진다. 그러나 이가 주도하지 못하고 기가 이기게 되면 마음은 어지럽지가 끝이 없어서 사특한 생각과 망령된 상념이 뒤섞여 일어서 마차 무자위가 빙글빙글 돌듯이 잠시도 가만히 있지 못한다." 또는 "마음이 어지러운 병", "마음이 마구 치달아 들뜨는 병"[249)]을 지니게 된다고 본다.

상술한 바와 같이 유학은 개방적이고 소통적인 인간을 추구하고, 폐쇄적이고 고립적인 인간이 되는가 하는 문제는 개인의 도덕적 능력의 문제이기도 하다. 즉 사회가 개방적인 사회냐 아니면 폐쇄적인 사회이냐 하는 것은 바로 사회적 문제이기도 보다는 결코 인간의 본성을 실현하느냐 아니면 개인의 욕망에 지배를 받는가에 의해서 결정된다. 그래서 유학의 치료학은 바로 이 문제에서 출발한다고 볼 수 있다. 즉 인간의 정상적인 마음상태를 가지느냐 아니면 병리현상의 마음을 지니고 있는가 하는 문제이기도 하다. 그래서 유학에서 말하는 실존적 인간은 정상적인 인간과 병리적인 인간 어느 것을 선택할 수 있는가? 유학에서는 걸주와 같은 폭군이라도 성인군자가 될 수 있는 가능성을 열어 놓고 있다. 즉 비정상적인 마음을 지니고 있다고 하더라도 자신의 본연의 마음, 즉 정상적인 상태로 회복할 수 있는 치유의 가능성을 열어 놓고 있다는 점이 매우 매력적이라 할 수 있다. 그러나 개인의 욕망에 치우쳐 있는 사람이 어떻게 자신의 도덕적 본성을 자각하고 건강한 삶을 살 수

249) 『退溪先生言行錄』, 『卷1』, 論持敬, 問思慮之所以煩擾何也? 先生曰 夫人合理氣爲心, 理爲主而師其氣, 則心靜而慮一, 自無閒思慮, 理不能主而爲其所勝, 則此心紛綸膠擾,. 無所底極, 邪思妄想, 交至疊臻, 正如翻車之環轉, 無一息之定貼也. 又曰人不可無思慮, 只要去閒思慮已. 只要不過敬而已. 敬則心便一, 則思慮自靜矣, 『退溪先生文集』, 答洪胖, 心之紛擾. 退溪先生文集 卷36, 答琴聞遠, 心之馳騖飛揚

있는가? 유학은 이를 공부론으로 강조하고 있지만, 일반인들이 자신의 삶을 반성하고 자각할 수 있는 방법으로 치료를 중시한다. 공자가 제자들의 삶의 고민과 심리적인 장애를 해소할 때 현대의 상담과 같은 방식으로 그들의 삶을 자각하게 하고 공부를 통해서 자신의 마음치료를 할 수 있도록 안내하고 있다

4. 유학의 욕망치료

유가는 심이 신체적 욕망에 좌우되면서 소통주체가 소외되는 과정에서 마음의 질병이 생긴다고 보았다. 우리가 이 세상에 존재한다는 말은 우리가 아무 것도 아니라는 말과 정면으로 대치한다. 우리가 이 세상에 존재한다는 사실은 이 세상에 있다는 것을 인정하는 것이며, 우리가 단지 존재함으로써 우리가 아무 것도 아니라는 소리를 이미 이긴 것이다. 만물일체라고 하는 것은 바로 내가 이 세상에 존재하기 때문에 모든 것이 연결될 수 있다는 것을 말한다. 이는 모든 사물과 감응할 수 있는 존재이기도 하며, 이를 통해서 이 세상에서 주인공이 될 수 있으며, 또한 이 세상의 경영자가 될 수 있다고 본다. 이는 바로 이 세상의 위에 있다고 하는 것은 존재론적인 우위를 말하는 것이 아니라 인간은 각자의 존재감에 충만하여 이 세상에 존재할 뿐만 아니라 이 세상을 운영할 수 있는 주재가 된다는 것이다. 이는 인간 도덕성의 완성이며, 영적 삶의 방식은 영적인 것이 바로 존재에 관한 것이다. 이러한 영직인 존재가 있기 때문에 이 세상에 존재한다는 것이며, 이 세상에서 우뚝 설 수 있는 존재가 된다. 유가는 수양 즉 심리치료를 통해서 유가의 소통주체를 회복하고자 한다. 이와 같이 유가의 공부가 정상적인 상태를 되돌아가기 위한 행위이라면, 치료와 동일한 의미를 사용할 수 있다.

유가에서의 마음은 바로 자신의 본성에 근거한 것이며, 이에 대한 치

료는 또한 외부에 의해서 행해질 수 있는 것이 아니라 본인에 의해서 가능하다. 이러한 본인의 존재 상실에 대해서 알 수 있는 능력 또한 인간의 본성에 간직하고 있기 때문이다. 앞에서 언급한 바와 인간이 타인과의 소통 하지 못하는 이유는 바로 인간의 외부의 사물에 대한 욕망을 지니고 있기 때문이다. 이러한 욕망에 의해서 인간본성에 근거하지 않을 때 즉 외물에 의해서 살아갈 때 인간은 부끄러운 마음을 지니게 된다는 것이다. 이와 같이 수치심은 바로 인간이 지니고 있는 도덕적 본성이 된다. 인간은 본래부터 소통적 본성을 지니고 있기도 하지만, 자신의 행위가 고립적이고 폐쇄적인 마음에 대해서는 스스로를 부끄러워하고 상대방의 이러한 행위에 대해서는 미워하는 마음을 지니고 있다는 것이다. 공자 역시 "정치로서 인도하고 형벌로서 인도하면 백성이 면하려고만 할 뿐 부끄러움이 없을 것"[250]이라고 하면서 도덕적 심리를 중요시 한다. 이러한 부끄러움은 법적 제도를 어기게 되었을 때 느끼는 죄책감과는 다르다. 이러한 죄책감은 결코 자발적인 것이 아니라 타율적인 감정이라면, 부끄러움은 모든 인간이 가지고 있는 주관적인 심리이기도 하다. 하지만, 그 부끄러움의 감정은 주관적인 심리이기는 하지만, 그 마음은 상대방과의 관련성에서 논의되는 것이다. 그래서 동일한 과오에 대해서 자신은 부끄러워하지만 상대방으로부터 미움을 받을 수 있게 된다고 본다.[251] 이와 같이 유학에서는 자신의 부끄러울 수 있는 마음을 설정하면서, 자신의 과오에 대해서 언제든지 부끄러워 할 수 있는 능력이 있기 때문에 자신의 문제를 진단하고 처방할 수 있는 계기를 마련할 수 있다. 이러한 부끄러워하는 마음이 없다면 자신의 잘못을 인지하지 못할 수 있으며, 이와 같을 때에는 결코 외부적인 대응만이 이루어지지만, 자신이 스스로 뉘우치고 반성할 수 있는 것은 바로 자신에게 바

250) 『논어』, 「위정」, 子曰 道之以政, 齊之以刑, 民免而無恥

251) 주희, 『맹자집주』, 「공손추상」, 羞, 恥己之不善也, 惡, 憎人之不善也

로 부끄러워하는 마음을 지니고 있기 때문이다. 그래서 맹자는 다음과 같이 말한다.

> 맹자께서 말씀하셨다. 사람은 부끄러움이 없어서는 안 되니, 부끄러움이 없음을 부끄러워한다면, 치욕스러운 일이 없을 것이다. 맹자께서 말씀하셨다. 부끄러움이 사람에 있어서 매우 크다. 기교의 공교로운 짓을 하는 자는 부끄러움을 쓰는 바가 없다. 부끄러워하지 않음이 남과 같지 못하다면 어느 것이 남과 같은 것이 있겠는가?[252)]

맹자는 바로 이러한 수오의 감정은 나에게 가지고 있는 바이다. 이러한 수오의 감정을 잘 보존하면 성현으로 나아갈 수 있지만, 이것을 잃으면 금수로 빠지게 된다고 본다, 즉 이러한 부끄러움의 감정을 통해서 소통의 주체를 회복할 수 있기 때문이다. 그렇지 않고 자신의 이익만을 추구하기 위해서 계산하는 자는 바로 부끄러움을 지니지 못한다. 그러나 이러한 행위 자체를 한다고 해서 부끄러움은 없어지는 것이 아니라 부끄러움을 숨기는 것이라 할 수 있다. 이와 같이 부끄러움을 숨기는 다는 것은 바로 자아를 포기하면서 개체성이 자신의 주체로 간주되어지는 오류를 범하게 된다. 그래서 이러한 수오의 감정은 바로 자신의 도덕적 본성을 회복하는데 있어 매우 중요한 것이 된다. 이러한 부끄러움에 대한 자각은 바로 도덕적 용기를 가지게 되는 필수조건으로 파악한다. 이와 같을 때 부끄러움이 도덕적 용기와 결합되어질 때 부끄러움은 긍정적인 수치심이 될 수 있다고 본다. 이와 같이 내면에 도덕적 본성을 지니고 있다는 믿음과 또한 그 부끄러운 감정이 바로 도덕적 용기를 배양시킬 수 있다고 본다. 주희의 해석에 의하면 부끄러움이란 잘못을 범한

---

252) 맹자 진심상, 孟子曰 人不可以無恥, 無恥之恥, 無恥矣. 孟子曰 恥之於人 大矣. 爲機變之巧者, 無所用恥焉. 不恥不若人, 何若人有

주체를 인지함으로써 생겨난다. 이러한 수오지심은 바로 의의 본성에 기인하며, 이러한 수오지심이 바로 도덕적 본성과 용기를 키워주는 핵심적인 내용이기도 하다.[253] 부끄러움이란 잘못을 범한 것이 자신이라는 사실을 의식상에서 인지할 수 있음을 전제한다. 도덕적 부끄러움의 인지적 측면에서 보자면 인간은 자신이 누구이며, 떳떳한 행위를 하고 있는지를 늘 파악한다. 마치 증자가 자신이 충성스럽고 신의가 있고 학습을 잘 하고 있는가에 관해 날마다 살폈듯이 그리고 공자가 마음이 바라는 대로 해도 도덕적 법도를 넘어서지 않았다고 하듯이 맹자 역시 우러러 하늘에 부끄럽지 않고 굽어 사람들에게 부끄럽지 않는 것이 두 번째 즐거움이라고 말한다. 이처럼 유학에서는 자신의 행위와 의식을 살피는 도덕적 자기 인지를 통해 부끄러움에 이르지 않으려고 노력하였으며 그러한 수양법은 바로 경과 성이라는 성리학적 공부법으로 이어진다.

그래서 유가에서는 부끄러움을 매우 중시한다. 부끄러움은 자신의 문제를 스스로 진단하고 처방하게 해 주는 감정이기도 하다. 자신이 소통주체를 실현하지 못하고 개체성만을 강조하게 될 때 스스로 자신의 본성이 이화되어진 것을 깨달을 수 있는 인간의 본능적 능력이라 할 수 있다. 이러한 부끄러움을 해소하는 것이 바로 유가적 마음치료의 시작이라 할 수 있다. 그래서 유학자들은 이러한 부끄러움의 감정을 경험한 후에는 자신의 본성을 회복하는 치료하기 위한 과정을 가진다. 이러한 심리치료는 바로 몇 가지 단계의 공부과정으로 구성되어진다고 본다. 유학자 이옹은 이러한 자아 치료 과정은 전념(轉念), 입지(立志), 식과(識過), 개과(改過), 복고(復古), 자신(自新)이라는 몇 가지 단계의 공부

253) 정용환, 「맹자의 도덕 감정론에서 부끄러움의 의미」, 『철학논총』, 제 66집, 새한철학회, 2011. p.149

과정으로 설명하고 있다.[254)]

우선, 이옹은 轉念에 대해 "군자와 소인, 소인과 금수의 구분은 다만 하나의 전념 간에 있을 뿐이다"라고 하였다. 이옹은 군자나 소인 그리고 동물 모두 性(理)를 지니고 있지만, 인간만이 그 본성을 실현시킬 수 있는 마음을 지니고 있다고 본다. 그래서 이옹은 '회과'에 있어서 우선적으로 소인의 욕망을 추구하는 마음에서 군주의 도덕적인 삶을 살고자 하는 마음으로 전환해야 하며, 이를 위해서는 내담자가 스스로 군자가 될 수 있다는 믿음과 자신감을 지니고 있도록 해야 한다고 본다. 자신에게 내재해 있는 도덕적 본성이 있음을 인지하는 것이 중요하다. 유가에서는 이러한 성인들과 자신을 동일시하는 내용을 찾아 볼 수 있다. 즉 나도 비록 천박한 사람이지만 성인이 될 수 있다는 자신감을 회복하는 것이 무엇보다도 중요하다. 그러나 이러한 자신감이 너무 의도적일 필요는 없다. 이러한 의도성과 이에 대한 집착은 또 하나의 스트레스를 지닐 수 있으며, 일상적인 관계에서 자신의 도덕적인 마음에 근거해서 자신의 마음을 살피는 것이 매우 중요하다고 본다.

둘째로, '立志'는 성인으로 나아가는 첫 번째 관문이다. 공자는 나는 도를 삶의 목표로 삼는다고 하였다. 이는 일상생활에서 자신의 본질로 믿고서 이러한 소통주체를 회복하고자 함을 인생의 궁극적인 목표로 삼는 것을 말한다. 그래서 이옹은 "성인과 범인과 귀하고 천한 것이 끝내 나누어지는 것은 뜻을 세우고 뜻을 세우지 않는 차이에 있다. 뜻을 세우면 어둡지 않고 본래 선량하여 순조롭게 이르니 바로 하늘의 법칙으로 불이 타오르고 물이 흘러나오는 것과 같이 범인이 바로 성인이 된다고 본다."[255)]라고 하면서 입지공부를 중시한다. 이와 같이 입지는 자

254) 房秀麗,「李二曲悔過自新說之詮解」, p.62

255) 이옹, 위의 책, 聖凡貴賤之所以卒分者, 立志與不立志異也. 立卽不買本良, 順而致之, 使是天則, 火然天達, 凡卽爲聖

신의 소통주체를 찾는 행위의 시작이라 할 수 있으며, 실제로 공자와 문왕이 성인이 될 수 있었던 것은 그들이 부단히 성인이 되고자 하는 의지를 지니면서 자신의 욕망을 치유할 수 있었기 때문이다. 이와 같이 유학에서 뜻을 세운다는 것은 욕망이 주인이 되어 살아가던 범인의 삶을 포기하고 성인이 되고자 하는 의지를 가짐을 말한다고 볼 수 있다.

다음으로 '識課'이다. 성인이 되고자 하는 마음을 가지게 되면, 성인의 마음과 삶의 방식을 통해서 자신을 비추어 볼 수 있다. 범인으로 살아갈 때의 명예와 권력, 부에 대한 내적 동기와 행위를 이전에는 당연한 행위로 생각되었지만, 성인의 삶을 믿고 뜻을 세우면서 자신이 이전에 살았던 삶의 모습이 비정상적이고 잘못되어진 행위임을 인지하는 과정이다. 유학에서의 식과는 크게 신체의 잘못과 마음의 잘못으로 구분해 볼 수 있다. 그 하나는 바로 신체적인 행위의 잘못이다. 그래서 유학에서 말과 행위가 타인을 무시하거나 부정해서는 안 되며, 늘 사랑과 존중의 마음을 지니고 있어야 하지만, 이와 같지 말하고 경솔한 언행을 하게 되는데 이를 바로 신과로 이해한다. 그러나 유학에서는 이러한 행위의 잘못의 근본은 바로 마음의 작용에 있다고 본다. 유학에서 신과는 행위로 드러나기 때문에 그 잘못을 쉽게 인식할 수 있지만, 마음의 의념은 실제로 눈으로 볼 수 없는 잘못이기 때문에 인식하기 어렵다. 그는 잘못된 행위를 시정할 수는 있지만, 때로는 病根이 여전히 마음 깊은 곳의 의념 속에 있기 때문에 없애기 어렵다. 그래서 "반드시 보이지 않는 곳에서도 계신해야, 듣지 못하는 곳에서 조심해야"[256] 하는 愼獨의 공부를 해야 한다고 본다. 안연이 잘못을 두 번 하지 않았던 것은 여기에 해당된다. 그래서 신독은 숨어서 드러나지 않는 의념상의 심의 잘못을 점검하면서 항상 청성을 유지하여 이 독을 지킬 수 있어야 한다. 신독의 공

256) 『중용장구』, 是故君子戒愼乎其所不睹, 恐懼乎其所不聞, 莫見乎隱, 莫顯乎微 故君子愼其獨

부를 온전하게 하면 기미를 아는 상태에 도달할 수 있다고 본다.[257)]

그 다음 과정은 바로 '改過'이다. 이옹은 마음치료에 있어서 식과는 그 자체가 목적이 될 수 없으며 자신의 잘못을 고치기 위한 인식행위에 불과하다면, 개과는 반드시 천리를 보존하고 인욕을 없애는 실천적 공부라고 말한다. 이 공부는 바로 날로 욕심을 덜어내는 공부 방법이다. 마음의 부당한 물욕과 권력욕, 명예욕 등과 같은 심리의식을 해소하는 것이다. 이러한 실존적 소외를 극복하게 되면 마음은 본연상태를 자연스럽게 회복할 수 있다고 본다. 이와 같을 때 내담자의 생활은 천리를 보존하고 인욕을 극복하여 지선한 경지에 도달할 수 있게 된다. 이옹에게서 '치료'는 인욕에 가려져 있는 인간본성을 회복하여 개방적이고 소통적인 일상생활로 돌아가는 과정을 말한다. 이것이 바로 復古이다.[258)]

'복고'는 사람의 고유한 본연지성을 회복하는 것을 말한다. 즉, 범인의 단계에서 마음이 욕망의 지배를 받으면서 도덕적 본성이 가려져 있던 모습에서 본래의 청정한 자신의 모습을 만나게 되는 과정으로 본다. 이옹은 복고를 통해서 새로운 자신의 모습을 발견하게 된다고 본다. 이 과정을 이옹은 '自新'이라 한다.

이옹은 "뉘우치고 또 뉘우쳐 잘못이 없는데 이르고 새롭고 또 새로워서 끊임없이 날로 새로운 데에 이른다."[259)]라고 한다. 여기서 '새롭다'는 의미는 바로 復古의 과정을 통해서 만나게 되는 자신의 본래의 모습을 말한다.[260)] 이와 같이 사람은 과거의 자신을 끊임없이 반성하고 고치면서, 자신의 진정한 도덕적 본성을 발견하게 되는 것을 자신으로 말한다. 그래서 '自新'의 의미는 바로 지선한 본성을 회복하는 과정일 뿐, 새로

257) 정병석, 「이옹의 회과자신설(悔過自新說)과 치유적 사유」, 『철학』, 제98집, p.18

258) 정병석, 위 논문, p. 19

259) 이옹, 위의 책, 「권1」, 悔過自新說, 悔而又悔, 以至於無過之悔, 新而又新, 以極於日新之不已

260) 정병석, 위 논문, p. 19

운 무엇인가를 창조한다는 의미가 아니다. 이러한 6단계는 내담자가 스스로 잘못된 마음을 바로잡아 도덕본성을 회복하면서 스스로의 문제를 치유하는 과정이다. 이러한 自療의 과정을 통해서 개인은 결코 고립적이고 폐쇄적인 상태에서 개방적이고 소통할 수 있는 존재로 새롭게 태어나게 된다.

유학에서 심병이라고 하는 인간 도덕본성의 상실은 도덕본성이 상실되는 것이 아니라 바로 욕망에 의해서 가려져 있을 뿐 적당한 방법을 통해서 욕망을 제거하게 되면 그 자체를 다시 분명하게 드러낼 수 있다고 본다. 즉 치료의 의미가 정상적인 상태를 회복하는 것에 있다면, 유학에서의 심리치료는 바로 자신의 본성을 다시 드러내는 것에 있다고 볼 수 있다. 따라서 인간은 선할 수 있는 가능성을 지닌 존재이기 때문에 "잘 기르면 어떤 것도 자라지 않는 것이 없고, 진실로 잘 기르지 않으면 어떠한 것도 소멸되지 않는 것이 없다."[261] 그래서 정신질환의 근본적인 치유는 결코 신경분석학적인 치유가 아니라 오히려 자아정체성을 확립해야 하며, 이는 유가적인 관점에서 보면 바로 도덕본성을 회복하는 것에서 찾아 볼 수 있다. 이럴 때 "理義가 내 마음을 기쁘게 하는 것은 마치 맛있는 고기 요리가 내 입을 즐겁게 해주는 것과 같다.[262] 맹자는 이때의 감정을 인의예지가 내 마음에 뿌리내리면, 그 얼굴빛에 나타남이 온화하고 윤택하여 그것이 얼굴에도 드러나고, 등 뒤에도 밝게 나타나며, 두루 팔과 다리에까지 골고루 미쳐서 아무런 말을 하지 않아도 깨달아 행해진다고 했다[263] 고 표현하고 있다. 이와 같이 맹자는 인의에

261) 『孟子』, 「告子上」, 苟得其養, 無物不長,苟失其養, 無物不消

262) 같은책, 告子上」, "口之於味也, 有同耆焉, 耳之於聲也, 有同聽焉, 目之於色也, 有同美焉, 至於心, 獨無所同然乎? 心之所同然者, 何也? 謂理也, 義也. 聖人先得我心之所同然耳, 故理義之悅我心, 猶芻豢之悅我口"

263) 같은 책, 『盡心上』, "仁義禮智根於心, 其生色也. 睟然見於面, 盎於背, 施於四體, 四體不言而喻"

근거한 심적 욕구가 실현되었을 때의 즐거움을 감각, 생리와 직접적으로 연결하고 있어 자아실현과 타인과의 소통이 실현되어지며, 이를 통해서 즐거움을 얻을 수 있다고 본다. 이는 도덕적 치유가 단지 자존감을 확립할 수 있다는 차원을 넘어서 육체적 심리적인 문제까지도 해결될 수 있음을 암시하고 있다. 그래서 신체나 신경분석학적 질병은 일시적으로 치유될 수 있지만, 여전히 재발의 가능성이 남게 된다고 본다. 그래서 좀 더 근본치유를 위해서는 도덕적 치유가 필요하다.

5. 현대인의 정신치료

윗 장에서 현대인의 심리적 장애가 개인주의에서 파생하였음을 논하고, 이를 해결하기 위한 대안을 유가의 수양론을 중심으로 살펴보았다. 한국도 근대 이후 서구의 근대성을 받아들이면서 그 이전보다 개인의 자유와 권리를 보장받고 있다. 그러나 현대 한국인의 심리적 장애는 오히려 서구 보다도 더욱 심각하다고 본다.

유가의 심리치료는 바로 개체성을 인정하면서도 또한 타인과의 사랑과 존중으로 소통할 수 있는 내용을 지니고 있기 때문이라 볼 수 있다. 유가의 심리학은 분명히 프로이트의 인간 욕망에 근거한 것이 아니라 바로 타인에 대한 사랑과 존중을 기반으로 할 뿐만 아니라 더 나아가의 천지의 마음과도 통할 수 있는 가능성을 열어 놓고 있다. 이러한 소통은 비단 인간과 인간의 소통만이 아니라 자연과의 소통될 수 있는 가능성을 지니고 있다고 볼 수 있다.

유가에서의 심리적 질병은 바로 인간욕망이 사회적 규범에 의해서 소외되기 때문에 발생한 것이 아니라 오히려 감성적인 욕망이 소통본성을 소외시키기 때문에 발생한다고 본다. 인간의 소통본성은 인간이면 누구나 지니고 있지만, 인간의 기질이나 후천적인 환경에 의해서 상실되면서 기질이나 왜곡된 마음을 인간의 진정한 자아로 이해하면서 발생한다고 본다. 이와 같이 인간은 타인과 더불어 할 수 있는 기쁨을 얻지 못하게 되면서 그 기쁨을 외부의 물욕에서 보충하고자 한다. 이럴 때 인간이 바로 이 세계의 주인공이 아니라 바로 인간은 외부세계의 노예가 되면서 타율적이며 외부에 이끌리게 되면서 심리적 불안, 혼란함을 겪게 된다고 본다.

유가의 심리치료는 바로 소통본성을 회복하는 것에 있다. 이러한 본성이 인간의 내면에 주어져 있기 때문에 그 치료의 주체도 또한 본인이 될 수밖에 없다. 그러나 유가의 심리치료에서 중요한 본성 중에 하나가 자신의 본성을 상실하게 될 때 부끄러움을 느낄 수 있다는 사실이다. 유학에서는 이러한 부끄러운 감정을 통해서 자신의 일상과 심리를 반성해 보게 된다고 본다. 그래서 이러한 반성을 통해서 개인의 마음을 왜곡된 마음이 아닌 참된 마음 즉 정상적인 마음 상태를 회복하고자한다. 이러한 방법으로는 이옹의 여섯 가지 단계, 즉 전념, 입지, 식과, 개과, 복과, 개신의 방법으로 수행하고 있음을 살펴보았다.

유가의 심리치료는 현대 한국인들에게도 매우 중요하다고 보인다. 유가의 소통이성에 근거해서 논의하고 있기도 하지만 한국은 심성에는 여전히 유가적 덕성을 지니고 있기 때문이다. 이와 같음에도 불구하고 한국이 근대화 과정에서 한국 현실에 대한 충분한 고민 없이 수용하면서 더욱 심각한 심리적 정신적 혼란을 겪고 있다고 보인다. 심리는 구체적인 현실의 문제인 만큼 외래문화를 수용할 때에는 충분한 현실적 토대가 고려되어야 한다. 현대 한국인의 정신적 치료 또한 서구의 마음치료에 의해서 진단하고 치유하는 작업 또한 매우 중시될 수 있지만, 서구의 심리 치료는 바로 서구의 문화적 토대에서 형성된 심리치료이며, 그 심리적 장애 또한 서구적 잣대와 처방을 지닐 수 있다고 보인다. 그러나 이러한 서구적 처방을 가지고 현대 한국인에게 적용하게 될 때에는 정상인을 비정상적인 인간으로 간주할 수 있을 것으로 보인다. 이와 같이 한국인의 정서에는 비록 서구의 근대성을 수용하였다고 하지만, 여전히 유교적 가치관과 정서를 지니고 있기 때문이다. 그래서 한국에서의 심리치료는 서구의 방법도 중요하지만, 유가적 치료에 의해서 더욱 적극적으로 개발해 볼 필요가 있다고 본다.

/ 참고문헌 /

『論語』. 『孟子』. 『中庸』. 『大學』

張載, 『張載集』

程顥, 程頤, 『二程集』

朱熹, 『朱子集』

黎靖德 篇, 『朱子語類』

李顯, 『二曲集』,

方以智, 『藥地炮莊』, 廣文書局印行, 民國六十四年.

范浚, 『香溪集』.

이황, 『退溪先生言行錄』, 『退溪先生文集』

박형민, 『자살, 차악의 선택』, 이학사, 2010.

林殷 지음, 문제곤 옮김, 『한의학과 유교문화의 만남』, 예문서원, 1999.

조긍호, 『유학심리학』, 서울, 나남출판, 1997.

야스퍼스 지음, 김정현 옮김, 『기술 시대의 의사』, 책세상, 2010.

존 브래드쇼 지음 김홍찬, 고영주 옮김,『수치심의 치유』,사단법인 한국기독교상담연구원, 2006.

찰스 테일러 지음, 송영배 옮김, 『불안한 현대 사회』, 이학사, 1996

풍우란 박성규 옮김, 『중국철학사(하)』, 까지, 1999.

Erich Fromm 저. 김철수 역주, 『자유로부터의 도피』, 계명대학교 출판부, 2012.

Wm. 시어도어 드 베리 지음/ 표정훈 옮김, 『중국의 '자유' 전통』, 이산,

1998.

김보경, 『유교소외론의 이념형적 구성과 적용』, 계명대학교 대학원 박사학위논문, 2011.

유권종, 「동양고전에서 사용되는 심병의 용례와 의미」, 『철학탐구』, 제2집, 중앙대학교 철학연구소.

이영찬, 「유교의 소외원리」, 『사회과학논총』, 제21권 1호, 계명대학교 사회과학연구소, 2002.

정병석, 「이옹의 회과자신설(悔過自新說)과 치유적 사유」, 『철학』, 제98집.

정용환, 「맹자의 도덕 감정론에서 부끄러움의 의미」, 『철학논총』, 제66집, 새한철학회, 2011.

房秀麗, 「李二曲悔過自新說之詮解」,

홍승표, 「한국인의 사회심리적 문제점과 동양사상을 통한 해결방안」, 『인문학논집』(41집), 계명대학교 한국학연구원, 2010.

8장

도가의 리더십

『노자』 속에는 삶의 처세술과 인류의 지혜가 녹아 있다. 그것은 억지로 하지 않는다면 하지 못함이 없다는 '무위무불(無爲無不爲)'로 요약 될 수 있다. 우리는 살아가는 동안 수많은 고민과 갈등에 빠진다. 그리고 자신이 고른 선택의 결과에 만족하기도 하고, 깊은 후회에 빠지기도 한다. 짜장면이냐? 짬뽕이냐? 휴가를 계곡으로 가느냐? 바다로 가느냐? 와 같은 사소한 문제에서 인생을 좌지우지하는 심각한 문제에 이르기까지 우리는 무엇을 선택하면 무엇을 포기해야만 한다. 문제는 포기한 것에 대해 미련과 아쉬움이 남을 경우이다. 이 경우 종종 자신도 모르게 현재의 선택에 대한 후회와 포기한 것에 대한 미련이 생겨나곤 한다. 그리고 이것은 결국 자신이 선택한 대상의 가치를 훼손시키고 만다. 이는 마치 자신의 손에 들려진 떡은 잊어버리고 남의 손에 들린 떡만 바라보다 결국 자신의 떡 조차 굳어져 먹지 못하게 되는 것과 같다. 그렇다면 이 경우 어떻게 하는 것이 가장 현명한 선택일까? 차선

책은 자신의 선택에 만족하고 포기한 것에 대해 미련 갖지 않는 것이다. 그 이유는 무엇을 선택 했음에도 불구하고 그것에 만족하지 못하고 포기한 것에 여전히 미련 갖는다면 결국 그 무엇도 취할 수 없게 될 것이기 때문이다.

그렇다면 최선책은 무엇일까? 그것은 바로 내가 선택하거나 혹은 포기해야할 대상에 집중하는 것이 아니라 그것을 결정하는 자기 자신에 주목하는 것이다. 우리는 종종 선택의 대상들이 목적 아닌 목적을 위한 수단임에도 불구하고 그것을 목적으로 착각하는 경우가 있다. 예를 들면 짜장면과 짬뽕에 대한 고민은 허기진 배를 채우기 위함이다. 그럼에도 불구하고 이것의 선택을 위해 심력을 낭비하고 끝내 선택하지 못한 대상에 대해 미련을 가진다면 이것은 목적과 수단이 바뀐 경우이다.

왜 이런 일이 발생하는 것일까? 이를 노자의 관점에서 본다면 다음과 같은 결론에 도달하게 된다. 우선 짜장면이든 짬뽕이든 그들이 나의 선택지에 놓이기 전까지는 나는 이것들로부터 자유롭다. 하지만 하나를 선택하고 동시에 선택하지 못한 것에 대해 미련을 갖는다면 그 순간 나는 그것에 얽매이게 된다. 이때 선택지에 놓이기 그것들로부터 자유로운 나의 상태가 무위(無爲)이다. 그리고 한 가지를 선택한 이후 선택하지 못한 것에 미련을 갖고 집착하는 것이 유위(有爲) 또는 인위(人爲)이다. 노자는 우리에게 항상 무위를 권장한다. 그 이유는 우리가 무위에 놓인다면 처음부터 포기한 것에 미련을 가지지 않을 것이며 그러므로 미련에 의한 목적과 수단이 바뀌는 주객전도 또한 발생되지 않을 것이기 때문이다.[264)]

유위에 놓인 사람은 항상 가지지 못한 것에 대한 미련 때문에 삶이 고달픈데 반해 무위에 놓인 사람은 항상 여유롭다. 나아가 무위에 놓인 사람은 그가 어떤 조직의 우두머리가 된다 할지라도 결코 외부의 변화

264) 선택하고 포기하는 일련의 행위들은 모두를 유위로 파악될 수 있다.

에 쉽게 흔들리지 않는다. 왜냐하면 외부의 변화는 유위의 한 종류에 불과하기 때문이다. 이 때문에 노자는 스스로를 무위에 처하게 하라고 말한다. 이것이 바로 『노자』의 리더십의 핵심이다. 그럼 지금부터 몇몇의 사례를 통해 『노자』의 리더십이 어떻게 현실에 적용될 수 있는지 그리고 그것이 부족할 경우 어떤 결과를 낳는지를 살펴보도록 하겠다.

1. 물러남의 아름다움

2014년도 동계올림픽 여자 쇼트트랙 1,5000M 부분에서 우리나라의 심석희 선수는 은메달을 획득했다. 올림픽에서 은메달의 의미는 세계에서 두 번째로 뛰어나다는 의미이다. 이것은 참으로 영광스러운 일이며 엄청난 노력과 인내의 결과이다. 아니 올림픽 무대에 선다는 것 자체만으로도 훌륭한 일이 아닐 수 없다. 그럼에도 불구하고 그 결과를 만들어낸 심석희 선수의 얼굴은 마치 대역죄라도 지은 것처럼 어두웠다. 왜냐하면 1등이 아닌 2등을 했기 때문이다. 참으로 어이없는 일이 아닐 수 없다. 우리사회는 언제부터인가 1등만을 고집하고 그것 이외에는 관심을 두지 않는다. 이는 올림픽메달의 개수를 집계하는 형태에서도 고스란히 드러난다. 대한민국의 경우 금 · 은 · 동 가운데 금메달의 집계를 순위의 기준으로 삼는다. 반면에 미국이나 유럽의 경우 금 · 은 · 동의 모든 메달의 총합을 순위의 기준으로 삼는다. 이 결과 대한민국에서는 아무리 많은 수의 은메달 · 동메달을 획득할지라도 결국 금메달 하나의 가치에 미치지 못하게 된다. 이와 달리 미국과 유럽의 경우는 은메달과 동메달도 금메달과 동등한 가치를 부여받기 때문에 그들의

가치 또한 금메달과 동등한 위치에 놓인다.[265)]

대한민국의 국민들은 어느 샌가 1등이 아니면 안 된다는 몹쓸 병에 걸려 자신과 자신의 주위 사람들을 고통으로 몰고 가고 있다. 이것은 결국 우리사회를 극단으로 몰고 가게 된다. 그 결과 OECD 34개국 중 10년 연속 자살률 1위[266)]하는 부끄러운 훈장을 가슴에 달게 되었다. 이 때문인지 매년 수능 날이 되면 어김없이 헤드라인을 장식하는 입시생의 자살 소식은 이제 그리 새로울 것도 없다. 만약 노자가 이것을 본다면 참으로 한심한 모습이라 손가락질 할지도 모른다. 노자는 아마 이렇게 말할 것이다. '지금 눈앞에 있는 목표를 이루는 것만이 능사가 아니다. 때로는 물러설 줄도 알아야 한다.' 앞만 보고 달리는 것이 능사는 아니다. 때론 앞만 보고 달리는 것이 뒤로 물러나는 것 보다 훨씬 못할 때도 있다. 이것은 인간의 여러 가지 역사적 사례를 통해 어렵지 않게 발견될 수 있다. 그럼 지금부터 몇까지 사례를 살펴보고 그 속에 녹아있는 '물러남의 지혜'를 파악하고 또 현명한 지도자들이 그것을 어떻게 활용했는지를 살펴보도록 하겠다.

BC 496년 오(吳)나라의 왕 합려(闔閭)는 월(越)나라로 쳐들어 갔다가 월왕 구천(勾踐)에게 패하였다. 이 전투에서 합려는 화살에 맞아 심각한 중상을 입었다. 병상에 누운 합려는 죽기 전 그의 아들 부차(夫差)를 불러 이 원수를 갚을 것을 유언으로 남겼다. 부차는 가시가 많은 장

265) 이 부분에 대해서는 이견이 존재하는데 미국이 금 · 은 · 동의 순서에서 메달의 총 수로 집계 방식을 바꾼 것은 2008년 베이징 올림픽부터이다.(여전히 몇몇 언론사의 경우 금 · 은 · 동의 순서로 순위를 채점한다.) 당시 상대적으로 금이 적고 은 · 동이 많았던 미국이 자국에 유리하게 하기 위해 집계 방식을 바꾸었다는 견해도 있다. 실제로 '총 메달 수'로 순위를 정하던 캐나다 언론은 2010년 밴쿠버 동계올림픽에서는 '금메달 중심'으로 기준을 바꾸기도 했다. http://www.yonhapnews.co.kr/sochi/2014/02/15/3101000000AKR20140215034600007.HTML 참조

266) http://news.mk.co.kr/newsRead.php?year=2014&no=950859 참조

작 위에 자리를 펴고 자며, 방 앞에 사람을 세워 두고 출입할 때마다 "부차야, 아비의 원수를 잊었느냐!"하고 외치게 하였다. 부차는 매일 밤 눈물을 흘리며 아버지의 원한을 되새겼다. 부차의 이와 같은 소식을 들은 월나라 왕 구천은 기선을 제압하기 위해 오나라를 먼저 쳐들어갔으나 대패하였고 오히려 월나라의 수도가 포위되고 말았다.

싸움에 크게 패한 구천은 얼마 남지 않은 군사를 거느리고 회계산(會稽山)에서 농성을 하였으나 견디지 못하고 오나라에 항복하였다. 포로가 된 구천과 신하 범려(范蠡)는 3년 동안 부차의 노복으로 일하는 등 갖은 고역과 모욕을 겪었고 구천의 아내는 부차의 첩이 되었다. 그리고 월나라는 영원히 오나라의 속국이 될 것을 맹세하고 목숨만 겨우 건져 귀국하였다.

그는 돌아오자 잠자리 옆에 항상 쓸개를 매달아 놓고 앉거나 눕거나 늘 이 쓸개를 핥아 쓴맛을 되씹으며 "너는 회계의 치욕(會稽之恥)을 잊었느냐!"하며 자신을 채찍질하였다. 이후 오나라 부차가 중원을 차지하기 위해 북벌에만 신경을 쏟는 사이 구천은 오나라를 정복하고 부차를 생포하여 자살하게 한 것은 그로부터 20년 후의 일이다.[267)]

와신상담의 일화 속에는 물러남의 지혜가 녹아있다. 만약 부차와 구천이 전쟁에서 패하고도 굽힐 줄 몰랐다면 그들은 결국 자신들이 받았던 치욕을 영원히 갚지 못했을 것이다. '군자의 복수는 10년이 지나도 늦지 않다.'(君子復讐十年不晩) 말이 있듯이 지금 당장 그것을 이룰 수 없다면 잠시 물러나는 것도 하나의 방법이다. 당장 이루기 힘듦에도 불구하고 억지로 하려 한다면 결국 부러지고 만다. 하지만 억지로 하지 않고 잠시 비켜 간다면 비록 휠지라도 다시 설 수 있다.

『노자』에는 다음과 같은 구절이 있다. "과감하게 하는 용기가 있으면

---

267) 『두산동아백과사전』 와신상담

죽고, 과감하게 하지 않는 용기가 있으면 산다.[268]" 여기서 말하는 '과감하게 하려는 용기'는 사실 용기가 아닌 만용이다. 부차와 구천이 패배했음에도 불구하고 자신의 자존심을 위해 끝까지 버텼다면 그들을 기다리는 것은 죽음뿐이었으며 결국 복수의 달콤함도 가지지 못했을 것이다. '과감하게 하지 않는 용기'는 당장의 충동에 휩쓸리지 않고 사건을 냉철히 분석하고 물러날 때 물러날 수 있는 지혜를 의미한다. 이것은 매우 쉬운 것처럼 보이지만 막상 상황에 직면 했을 때 진실로 물러남의 지혜를 발휘하는 자는 극히 드물다. 누구나 일생에 한 번쯤은 자신이 가진 것을 내려놓아야 할 때가 온다. 그러나 대부분 사람들은 그 용기를 가지지 못하기 때문에 놓아야 할 때 놓지 못하고 그것에 끌려가곤 한다.

예를 들어 여기 한 사람이 있다. 그는 공무원을 위해 20대를 바쳤고 마침내 그 꿈을 이루었다. 하지만 현실은 자신이 생각했던 이상과 너무나도 달랐고 시간이 지날수록 이것이 자신의 일이 아님을 알게 되었다. 그러나 이미 30대가 된 그는 지금까지 자신이 해온 노력이 아까워 현재의 선택을 포기 할 수 없다. 이 때문에 그에게 남은 것은 공무원이란 직업과 하루하루 쌓여가는 불만족스러운 삶뿐이다. 이제 그는 일을 하면 할수록 불행해져 간다. 하루에도 몇 번씩 공무원을 그만 두고 어릴 적 자신의 꿈이었던 작가가 되는 상상을 한다. 하지만 이내 그것은 망상에 불과하다며 스스로를 합리화 시킨다.

사람은 누구나 행복하기를 희망한다. 그 누구도 스스로 불행한 삶을 선택하지 않을 것이다. 직업은 어디까지나 행복을 위한 수단일 뿐 결코 목적이 될 수 없다. 그럼에도 불구하고 자신의 지금껏 노력한 것이 아까워서 행복이 아닌 불행으로 나아간다면 과연 현명한 선택일까? 사실 공무원은 그에게 열려 있는 수많은 가능성 가운데 하나에 불과하다. 그리고 그는 지금 당장이라도 작가가 될 수 있다. 왜냐하면 그는 본래 무한

268) 『노자』 제73장, "勇於敢則殺; 勇於不敢則活"

한 가능성을 가진 미결정의 존재이기 때문이다. 사실 그에게 있어 공무원은 그가 선택할 수 있는 수많은 유위(有爲) 가운데 하나에 불과하다. 그럼에도 불구하고 그는 어느 샌가 그것에 얽매인 자유롭지 못한 존재가 되었다. 그는 자신도 모르는 사이에 선택할 수 있는 무한의 존재자에서 선택에 얽매인 유한의 존재가 되고 말하다. 아마도 그는 지금의 선택이 자신을 불행하게 만든 모든 것을 참고 견디는 것이 진정한 용기라 생각할 것이다. 그리고 그것을 포기하고 새로운 것을 찾는 것은 어리석은 만용이라 생각할지도 모른다. 하지만 노자는 그의 생각이 잘못되었다고 말한다. 노자가 보기엔 행복도 불행도 제한적인 유위에 불과하다. 중요한 것은 행복과 불행 모두를 손에 쥘 수도 그리고 놓을 수도 있는 무위로서의 주체이다. 현재의 불만족스런 일을 포기한다는 것이 반드시 행복으로 이어지는 것은 아니다. 하지만 자신을 불행하게 만드는 일로부터 물러난다는 것은 적어도 어떤 일을 선택하기 이전의 나로 돌아가는 것이며 그것은 곧 무한한 가능성을 지닌 무위로 회귀하는 것을 의미한다. 삶의 목표를 정해 놓고 그것을 향해 나아가는 것은 매우 중요하다. 하지만 무조건적으로 그 목표만을 고집하고 그것에만 모든 것을 내건다면(심지어 자신조차) 그것은 무위로서의 나를 유위에 빠뜨리는 일이 된다.

그렇다면 어떻게 하는 것이 나를 이롭게 할 수 있는 것일까? 그것을 찾기 위해 조금 더 『노자』를 살펴보도록 하자. 세상을 쉼 없이 변화한다. 여기에는 영원한 승자도 영원한 패자도 존재할 수 없다. 권세는 길어도 10년을 지탱하기 어렵고 아름다운 꽃도 열흘이면 시든다는 말이 있다.(權不十年花無十日紅) 좀처럼 꺾이지 않을 것 같던 무더위도 입추(立秋)가 지나가면 선선해지고 한 겨울도 동장군도 조용히 다가오는 봄의 따스함에 자리를 내어준다. 이것은 자연의 법칙이자 노자의 우주관이다. 노자는 세계의 법칙인 도의 작용에 대해 "반전하는 것이 도의 움직임이다."(反者道之動)라고 말한다. 즉, 사물은 극에 도달하면 반드시 반전하는데 이것 바로 자연의 필연성이라는 뜻이다. 달이 차면 기울듯이 최고의 자리에 도달한 자는 반드시 아래로 내려와야 한다. 이는 『주역』 건괘(乾卦) 상구(上九)의 효사(爻辭) 항룡유회(亢龍有悔 : 하늘 끝까지 올라간 용이 내려갈 길밖에 없음을 후회한다는 뜻으로, 부귀영달이 극도에 달한 사람은 쇠퇴할 염려가 있으므로 행동을 삼가야 함을 비유하여 이르는 말)의 의미 속에서도 엿볼 수 있다.[269] 이러한 노자의 태도는 단순한 선언이나 언명이 아닌 유구한 역사의 흐름을 이지적이고 냉철한 눈을 통해 관찰한 결과이다. 실제로 역사 속에는 이와 같은 노자의 법칙을 자신의 삶에 적용시키고 인생의 목표를 투영한 인물들이 존재한다. 이들은 물러날 줄 알았으며 동시에 또 자신의 목표에 맹목적으로 달려들지도 않았다.

그럼 지금부터 노자의 태도를 몸소 실천한 역사 속 인물 가운데 한명을 소개하도록 하겠다. 중국 역사 속에는 1인자 보다 더욱 더 칭송 받는 2인자들이 수도 없이 많았다. 제나라를 패자로 만든 관중과 안영, 촉나라의 제갈공명 등은 지금도 많은 사람에게서 이야기되는 인물이다. 이들이 1등이 아닌 2등의 자리에 만족한 것은 어쩌면 『노자』의 세계관을 가졌기 때문일지도 모른다. 지금부터 소개한 인물 역시 2인자의 자리에 있으면서도 1인자 보다 더 많은 사랑과 존경을 받은 저우라이언(周恩來)이다. 저우라이언은 중국인들이 가장 존경하고 사랑하는 지도자로서 그 인기는 마오쩌둥을 능가한다고 한다. 저우라이언에 대해 미국 대통령 닉슨은 "마오쩌둥이 없었다면 중국 혁명은 불붙지 않았을 것이다. 하지만 저우라이언이 없었다면 그 불은 재가 되고 말았을 것이다."이라 말하기도 했다. 이 말 속에는 비록 마오쩌둥은 불세출의 영웅이긴 했지만 그가 영웅일 수 있었던 것은 저우라이언의 보좌가 있었기 때문이란

269) 『노자』와 『주역』은 세계의 인식에 있어 많은 부분을 공유한다. 이들의 구체적인 관계에 대해서는 설명을 생략 하겠다.

의미를 함축하고 있다. 실제로 마오쩌둥을 1인자의 자리에 올라설 수 있게 만든 것이 저우라이언의 역할이 매우 컸다. 그리고 이 과정에서 저우라이언의 물러섬의 리더십이 빛을 발한다.

그럼 지금부터 저우라이언이란 인물에 대해 간략히 살펴보도록 하겠다. 그는 장쑤성(江蘇省)의 지주집안의 출신으로 고등교육을 받은 엘리트였다. 그는 톈진(天津) 난카이 대학(南開大學) 재학 중에 5 · 4 운동에 참가하여 투옥 당한 후 퇴학처분을 받게 된다. 퇴학 이후 1920년 유학생으로서 프랑스 파리 대학에서 정치학을 공부하였다. 여기에서 그는 공산주의를 접하게 되고 이윽고 1922년 중국 공산당 파리 지부를 창설하게 된다. 이후 런던 · 베를린 · 모스크바를 거쳐 귀국하면서 본격적인 그의 정치행보가 시작된다. 그는 1924년 황푸(黃埔) 군관 학교 정치부 대리에 발탁되었으며, 1927년에는 북벌군에 호응한 상하이 봉기(蜂起)를 지도하기도 했다. 그 후 장제스(蔣介石)의 반공 쿠데타를 피하여 우한(武漢)으로 가서 노동자의 무장 규찰대(武裝糾察隊)를 조직, 난창 폭동을 지도하고, 광저우(廣州) 코뮌을 조직하기도 했다. 그리고 1931년 말 광시 성(廣西省)의 소비에트 구에 들어가 군사 부장, 제1방면군 정치 위원으로서 정보 공작과 국민당군의 포위에 대한 전략을 지도하였다. 이렇게 저우라이언이 엘리트코스를 거쳐 중국 공산당의 주요한 일을 처리하는 동안 가난한 농부의 아들로 태어난 마오쩌둥은 말단에 위치한 채 중국 공산당의 주요 당직을 맡고 있던 저우라이언을 동경의 눈으로 볼 수밖에 없었다. 하지만 1934년 대장정을 계기로 저우라이언이 마오쩌둥의 진가를 발견하고 그를 지지하면서 이들의 관계는 새로운 국면에 돌입하게 된다. 대장정을 겪으면서 저우라이언은 자신에게는 없는 지도자적 자질이 모택동에게 있음을 알게되었다. 그것은 바로 엘리트출신의 자신이 가지지 못한 농민들의 마음을 움직이는 호소력 및 그들의 정서를 이해할 수 있는 능력이었다. 그 결과 그는 군 위원회에서 이름 없는 자신의 부하에 불과했던 마오쩌둥을 홍군 사령관에 추천하는 과감한 결정을 내렸고, 이후 자청해서 2인자의 길을 걸기 시작했다. 그리고 1976년 사망에 이르기까지 급진적이고 직선적인 마오쩌둥의 정치 노선에 완급을 조절하는 역할을 하며 동시에 노련한 외교관으로서, 유능한 행정가로서, 헌신적인 혁명가로서, 그리고 실용적 정치가로서 중국 현대사에 큰 족적을 남긴다. 특히 문화혁명 당시 홍위병들의 파괴로부터 많은 문화유적지들을 보호하고, 숙청인사들을 보호한 것을 중국을 떠나 인류 역사에도 큰 공헌이라 할 수 있다.

저우라이언은 지주집안 출신이자 엘리트코스를 거친 인물이었음에도 불구하고 자신 보다 못 배우고 비천한 계급의 마오쩌둥의 아래에 들어가는 것을 전혀 부끄러워하지 않았다. 그 결과 자신이 공산당의 승리와 인민을 위한 삶을 살 수 있었으며 마침내 중국인민에게 영원히 기억되는 최고의 지도자가 될 수 있었다. 이런 그의 태도는 한 마디로 말해 물러남과 낮춤으로 표현할 수 있다. 이것은 『노자』가 강조하는 진정한 지도자의 요건 가운데 하나이다.

> 강이나 바다가 온갖 골짜기의 왕이 될 수 있는 것은 잘 낮추기 때문이다. 그러므로 온갖 계곡들의 왕이 될 수 있다. 이렇기 때문에 백성들 위에 서려는 자는 반드시 자기를 낮추고 백성 앞에 서려는 자는 반드시 자신을 뒤로 해야 한다. 그러므로 성인이 위에 있어도 백성이 부담스러워하지 않는다. 성인이 앞에 있어도 백성이 해롭다 하지 않는다. 그래서 온 천하가 즐거운 마음으로 그를 추대하고 싫어하지 않는다.[270]

저우라이언은 앞에 서려하지 않았기 때문에 모든 중국 인민들의 앞에 설 수 있었고 위를 바라보지 않았기 때문에 그들에게 가장 존경 받

---

270) 『노자』 제66장, "江海所以能爲百谷王者 以其善下之 故能爲百谷王 是以欲上民 必以言下之 欲先民 必以身後之 是以聖人處上而民不重 處前而民不害"

을 수 있었다. 지금도 수많은 사람들이 정상만을 향해 나아가고 앞에 나가려고 한다. 하지만 이것은 주위를 둘러볼 여유를 상실하게 하여 결국 자신의 시야를 좁게 만들고 스스로가 가진 무한한 가능성을 제약시키고 만다. 이 때문에 『노자』는 다음과 같은 말도 함께 한다.

> 움츠리게 하고자 하면 반드시 먼저 펴줘야 하고 약하게 만들고자 하면 반드시 먼저 강하게 해 줘야 하고 폐절하고자 하면 반드시 먼저 흥하게 해 줘야 하고 빼앗고자 하면 반드시 먼저 줘야 한다.[271]

진정으로 강해지기 위해서는 강하려고만 해서는 안 된다. 나아감 이전에 물러남이 있음을 알고 강함이 약함에서 나왔음을 알아야 한다. 지금 내가 선택한 것에만 얽매여 그것만을 생각한다면 그것에 영원히 빠져 헤쳐 나오지 못할지도 모를 일이다. 만약 자신의 선택을 영원히 완벽하게 만들 수 있다면 모르겠지만 그것이 유한하다면 언젠가 변화게 된다. 변화는 자연스러운 것이며 자연의 법칙이다. 그리고 고착되지 않고 변화를 마주하기 위해서는 물러남과 낮춤의 지혜를 체득해야만 한다.

2. 변화의 법칙

"반전하는 것이 도의 움직임이다"(反者道之動)는 말 속에는 참으로 많은 의미가 포함되어 있다. 여기서 반전은 역동성을 의미한다. 중국인들의 사유 속에는 생성과 변화라는 두 가지 개념이 항상 자리한다. 그들에게 있어 변화하지 않는 것은 생명력을 잃은 것이며 동시

271) 『노자』 제36장, "將欲弱之 必固强之.將欲廢之 必固興之. 將欲奪之 必固與之. 是謂微明.幼弱勝剛强. 魚不可脫於淵. 國之利器不可以示人"

에 존재의 가치를 상실하는 것이다. 중국철학의 주요 경전 가운데 하나인 『주역』에도 변화에 대해 여러 가지 사유가 존재하는데 그 중 대표적 것이 지천태(地天泰)괘와 천지비(天地否)괘이다. 지천태괘의 경우 땅이 위에 있고 하늘이 아래에 있는데 반해 천지비괘는 하늘이 위에 땅이 아래에 있는 형상이다. 일반적으로 생각한다면 하늘은 위에 있고 땅은 아래에 천지비괘가 땅이 위에 있고 하늘이 아래에 있는 지천태괘에 비해 훨씬 좋은 점괘 일 것이다. 하지만 결과는 정반대이다. 오히려 지천태괘의 경우 64괘 가운데 가장 길(吉)한 것에 속하는데 반해 천지비괘의 경우 가장 흉(凶)한 점괘에 속한다. 그 이유는 지천태괘의 경우 하늘과 땅의 위치가 서로 바뀌었기 때문에 각각 본래의 자리로 돌아가려는 성향을 지니고 그 결과 엄청난 역동성이 부여되는데 반해 천지비괘의 경우 이미 안정적이기 때문에 더 이상의 변화를 가지지 않는다. 변화를 가지지 않는 것은 곧 변화하는 흐름에 따르지 못하는 것을 의미하고 결과적으로 점괘의 대상은 도태되고 만다. 이 때문에 비록 지금 최상의 조건에 놓여있다 할지라도 지속적인 발전하기 위해서는 지금의 현상(正)에만 머물지 말고 반드시 다음(反)을 변화에 참여해야 한다. 다음은 변화에 관한 『노자』의 구절이다.

> 화(禍)속에 복(福)이 깃들어 있고, 복안에 화가 숨어있다. 누가 그 근원을 알 수 있겠는가? 정해져 있는 것은 없다. 바른 것은 다시 기이한 것이 되고 좋은 것은 다시 악한 것이다.[272)]

화와 복은 서로 전화될 수 있으므로 화 가운데 복이 있고, 복 가운데 화가 있다. 그러므로 화는 복으로 바뀔 수 있고, 복은 화로 변할 수 있

272) 『노자』 제58장, "禍兮 福之所倚 福兮 禍之所伏 孰知其極 其無正 正復爲奇 善復爲妖"

다. 즉, 대립되는 쌍방은 서로 진화될 수 있는 것이다. 하지만 이들 변화가 무조건적으로 발생하는 것은 아니다. 변화하기 위해서는 반드시 변화하지 않는 쌍방 어디에서 속하지 않으면서도 쌍방의 연속성을 보장해주는 무엇인가가 있어야 한다. 노자는 그것을 일러 도(道)라고 하고 그 속성을 일러 무위(無爲 또는 무無)라 한다.

> 서른 개의 바퀴살이 하나의 바퀴통에 다 같이 꽂혀 있으나, 바퀴통의 한복판에 있는 빈 공간이 바로 수레를 작동시키는 요인이다. 흙을 이겨서 그릇을 만들지만 그릇 가운데에 있는 텅 빈 공간이 바로 그릇을 쓸모 있게 만드는 곳이다. 문이나 창을 뚫어 방을 만들지만, 방 가운데 있는 공간이 바로 방을 쓸모 있게 만드는 곳이다.[273)]

수레와 그릇, 방은 사물의 현상에 해당되는 부분으로서 유위(有爲 또는 유有)에 해당한다. 하지만 그것이 작용하기 위해서는 사물들 사이에 공간인 무(無)가 자리하고 있어야 한다. 무는 보이지는 않지만 유의 작용을 가능하게 한다. 유의 작용은 무에 의지해서 발휘되기 때문에 무가 전제되지 않는다면 유 또한 보존될 수 없다. 이 때문에 현상으로서 유가 존재한다 할지라도 그 배후에 무가 존재하지 않는다면 결국 그것은 변화를 따르지 못하고 멈추고 만다. 이 때문에 당장 보이는 현상은 완전해 보일지라도 나를 둘러싼 주위의 상황과 변화에 발맞추지 못한다면 그것은 단지 빛 좋은 개살구에 불과 할 뿐이다. 그럼 이제 변화를 법칙으로 삼는 지도자와 그렇지 못한 지도자의 사례를 살펴보도록 하겠다.

지금은 누구나 마음만 먹으면 스마트 폰을 가지고 사진을 찍을 수 있다. 하지만 1990년대에만 해도 필름 카메라(아날로그 카메라)를 사용

---

273) 『노자』 제11장, "三十輻共一轂 當其無, 有車之用 埏埴以爲器 當其無, 有器之用 鑿戶牖以爲室 當其無有. 室之用"

하지 않고서는 사진을 찍을 수 있는 방법이 없었다. 이때 당시 사용된 필름 가운데 가장 많이 이용되던 상표는 코닥(Kodak)이었다. 코닥은 1880년에 설립된 이스트먼 코닥(Eastman Kodak Company)을 줄인 말로써 세계 최초의 롤필름 개발을 시작으로 사진기와 인화지 등 수 많은 사진 관련 제품을 생산했으며 약 100년 동안 필름업계에서 대적할 만한 상대가 없을 만큼 독보적이었다. 하지만 영원히 그 영광을 누릴 것 같던 코닥도 2012년 파산이라는 최악의 결과를 맞이하게 되었다. 무엇이 이토록 승승장구 했던 코닥을 몰락하게 만들었을까? 많은 경제학자들이 그 원인을 변화하는 시대에 적응하지 못한 경영진의 방만한 태도에서 찾았다. 사실 많은 사람이 디지털 카메라의 탄생을 코닥의 몰락 원인으로 생각하겠지만, 아이러니하게도 디지털 카메라를 가장 먼저 개발한 회사가 바로 코닥이었다. 코닥이 1975년에 디지털 카메라를 개발했다. 하지만 그것이 오히려 자신들의 주력사업인 필름판매에 악영향을 미칠까봐 방치하다시피 했고 결국 20세기 후반 디지털 카메라가 본격적으로 보급되기 시작하면서 급변하게 된 카메라 시장의 흐름을 따라잡지 못하고 파산에 이르게 된다. 말하자면 능력도 기술도 자본도 가졌던 코닥이지만 오직 필름만을 고집했던 경영진의 판단은 결국 모든 것을 잃어버리게 만들었다. 그들이 디지털 카메라를 발명 했음에도 불구하고 그것은 활용하지 못했던 까닭은 디지털 카메라가 필름 카메라(政)의 대항마(反)가 되리란 것을 생각하지 못했기 때문일 것이다. 그 이유는 아마도 지나치게 필름카메라라는 유(有)에 함몰되어 그것이 영원할 것이라는 그릇된 믿음에 빠졌기 때문이다. 이것이 바로 변화와 함께하지 못한 지도자의 말로(末路)이다.

반면에 변화를 통해 위기를 기회로 만든 사례도 있다. 마쓰시타전기(현 파나소닉) 창업자 마쓰시타 고노스케, 혼다자동차 창업자 혼다 소이치로, 전자부품업체 교세라 창업자 이나모리 가즈오는 일본인들이 가장 존경하는 기업인 트리오다. 지금부터 소개할 인물은 이 가운데 경영의 신(神)이로 추앙받는 마쓰시타 고노스케이다. 마쓰시타 고노스케는 가전제품업체인 마쓰시타(松下)전기산업(주)의 창업자이다. 마쓰시타의 약력은 다음과 같다. 그는 9세 때 학교를 중퇴하고 더부살이로 살다가 1910년 오사카(大阪)전등회사에 입사하여 공원 · 검사원으로서의 경력을 쌓았다. 그리고 1917년 퇴사하여 실용신안특허(實用新案特許)를 취득한 개량 소켓의 제조 · 판매하기 시작했고 이듬해 1918년 마쓰시타전기기구제작소를 창업하였다. 이후 그만의 경영이념과 경영수완을 통해 점차적으로 사업을 번창시켰고 마침내 일본 굴지의 가전제품 회사로 발돋움하게 만들었다. 이런 사실만 볼 때 그의 행보는 여타 자수성가한 기업인들과 크게 다를 바 없어 보인다. 하지만 그럼에도 불구하고 그가 여러 위인들을 제치고 일본 청년들의 우상이 될 수 있었던 것은 위기를 기회로 바꾸는 그만의 리더십 때문이었다. 그의 리더십을 가장 잘 보여주는 사건은 일본에 불어 닥친 경기불황을 이겨 내기위해 그가 선택한 행동이다. 당시의 일본에 밀어닥친 불황의 여파는 수많은 기업들을 도산의 한 가운데로 몰아넣었다. 마쓰시타전기 또한 매출이 절반 이하로 줄어들었고 창고의 재고는 산더미처럼 쌓여만 갔다. 이 때문에 생산의 감소 및 종업원의 감원은 피할 수 없는 선택이었다. 아니나 다를까 건강이 좋지 않아 자택에서 요양 중이던 마쓰시타에게 종업원의 감원은 요청하는 간부들의 건의가 들어왔다. 그리고 간부들은 마쓰시타가 당연히 종업원의 감원을 승인하리라 생각했다. 하지만 이때 마쓰시타가 내놓은 처방은 간부들의 예상을 뒤엎었다. 그의 대답은 "생산의 반감은 어쩔 수 없겠지만 종업원은 단 한 사람도 해고해서는 안 된다. 공장은 반나절만 근무하지만 급료는 전액 지불한다. 그 대신에 사원은 휴일을 반납하고 재고를 일소하는 데 전력을 기울여 달라"는 것이었다. 이와 같은 그의 대답에 해고의 두려움에 떨고 있던 종업원들이 환호했음은 물론이다. 그리고 안정을 찾은 종업원들은 휴일도 잊은 채 재고 판매에 발 벗고 나섰고 단지 2개월 지만에 창고의 재고는 사라지고 공장은 다시 정상 가동에 들어갔다.[274] 불황에 대한 마쓰시타의 대처는 불황으로 인해 굳어버린 경기와 종업원들의 마음에 변화를 줘서 자생적으로 어려운 상황을 타파할 수 있는 힘을 제공했다. 당시 일본의 경기는 차가운 겨울과 같았다. 그러나 영원한 겨울이란 있을 수 없듯 머지않아 따스한 봄이 그 자리를 대신한다. 올라가면 떨어지고 바닥에 도달하면 다시 올라가는 것이 『노자』의 자연관이며 인생관이다. 차가운 겨울이 왔다 해서 무조건 움츠리기만 한다면 봄을 맞이할 수 없다. 당시의 세계 공황이 매서운 북풍한설이라면 마쓰시타의 선택은 차가운 바람이 아닌 따스한 봄의 온기를 준비한 것이다. 당시 종업원들은 해고라는 두려움에 몸도 마음도 꽁꽁 얼어서 죽음만을 기다리고 있던 상태였다. 하지만 마쓰시타의 선택으로 인해 종업원들은 마음 속 두려움을 날려버릴 수 있었다. 이 결과 비록 외부는 차가운 겨울이지만 그 속은 이미 따스한 봄을 준비할 수 있었다. 결국 그의 선택은 두 가지 변화를 불러왔다. 첫 번째는 경기불황이라는 침체의 늪을 벗어 날 수 있는 자생적인 힘을 길러 침체를 활력으로 변화시켰고, 두 번째는 종업원이 노력하기만 하면 회사를 살릴 수 있다는 용기를 불어넣어 불가능하다는 절망에서 할 수 있다는 희망을 불러왔다. 『노자』는 첫 번째 못지않게 두 번째의 변화 즉, 아랫사람이 스스로 지도자를 따를 수 있게끔 만드는 것 또한 지도자의 중요한 요건으로 삼았다.

> 그러므로 성인은 말했다. 내가 억지로 하지 않으니, 백성이 저절로 찾고, 내가 고요함을 좋아하니 백성이 저절로 바르게 되고, 내가 억지로 일을 꾸미지 않으니, 백성이 저절로 부유하게 되고 내가 지나치게 욕심내지 않으니 백성이 저절로 소박하게 되었

274) 권혁기, 『마쓰시타 고노스케-일본이 낳은 경영의 신』, ㈜살림출판사, 2009. 1. 30 참조

다.[275)]

마쓰시타는 재고의 소비를 위해 전력을 다해달라는 주문만 했을 뿐 그 어떠한 무리한 부탁도 하지 않았다. 그럼에도 불구하고 종업원들은 스스로 노력하였고 자신도 모르는 사이에 저절로 회사를 위해 최선을 다하게 되었다. 이른바 개개인의 마음을 움직여 모든 사람이 회사의 주인이라는 생각을 하게끔 만든 것이다. 만약 마쓰시타가 강제로 그들을 동원시키고 재고 처리를 강요했다면 해고가 두려워 노력을 하겠지만 결코 그들 스스로 움직이게 하지는 못했을 것이다. 노자가 보기에 마쓰시타는 크게 한 일이 없어 보이지만 그가 한 일은 지도자가 할 수 있는 최고이자 최선의 방법인 무위이치(無爲而治 : 억지로 행하지 않고도 다스린다.)를 행한 것이라 할 것이다.

독일의 명장 에리히 폰 만슈타인(Erich von Manstein)은 지도자의 종류를 4가지로 분류했다.

첫 번째는 게으르고 멍청한 지도자이다. 그를 혼자두면 아무런 헤도 끼치지 않는다.

두 번째는 열심히 일하는 똑똑한 지도자이다. 그들은 모든 세세한 사항까지도 적절히 처리함으로 매우 뛰어나다.

세 번째는 부지런 하면서 멍청한 지도자이다. 이런 지도자는 모든 사람을 힘들게 한다. 그러므로 지도자의 자격으로는 최악이다.

네 번째는 똑똑하고 게으른 지도자이다.

275) 『노자』 제11장, "三十輻共一轂 當其無 , 有車之用 埏埴以爲器 當其無 , 有器之用 鑿戶牖以爲室 當其無有. 室之用"

이 중 최고의 지도자는 누구일까? 그것은 바로 네 번째 지도자이다. 첫 번째와 세 번째는 처음부터 지도자의 자격이 없다. 두 번째의 경우 그가 속한 조직은 발전하겠지만 그 아래에 있는 사람들은 항상 고통스럽다. 똑똑한 지도자의 입장에서 보면 자신의 아랫사람의 부족한 점이 보인다. 그리고 그는 그것을 못 마땅하게 여기기 때문에 억지로 그들을 바꾸려고 할 것이다. 그 결과 아랫사람들은 지도자의 눈치를 보며 보다 일을 열심히 하려고 하겠지만 그것은 자발적이고 자연스러운 행동이 아닌 억지로 하는 행위이다. 하지만 네 번째의 지도자의 경우는 조금 다르다. 그는 아랫사람의 부족한 점을 알고 있지만 강제로 바꾸려하지 않는다. 다만 그들이 알지 못하는 그들의 단점을 보완할 수 있도록 그 방향성만 지시해 준다. 아랫사람들은 지도자가 직접적으로 명령하지 않기 때문에 지도자 자신을 믿고 있으며, 자신 또한 스스로 일을 처리한다고 생각한다. 하지만 지도자는 보이지 않게 아랫사람이 가야할 방향과 한계를 극복할 수 있는 길을 제시해주기 때문에 전체적인 볼 때 일의 효율이 증가할 뿐만 아니라 아랫사람 또한 점진적 발전 할 수 있게 된다. 이 때문에 『노자』는 다음과 같이 말한다.

> 감히 세상을 위하여 앞으로 나서지 않음으로 온 세상의 지도자가 될 수 있다.[276)]

노자는 자신을 낮추고 남보다 뒤에 서는 것이야 말로 세상을 경영하는 방법이라 말한다. 하(夏)나라의 시조이자 성인 가운데 하나로 추앙받는 우(禹)임금은 치수로 유명하다. 그는 아버지 곤(鯤)이 실패한 황하의 치수사업을 이어받아 성공시켰다고 한다. 곤의 치수 방식은 황하가 범람하지 않도록 제방을 쌓고 물길을 가르는 것이었다. 하지만 큰비가

276) 『노자』 제67장, "不敢天下先 故能成器長"

올 때마다 제방이 무너져 수많은 가옥과 논밭이 흙탕물에 침수됐다. 우는 아버지와 달리 물의 흐름을 막는 곳을 뚫어주고 자연스럽게 흐를 수 있도록 했기 때문에 아무리 큰 비가 와도 더 이상 범람하지 않았다. 우 임금의 치수는 그의 제방을 쌓아 물길을 인위적으로 막은 곤과 다릴 물의 자연스러운 흐름에 맡기는 무위의 다스림을 했기에 성공할 수 있었다. 곤의 치수는 곤이 앞서고 물길이 그를 따랐는데 비해 우의 치수는 물길이 앞서고 그가 뒤를 따른다. 결국 우가 성공할 수 있었던 것은 인위적으로 물길을 조절하지 않고 물이 자연스럽게 흘러갈 수 있는 환경을 제공했기 때문이다. 똑똑하지만 게으른 지도자의 모습이 바로 우의 치수에 비견될 만하다. 그리고 이것이 바로 노자가 희망하는 참 지도자의 모습인 것이다.

3. 약하지만 강한 리더십

"성장하라 그렇지 않으면 망할 것이다." 변화하지 않는 기업은 비전도 없다. 하지만 오히려 이런 주문을 따르지 않고 스스로를 제약함으로써 성공한 기업도 있다. 그 예로 클라이스(Klais)라는 회사를 들 수 있다. 클라이스는 파이프 오르간을 만드는 회사이다. 클라이스는 1882년 파이프 오르간 제조 기술자였던 요한네스 클라이스가 설립한 뒤 증손자인 필립 클라이스까지 4대에 걸쳐 가업을 이어온 가족경영회사다. 클라이스가 만든 파이프오르간은 독일 쾰른 대성당, 영국 런던 필하모니홀, 일본 교토 콘서트홀, 그리스 아테네 메가론 필하모니, 말레이시아 페트로나스 트윈타워, 중국 국립대극장 등등 전 세계 랜드마크 건물의 파이프오르간을 다수 제작했다. 이처럼 전 세계적으로 탁월함을 인정받고 있는 이 회사에 근무하는 직원은 놀랍게도 고작 65명뿐이다. 심지어 이들의 직원 수는 지난 100년간 거의 변동이 없었다고 한다. 그렇게 된 주요 원인은 다음과 같다. 그들의 가치창출사슬(value chain)[277]은 10개의 작업장으로 이루어져 있고, 각 직업장마다 최소 인원으로 작업하기 때문이다. 게다가 직원들 가운데 1/4은 늘 세계의 어딘가에서 파이프 오르간을 만들거나 수리하고 있다. 이런 팀은 최소 인원을 유지해야만 한다. 이런 조건 때문에 클라이스의 직원은 소수를 유지할 수밖에 없다. 왜냐하면 파이프 오르간에 대한 수요가 주기적으로 차이가 심하기 때문에 회사 관리자들은 단기적으로 직원이 필요하다고 해서 그 수를 늘릴 수 없다. 어쩌면 다음번 수요를 충족시키지 못할 만큼 직원수가 부족하여 회사가 위험에 처할지도 모를 일이다. 게다가 적어도 단기적으로는 시장에 존재하지 않는 고도로 숙련된 전문 인력이 필요할 수도 있을 것이다. 이런 전문 인력은 결국 클라이스가 길러내야 한다.[278] 이 말은 직원들을 지속적이면서도 안정적으로 데리고 있어야 한다는 것을 의미한다. 실제로 클라이스는 과거 1차 2차 세계대전을 거치면서 수년간 파이프오르간의 수요가 0이었을 때도 있었다. 하지만 소규모의 인력으로 구성되었기 때문에 위기를 넘길 수 있었고 결과적으로 파이프오르간 분야의 최고가 될 수 있었다. 클라이스는 성장 보다는 자신의 위치를 지키는 것을 선택했다. 이러한 태도는 얼핏 보기에 스스로를 약하게 하는 행동일 수 있지만 『노자』는 이것 또한 훌륭한 리더십이라 말한다.

계속 채우려드는 것 보다 멈추는 것이 더 낫고, 잘 다듬어 날카

277) 기업활동에서 부가가치가 생성되는 과정을 의미한다. 1985년 미국 하버드대학교의 마이클 포터(M. Porter)가 모델로 정립한 이후 광범위하게 활용되고 있는 이론으로, 부가가치 창출에 직접 또는 간접적으로 관련된 일련의 활동 · 기능 · 프로세스의 연계를 의미한다. 주활동(primary activities)과 지원활동(support activities)로 나눠볼 수 있다. 『두산백과』

278) 헤르만지몬 지음, 이미옥 옮김, 『히든참피언』 흐름출판사, 2009, 86쪽 참조

롭게 하면 오래 갈 수 없다. 온갖 보화를 집안 가득 채우지만 그것을 지킬 수가 없고, 부유하고 높은 자리에 있다 하여 교만하면 스스로 허물을 남기게 된다. 공이 이루어지면 물어나는 것이 자연의 이치이다.[279)]

위의 말 속에는 '사물이 지극한 경지에 도달하면 되돌아온다.'는 물극필반(物極必反)의 도리가 담겨 있다. 클라이스가 무리하게 확장을 하려 했다면 그들이 가지고 있는 장점인 장인(匠人)정신과 전통성을 무너뜨리고 스스로 패망으로 몰고 갔을 지도 모른다. 때로는 나아가는 것이 아닌 지키는 것을 선택했을 때 보다 멀리 나아갈 수 있음을 클라이스의 사례는 보여준다. 클라이스가 인원의 조정을 통해 성장을 조절했다면 다음의 기업은 충분히 대기업의 요건을 갖추고 있음에도 불구하고 의도적으로 중소기업에 머문 사례이다. 그 대표적인 기업으로 삼보컴퓨터 현재의 TG삼보를 이야기할 수 있다.

삼보컴퓨터는 한때 매출 4조원을 넘겼던 대기업이었다. 하지만 2010년 워크아웃 이후 과거의 영광을 뒤로한 채 점차 침체기로 들어갔고 규모 또한 축소시켰다. 그리고 스스로 중소기업이 되기를 희망했고 마침내 2012년 말 중소기업청으로 부터 중소기업이라는 확인서를 받아 내는데 성공했다. 하지만 이 당시 삼보컴퓨터는 중소기업이 되기 위한 조건인 '3년간 평균 매출 1500억 미만'을 충족시키지 못했다.(당시 삼보의 3년간 평균 매출은 2862억이었다.) 이것을 위해 삼보는 신설법인을 설립한 뒤 기존 사업을 이 회사로 넘기는 방식으로 해결했다. 새로 생긴 회사는 과거 매출액 기준을 적용받지 않는다는 점을 활용한 것이다. 그래서 삼보컴퓨터는 신설법인 'TG삼보'를 설립한 뒤 PC영업과 서비스 부문을 이 회사에 넘겨줬고 한 달 뒤에는 제조업 부문을 추가로 이관했

---

279) 『노자』 제9장, "持而盈之 不如其已 而銳之 不可常保 金玉滿堂 莫之能守 富貴而驕 自遺其咎 功成名遂 身退 天之道"

다. 그리고 옛 삼보컴퓨터에는 공장부지 등을 활용하는 부동산 부문만 남겨뒀다. 그렇다면 도대체 삼보컴퓨터는 왜 중소기업이 되고자 했는가? 그 이유는 바로 공공기관에 납품을 중소기업의 자격으로 참여하기 위해서였다. 삼보컴퓨터가 대기업일 때 그들이 공공조달 시장에서 차지할 수 있었던 부분은 삼성전자(47%)와 LG전자(13%)에 훨씬 못 미치는 8%에 불과했다. 하지만 중소기업이 된 삼보는 더 이상 대기업인 삼성전자와 LG전자를 상대하지 않아도 되었고 나아가 공공조달 시장의 납품에 있어 중소기업을 우대하는 법령에 힘입어 엄청난 성과를 거둘 수 있게 된다. 그 결과 2013년 삼보컴퓨터는 데스크탑PC 공공조달 시장에서 중소기업 납품 물량의 87% 그리고 삼성전자와 LG전자를 포함 시킨 전체시장의 38.9%에 달하는 점유율을 가지게 되었다. 사실 삼보컴퓨터의 이런 태도는 기존 중소기업의 입장에서 볼 때 결코 달갑지 않은 행위이다. 그러나 『노자』가 본다면 이것 또한 하나의 처세술이다. 노자는 결코 공자와 같은 대동사회(大同社會)를 꿈꾸지 않는다. 그는 객관적이고 이지적인 시각을 통해 끊임없이 변화하는 세상 속에서 살아남는 것을 최고의 가치로 둔다. 비록 전체의 입장에서 볼 때 삼보컴퓨터의 리더십이 누군가를 고통스럽게 했을지 몰라도 전략적으로 스스로를 약자의 위치에 놓은 그들의 선택은 그들을 보다 강하게 만들었다. 이 때문에 적어도 삼보컴퓨터의 리더십 아래에 있는 사람들에게 있어서는 최선의 선택이 아닐 수 없다. 약하지만 강한 것 이것이 삼보컴퓨터의 리더십에 결과이다. 『노자』 또한 약한 것을 단순히 약하게만 보지 않았다.

> 천하에서 가장 부드러운 것이 천하에서 가장 견고한 것을 부린다.[280]

---

280) 『노자』 제43장, "天下之至柔 馳騁天下之至堅"

삼보는 약자를 자처했기 때문에 강자인 삼성전자나 LG전자보다 큰 점유율을 가질 수 있었다. 『노자』는 이런 문구도 있다.

> 천하에 물보다 더 부드럽고 약한 것은 없다. 하지만 굳센 것을 치는데 물을 이길 것은 없다.[281)]

물은 더할 나위 없이 부드러운 것이지만 동시에 가장 강력하다 할 수 있는 금강석조차 가를 수 있다. 또 세차게 출렁이는 강물은 산을 허물고 길을 열어 바다로 간다. 강하기만 한 것은 결국 부서질 수밖에 없다. 노자에게 있어 가장 강한 것은 살아남는 것이다. 살아남기 위해서는 부드러워야 한다.

> 사람이 살아있는 때는 유약하지만, 죽으면 뻣뻣해진다. 초목도 살아 있을 때는 부드럽지만 죽으면 말라서 딱딱해진다. 그러므로 뻣뻣한 것은 죽음의 무리고 부드럽고 약한 것은 삶의 무리이다.[282)]

어떤 조직이든 그것이 아무리 장대할지라도 살아남지 못한다면 결국 아무런 의미가 없다. 지금까지 우리는 『노자』를 통해 살아남을 수 있는 지혜를 살펴보았다. 물러남과 변화에 몸을 맡기는 것 그리고 억지로 남을 부리지 않지만 그들 스스로 자연스럽게 조직을 위해 최선을 다하는 무위(無爲)의 다스림 이것들이 바로 노자가 말하는 지도자의 조건이다.

---

281) 『노자』 제78장, "天下柔弱 莫過乎水 而攻堅强者"

282) 『노자』 제76장, "人之生也 柔弱 其死也 堅强 萬物草木之生也 柔脆 其死也 枯槁 故堅强者 死之徒 柔弱者 生之徒"

/ 참고문헌 /

『노자』

『주역』

『두산동아백과사전』

권혁기, 『마쓰시타 고노스케-일본이 낳은 경영의 신』, ㈜살림출판사, 2009

헤르만지몬 지음, 이미옥 옮김, 『히든참피언』 흐름출판사, 2009

이철희, 『1인자를 만든 참모들』, 위즈덤하우스, 2003

나길보 저, 송철규 역, 『제갈공명처럼 생각하고 행동하라』, 2004

나채훈, 『삼국지에서 배우는 2인자 리더십』, 2005

김헌식, 『복종하며 지배하라』, 2009

데이빗 히넌 · 워렌 베니스 저, 최경규 역, 『위대한 이인자들』, 2000

9장

현대사회의 불교운동

1. 암베드카르

BC 6세기에 인도에서 발생한 불교는 AD 12세기까지 인도사회에 중요한 영향을 끼쳐왔다. 하지만 그 이후 인도불교는 급격한 쇠퇴기를 맞이하였고 오히려 스리랑카, 티베트, 중국, 한국, 일본 등에서 더 활발한 활동을 보여 왔다. 이와 같은 오랜 암흑기에 빠져있던 인도불교는 20세기 들어 암베드카르라는 인물에 의해 미약하게나마 중흥하기 시작했다. 본 장에서는 암베드카르라는 인물과 그가 추구했던 불교의 성격에 대해 알아보도록 하겠다. 본격적인 이야기에 앞서 미리 알고 넘어가야할 점은 암베드카르가 승려가 아닌 학자이자 정치인이라는 것이다. 그 때문인지 그에게 있어 불교는 필연이 아닌 선택이었으며 접근방식 또한 수행이나 참선 등의 해탈을 목적으로 한 전통적인 방식이 아닌 사회참여의 성격이 강했다. 암베드카르가 불교를 주목한 까닭 또한 사상 속에 녹아있는 휴머니즘과 평등 및 비폭력이란 개념이 그가 추구한 사회운동에 적합했기 때문이다. 그는 당시 불평등한 인도사회를 변화시키고 바꾸는데 있어 불교의 이념을 최선의 방법이라 생각했다. 그것은 불가촉천민[283)]이라는 그의 출신성분과도 밀접한 관계를 맺는다.

그는 신분의 차별이 가져다주는 냉대와 멸시를 체험했고 그것을 벗어나기 위해 노력했다. 하지만 인도의 전통적인 카스트제도 아래에서는 그것이 불가능함을 뼈저리게 느꼈다. 이 때문에 그는 카스트제도의 근본인 힌두이즘을 대처할 새로운 사상의 필요성을 절실히 느꼈고 그 대안으로 불교를 선택하게 된다. 그럼 우선 그가 본격적으로 불교를 수용하기 이전의 삶에 대해 살펴보도록 하겠다.

암베드카르는 1891년 인도 마하라시트라 주(州) 암바바데라는 작은 마을에서 출생했다. 1896년 아버지의 근무지를 따라 마하라시트라 주 콘칸 군 다폴리로 이주하였고 이곳에서 초등학교를 다녔다. 국립고등학교를 다녔으나 신분의 차이로 인해 멸시와 인격적인 수모를 겪었다. 그는 수업시간에 책상과 의자가 주어지지 않아 거적을 깔고 바닥에 앉

283) 하리잔(Harijan)이라고도 한다. 인도에는 수천 년간 인도인의 생활을 규율해 온 신분제도로서 카스트가 있는데, 브라만(Brahman) · 크샤트리아(Kshatriya) · 바이샤(Vaisya) · 수드라(Sudra) 등의 4계급으로 나누어진 카스트 체제에 속하지 않는 사람들을 일컫는다. 제5계급인 불가촉천민은 인도의 전역에 거주하며, 총인구의 약 15%에 달한다. 이들은 청소 · 세탁 · 이발 · 도살 등 가장 힘들고 어려운 일을 담당하며, 거주 · 직업 등에서 엄격한 차별대우를 받아왔다. 이러한 계급질서는 다양하고 이질적인 인도 사회를 안정시키고 결속시키는 데 도움을 준 면도 있으나, 사회를 정체시키고 활력을 잃게 하는 등 많은 폐단을 낳았다. 1955년에 불가촉천민법이 제정되어 하리잔에 대한 종교적 · 직업적 · 사회적 차별을 금지하고 있다. 현재 인도에는 1억 명이 넘는 하리잔이 있는데, 정부에서는 입학이나 취업시 일정비율을 이들에게 배정해 주는 등 혜택을 주고 있으며, 하리잔 출신의 장관도 배출되고 있다. 이처럼 법적으로는 차별이 금지되었으나 인도 전역에는 아직도 카스트의 영향력이 강하게 남아 있어 종교적 · 문화적 · 사회적으로 차별을 받으며 절대적인 가난 속에 살고 있다. 불가촉천민 [untochable, 不可觸賤民] 『두산백과』

아 수업을 들었고 교사들은 부정을 탄다고 그에게 다가오지도 않았고 산스크리트어 수업은 아예 수강이 금지되기도 하였다. 1904년 아버지의 임기가 끝나자 가족들은 인도 봄베이(Mumbai)로 이주하였고 엘핀스톤 고등학교를 다녔다. 뭄바이로 이주하였지만 그의 신분에 대한 차별과 멸시는 여전했으며 인격적인 모독과 고통은 극심했다. 암베드카르는 신분의 차별을 극복하고자 더욱 학업에 매진하였으며 1907년 치른 대학입학 자격시험 합격하였다. 이는 마하르 출신의 소년으로서는 보기 드문 성취여서 사회 개혁 운동가인 볼레의 주재로 축하모임을 갖게되 었는데, 여기에는 크리슈나지 아르준 켈루스카르라는 교사를 만나게 된다. 그 암베드카르에게 마라티어로 출판된 『고타마 붓다의 생애』라는 책을 선물로 주게 되는데 이 선물은 이후 암베드카르의 마음을 각성시키고 이후 붓다의 생애에 감동을 받아 불교 연구를 더욱 심화하게 된다. 1912년 뭄바이이대학교 엘핀스톤칼리지를 졸업하고 1913년 2월 육군 소위로 입대하였으나 부친의 사망으로 돌아오게 되었다. 사회사업가였으며 그를 후원하였던 켈루스카의 도움으로 바로다 주지사 장학금을 받아 미국 컬럼비아대학교(Columbia University)에 입학하게 된다. 1915년 경제학 석사, 1917년 6월 박사 학위를 받았다. 또한 변호사 자격을 취득하기 위해 영국 변호사 협회에도 가입하였다. 그가 받았던 장학금이 종료되자 장학금 혜택에 따른 조건대로 인도로 귀국하여 10년간 봉직하게 된다. 하지만 그가 주정부의 고위 관직이 되었음에도 불구하고 그에 대한 차별은 사라지지 않았다. 단지 그가 불가촉천민출신이라는 이유 하나만으로 부하 직원에시 사환에 이르기까지 그와 접촉하는 것을 꺼려했다. 그들은 그와의 접촉으로 인해 더러워질 것을 염려하여 멀리서 서류를 그의 책상으로 던지는 등의 태도를 취하였다. 결국 암베르카르는 지속적인 차별과 비인간적인 대우에 못 이겨 바다로의 고위 관직을 사직하고 1917년 다시 봄베이로 돌아가게 된다. 봄베이에 그는 스더님 대학정치 경제학 교수로 임용되었지만 여전히 차별은 이어졌다. 그가 교수임에도 불구하고 교수실 주전자의 물을 먹는 것조차 허용되지 않았다. 그리고 그는 끝내 교수직을 버리고 영국으로 건너가 다시 학업에 매진하기로 결심한다. 1922년 10월 영국 그레이법학원을 졸업하고 영국 변호사 자격을 취득하였고 『인도 화폐 루피의 문제점』이라는 논문으로 영국의 런던정경대학교(London School of Economics)에서 경제학 박사학위를 받았다. 또한 그의 논문인 『영국령 인도에서 지방 재정의 발전과정』이 책을 출판되었다. 1923년 1월 독일 본대학교(University of Bonn) 대학원 경제학과에서 연구 후, 그해 4월 인도로 귀국하게 되었다.[284) 그리고 이제 그는 남을 일생을 불가촉천민의 해방운동을 위해 그의 모든 시간과 재능을 바치게 된다.

1) 종교에 대한 암베드카르의 입장

암베드카르는 불가촉천민을 불평등하게 만든 주요 원인으로 힌두교의 사성제 즉, 카스트제도를 꼽는다. 이 때문에 그는 우선 학문적 차원에서 카스트제도의 문제점을 지적하고자 했다. 그는 그의 저서 『카스트의 철폐』에서 종교가 원리(Principle)에 입각해야지 규칙(Rule)에 근거해서는 안 된다는 주장을 펼친다. 그는 원리와 규칙이 가지는 차이를 다음과 같이 말했다.

> 저는 여러분이 원리와 규칙 사이의 차이점을 구분하고 계신지 잘 모르겠습니다. 그러나 저는 이 둘 사이의 구분이 아주 중요하다고 생각합니다. 규칙은 실제적으로 정해진 생활양식을 따라 사는 것입니다. 반면에 원리는 지성적(Intellectual)인 것으로 사물을 판단하는데 유용한 방법입니다.…규칙은 옳을 수 있지만 행동은 기계적입니다. 종교적인 행위는 옳은 행위가 아닐 수도

---

284) 『두산동아백과사전』 브힘라오 암베드카르 [Bhimrao Ramji Ambedkar]

> 있습니다. 그렇지만 적어도 책임 있는 행위여야 합니다. 이러한 책임성을 수긍하기 위해서 종교는 주로 원리적인 문제여야만 합니다.[285)]

위의 인용구에 나타난 규칙과 원리의 차이는 비자발성과 자발성의 차이로 규정될 수 있다. 규칙의 경우 비록 그것이 정당할 수는 있지만 규칙을 실천하는 사람이 꼭 그것의 옳고 그름을 판단할 필요가 없다. 그 사람은 단지 기계적으로 따르거나 혹은 복종하면 그만이다. 반면 원리의 경우 반드시 실천자의 판단을 필요로 한다. 이 때문에 원리는 비록 그것이 경우에 따라 그릇될 수도 있지만 맹목적인 형태의 법칙은 되지 않는다. 암베드카르는 종교를 규칙이 아닌 원리로 보았다. 즉, 믿음을 가지는 자는 반드시 교리에 대한 주관적 판단을 가져야 한다는 것이다. 만약 종교를 원칙이 아닌 규칙으로 규정할 경우 그것을 따르는 행위는 단순한 맹신에 불과할 수 있다. 이런 관점에서 볼 때 힌두교가 만든 카스트제도와 그에 따른 불가촉천민의 계급은 종교를 원리가 아닌 규칙으로 본 것이며 따라서 그것은 폐기되거나 수정을 필요로 하는 제도가 된다. 암베드카르의 종교에 대한 해석은 신비적인 믿음이나 숭배로서의 종교를 완전히 배제하고 도덕으로서의 종교만을 강조한다. 이점은 그가 1950년 『마하보디』지에 기고한 「붓다와 그의 종교의 미래」라는 글에서도 잘 나타난 난다. 그는 여기에서 "붓다의 종교는 도덕이다. 붓다의 종교가 도덕이 아니라면 아무것도 아니다."라고 말했으며, 또 같은 글에서 『대반열반경』을 사례로 들어서 붓다가 아난다에 이르는 내용을 다음과 같이 해석하고 있다.

285) B. R. Ambedkar. or cit. Vol. 1. Ct. K. N. kadam The Meaning of the Ambedkarit Conversion to Buddhism and Other Essays(Mumbai : Popular Parkashan. 1997)p.20

> (붓다가) 자신의 종교는 이성과 경험에 기초한 것이므로 단지 자신에게서 가르침들이 비롯되었다는 이유만으로 그것을 항구불변 한 고정적 가르침으로 받아들여서는 안 된다고 했다. 이성과 경험에 기초한 가르침들이기 때문에 어느 시점 혹은 어떤 상황에서 적용될 수 없는 가르침이 된다면 그 가르침은 폐기되거나 수정이 불가피한 것이다. 붓다는 그의 종교가 과거의 고목에 방해받게 되는 것을 원치 않았다.[286)]

위의 문장에서 고목이 의미하는 것은 바로 힌두교를 의미한다. 그는 종교의 요건으로 이성과 경험 그리고 그것에 따른 합리성을 강조했기 때문에 합리성이 요구되는 과학과 합의에 의한 법칙이 요구되는 사회성을 동일선상에서 보고자 했다. 이 때문에 그는 계속해서 다음과 같이 글을 이어 갔다. "종교는 과학에 일치하여야하면, 그렇지 않은 경우에 종교는 존경심을 잃게 되고 만다.", "사회 도덕법적으로서의 종교는 자유, 평등, 우정, 우애의 기본적인 신조를 인식해야만 한다."위의 언급 중에서 두 번째 종교의 덕목인 자유, 평등, 우정, 우애는 그가 불교를 통해 획득하고자한 주요 개념들이었다.

2) 암베드카르가 불교의 교리를 통해 획득하고자 한 것

암베드카르가 불교를 통해 궁극적으로 획득하고자 했던 것은 불가촉천민 계급의 해방이었다. 그리고 이것을 위해 그의 모든 인생을 바쳤다. 이러한 그의 의지는 '카스트 제도의 철폐'라는 제목의 연설문 속에 잘 나타나 있다. 이것은 암베드카르가 1935년 12월 카스트 개혁을 위한 협회의 초청으로 라호르에서 개최될 의장직 연설에서 사용될 연설문으로 그 속에는 사회 개혁의 방법으로 자유, 평등, 우애의 세 가지 원칙을 기

---

286) B.R Ambedkar, The Buddha and The Future of His Religion(Jullunder: Bheem Patrika Publications, 1980)p.5

준으로 하는 것을 내용으로 담고 있었다. 하지만 회담 개최자가 연설문의 수정을 요구했고 암베드카르는 이를 거절함으로써 끝내 연설을 하지는 못했다. 이 연설문은 짧지만 매우 자극적인 내용을 담고 있는데 그것은 힌두 법전이 오류성에 관한 진지하고도 합리적인 반박이었다. 그러나 그의 이런 주장은 사회적으로 많은 반향을 일으켰지만 보수적인 힌두인들과 반동보수자들의 편향되고 고정된 생각을 바꾸기에는 여전히 한계가 있었다.[287] 그럼에도 불구하고 그는 자신의 주장을 꾸준히 펼쳤다. 그리고 이 때 그가 펼친 세 가지 원칙에 대해 그는 이들 원칙이 불교로부터 파생된 것임을 공표했다. 다음은 전 인도 라이오 방송에서 그가 나의 철학이란 주제로 발표한 내용 중 일부이다.

> 확실히 나의 사회 철학은 자유, 평등, 우애의 3가지 단어로 명시될 수 있습니다. 그러나 나의 철학을 프랑스 혁명에서 얻어 온 것이라고 말해서는 안 됩니다. 나는 결단코 그러하지 않았습니다. 나의 철학은 종교에 뿌리를 박고 있는 것이지, 정치학에 뿌리를 두고 있는 것은 아닙니다. 나의 스승 붓다의 가르침에서 이 3가지 원리를 끌어들이는 것입니다.[288]

사실 자유, 평등, 우애의 3정신은 서구의 자유정신인 프랑스 대혁명의 그것을 계승한 것으로 보인다. 그럼에도 불구하고 암베드카르가 불교의 정신임을 강조한다. 그 이유는 아마도 힌두이즘의 대체 사유로서 인도의 고유한 사유가 아닌 외부의 것을 빌려온다면 전통성의 측면에서 힘을 잃을 것이며 또 인도인의 공감대를 얻는 것이 약해질까 우려했기 때문일 것이다. 혹은 불교의 깊은 공부를 통해 위의 3가지 정신이 불

---

287) 이명권, 『암베드카르와 현대 인도불교』, 한국학술정보(주), 2012, 163쪽

288) Keer, Dhananjay Dr. Ambedkar : Life and Mission(Bombay : popular Prakashan. 1997) p. 459

교의 근본임을 확신했기 때문일 수도 있다. 이유가 어떻게 되었든지 암베드르카는 불교와 3가지 정신을 연결하는 작업을 시도한다. 그는 우선 담마(法), 아담마(非法), 삿담마(正法)을 설명하는 과정에서 삿담마를 정의와 자유, 사랑, 평등을 그것의 활동작용으로 설명한다. 사랑의 경우 붓다의 가르침이 지혜와 자비에 기초하고 있는 것이므로 계행(戒行)을 통해 자비, 즉 사랑을 실천해야 한다는 것으로 굳이 다른 설명을 필요로 하지 않는다. 암베드카르는 여기에 한 가지 덧 붙여 동정과 연민을 언급하면서 이는 인간에 대한 사랑이지만 자비는 생명이 있는 모든 것에 대한 사랑이라고 구분 짓는다. 우애 또한 사랑의 범주에서 쉽게 설명될 수 있다. 자유의 경우 암베르카르에 의하면 바라문의 경우 학문의 자유는 제한적이지만 붓다는 배움의 기회를 모든 남녀에게 자유롭게 주었다고 주장한다. 이른바 학문의 자유를 말하는 것이지만 암베르카르는 그 속에 자유의 관념이 내재되어 있다고 주장한다. 마지막으로 평등의 경우 삿맘마의 핵심을 평등에서 찾는다. 바라문에 의하면 『베다』가 규정한 카스트 사회가 이상사회이겠지만, 이는 불평등한 서열로 통제되는 사회이므로 붓다는 이를 철저히 반대했다는 것이다. 평등을 설명하기 위해 암베드카르는 바라문 아사라야나와 붓다의 대화를 언급한다. 바라문만이 탁월한 계급이며, 다른 계급은 더럽다고 하는 아사라야나에 대해 붓다는 이를 일축하면서 누구나 똑같은 방법으로 태어나는데 바라문만이 특별할 수 없다고 한 점을 예를 든다. 특히 귀족 가문의 청년이 바라문의 딸을 아내로 맞이한 경우 그 아이는 인간인가 짐승인가라고 붓다가 아사라야나에게 되묻는 질문을 통해 아사라야나가 대답하지 못한 것을 비유로 설명한다.[289)]

위와 같이 암베드카르는 자유, 평등, 우애의 정신이 불교의 교리 속에 이들 개념이 녹아있음을 주목한 후 창조가 아닌 재생의 개념으로 사용

289) 이명권, 『암베드카르와 현대 인도불교』 167~168참조

하고자 했다. 또 불교를 통해 이들 사회 혁명을 주장하는 것에는 그만의 독특한 계급인식도 한 부분을 차지한다. 그것은 바로 그가 속한 불가촉천민 계급의 기원을 고대 불자와 연관 지어 접근하는 방식이다.

3) 불가촉천민의 기원과 불자와의 관계

암베드카르는 1938년부터 불가촉천민의 기원을 본격적으로 연구하기 시작한다. 그는 '불가촉천민은 누구인가?' 그리고 '왜 그들은 불가촉천민이 되었는가?','왜 카스트 힌두들은 그들을 오늘날까지 비인간적으로 대우하여 또 그럴 권리가 있다고 주장하는가?' 라는 의문을 화두로 삼고 연구를 시행했다. 불교의 전통적인 교리에 따르면 인간은 모두 불성을 지녔기 때문에 평등하다. 이 때문에 사성제를 통해 인간의 계급을 구분 짓는 힌두이즘은 불교 교리의 관점에서 볼 때 거짓된 무명(無明)이라 할 수 있다. 또 힌두이즘의 체제 속에서는 불가촉천민을 인간으로 취급하지 않는다. 하지만 그들도 생물학적으로 엄연한 인간이다. 이렇게 본다면 카이스트제도와 불가촉천민은 모순 관계에 놓이게 된다. 과거 불가촉천민을 인간으로 취급하지 않았고 그들 또한 그것을 당연시 여겼을 때는 문제가 발생하지 않았지만 현대화의 과정에서 불가촉천민들이 점차 사회에 참여하고 자신의 정체성을 확인하는 지금에 와서는 더 이상 과거의 논리가 통용 될 수가 없다. 그렇다고 해서 불가촉천민을 인간으로 포함 시킬 경우 당시 인도를 지배하는 오랜 정통인 힌두이즘 자체를 부정하는 결과를 낳게 된다. 이 둘을 서로 만족시키기 위해서는 제3의 방법이 제시되어야 한다. 이것을 위해 암베드카르는 불가촉천민의 기원을 태생부터 계급이 정해지는 카스트제도 밖에서 찾으려 했다. 그는 『불가촉천민』이라는 책에서 시체(屍體)와 오염(汚染)이라는 개념에 근거하여 불가촉천민의 기원을 찾아갔다. 그는 힌두 사회에서의 불가촉성(不可觸性 : Untouchability)을 오염의 개념에 찾았다. 인도 사람들에게 오염은 죽음과 같은 사건의 발생이나, 정화의 의례를 통해서만 제거될 수 있으며 이들은 어떤 사물 혹은 사람에 대한 접촉으로 발생한다고 여겨졌다. 그리고 이런 관념은 이집트, 아프리카, 그리스, 로마 등의 고대사회에서 쉽게 볼 수 있는 것이지만 429개나 되는 수의 세습적인 불가촉성의 공동체가 존재한다는 것은 매우 특수한 경우라 할 수 있다. 그리고 이들은 개인의 능력이나 행위와 관계없이 출생에 의해 세습적으로 부정하게 여겨졌다. 그리고 이들은 마을 외곽에 따로 살게 되었다. 암베드카르는 이들이 이렇게 살게 된 원인에 주목했다. 그의 이론에 의하면 이들은 유목민끼리의 싸움에서 희생된 제3의 집단이다. 그는 이들을 몰락한 사람이라 칭했다. 몰락한 사람들은 혈연 공동체로 맺어진 다른 종족에 소속될 수도 없는 거류민으로서 끊임없는 공격의 위험 속에 살아야만 했다. 이 때문에 그들이 살아남기 위해서는 정착민들에게 의존해야 했고 결국 그들의 수하로 들어가게 된다. 하지만 그들은 정착민과 같은 혈연공동체가 아니기 때문에 함께 살 수 없기 때문에 마을 외곽에 살며 이들을 수호하는 역할을 하게 된다. 따라서 암베드카르는 불가촉천민이 힌두 사회에 존재하는 태생적으로 세습되는 부정한 자들이 아니라 유목민들과의 전쟁에서 패배한 몰락한 사람들이라는 결론을 내린다. 하지만 몰락한 사람들을 불자로 연관시키는 것에 있어서는 특별한 증거나 물증은 없다. 다만 브라만이 불가촉천민을 부정적으로 보는 것만큼 불가촉천민 또한 브라만을 부정적으로 본다는 점 또 브라만이 소를 숭배하는 것과 달리 불가촉천민은 소를 숭배하지 않고 소고기를 먹는다는 점 등의 상호 반감과 상반된 풍습을 통해 암베드카르는 불가촉천민을 몰락하자 그리고 불자라고 파악한다. 이 때문에 그는 불가촉천민에 대한 결론을 다음과 같이 내린다.

> 몰락한 사람들은 바라문들을 증오했다. 왜냐하면 바라문들은 불교도들의 원수들이었고 바라문들은 몰락한 사람들이 불교를 떠나지 않는다는 이유로 그들에게 불가촉성을 부여했다. 이러한

> 이유로 불가촉성의 근원의 하나는 바라문들이 불교도들에게 조장해낸 증오와 경멸의 뿌리를 두고 있다고 말할 수 있다.[290)]

이와 같은 암베드카르의 주장은 불가촉천민이 카스트제도로부터 자유로울 수 있는 논리적 근거를 제공할 뿐만 아니라 그의 사회 개혁의 역사적 당위성은 확보하는데 도움을 준다. 암베드카르는 불가촉천민의 문제를 종교적 관점이 아닌 사회적 갈등의 양태로 해석했기 때문에 힌두이즘과 정면으로 부딪히지 않으면서도 동시에 자신의 주장을 세울 수 있는 효과적인 이론을 수립했다. 그러나 그럼에도 불구하고 힌두이즘을 지지하는 보수적인 인물들(대표적으로 간디)은 여전히 그의 주장에 비판적인 입장을 취하였다.

4) 암베드카르의 불교 사상

앞서 언급한 것과 같이 암베드카르는 승려출신이 아닌 학자이자 정치인이다. 그리고 불교의 이해 또한 종교가 아닌 도덕으로 그리고 사회성을 지닌 사유로 파악했다. 그렇기 때문에 암베드카르의 불교는 한 마디로 사회적 불교라 할 수 있다. 그럼 지금부터 그가 불교를 어떻게 해석하고 또 어떻게 현실에 적용시켰는지를 살펴보도록 하겠다. 다음은 불교에 대한 암베드카르의 입장을 단적으로 나타낸 구절이다.

> 분명히 말하건대 붓다가 합리적이고 논리적이지 않았다면 그는 아무것도 아니다. 그러므로 합리적이고 논리적이고 평등한 것이라면 어떤 것도 붓다의 말이 될 수 있다. 두 번째 붓다는 인간의 복지에 유익한 것이 아니라면 탁상공론도 개입되지 않았다. 그러므로 인간 복지에 관련되지 않는 붓다에 관련된 그 어떤 것도

---

290) B.R Abedkar. The Untochables(Third edition, Balrampur, 1977)p 101

붓다의 말이라고 할 수 없다.[291)]

분명 불교에는 상당한 논리성과 합리성이 포함되어 있다. 용수(龍樹)의 중관철학이나 유식학파의 논리들은 매우 고차원적인 논리성을 함의하다. 하지만 그렇다고 오직 논리성과 합리성만을 통해 불교를 설명하는 것은 분명한 한계를 지닌다. 그럼에도 불구하고 암베드카르는 불교의 신비적인 부분(해탈 등의 자기 수양측면)을 배제하고 오직 사회적인 부분에만 초점을 맞춘다. 이 때문에 사랑, 우정, 평등과 같은 불교의 핵심 개념을 사회 복지의 측면에서 해석하는 방식을 취한다. 그에게 있어 종교의 신비적인 측면 특히 신(神)과 같은 것들은 사회를 분열시키는 결과(카스트제도)를 가져온다고 여겼다. 이와 같은 그의 종교적 신념은 불교를 합리주의와 사회적 복음이라는 두 가지 측면에서 해석하는 형태를 취하게끔 했다. 암베드카르는 붓다가 말하는 고통의 개념은 물질적인 것이며 그 슬픔의 원인은 무상(無常)이라고 설명한다. 고통의 원인을 무상에서 찾는 것은 불교의 전통적인 세계 해석과 합치한다. 다만 그 고통의 원인을 추상적인 것 보다 사회, 경제적인 이유에서 찾고 있고, 더욱 구체적으로 경제적인 빈곤을 고통의 우선적인 문제로 받아들인다는 점에서 기존의 해석과 조금의 차이를 보인다.[292)] 그럼 지금부터 암베드카르의 독창적인 개념들을 간략히 살펴보도록 하겠다.

담마(法 : dhamma)

암베드카르의 담마 개념은 전통적인 불교와 뚜렷한 차이를 보인다.

291) Dr.Babasahed Ambedkar : Writings and speeches. Vol. 11, op, cit. pp 350~351

292) 이명권, 『암베드카르와 현대 인도불교』, 273쪽 참조

전통적인 담마는 붓다의 깨달음에서 시작하여 열반에 이르기 까지 참되고 조금의 거짓도 있을 수 없는 것으로 해석된다. 하지만 암베드카르는 붓다를 완벽한 존재가 아닌 한 사람으로 본다. 이 때문에 붓다의 담마가 지고한 도덕일 수는 있지만 그 또한 사람인 이상 실수 할 수 있는 존재로 파악한다. 이런 붓다에 대한 해석은 붓다의 중심 가르침 가운데 사제의 설명 중 고(苦)에 대한 이해에도 독창성을 부여하게 된다.

고(苦 : dukkha)

그는 인간의 고통의 원인을 사회학적인 경제적 빈곤에서 찾는다. 그리고 고통은 사회의 경제적 정의를 실현시켜 빈곤을 해결함으로써 사라질 수 있다고 주장한다.

카르마와 윤회

불교의 전통적인 개념에서 카르마와 윤회는 재생의 문제와 관련되어 있다. 마음의 작용은 행위로 나타나고 그 행위의 결과는 카르마가 되어 저장된다. 그리고 그 카르마를 바탕으로 또 다른 마음의 작용이 행해진다. 이들 과정이 반복되어 모인 카르마가 다음생의 모습으로 나타나게 된다. 암베드카르의 경우 결코 카르마와 윤회를 연관시키지 않는다. 오히려 그것을 죄악시한다. 그에게 있어 카르마는 어디까지나 현생의 결과로만 나타날 뿐 결코 내세와 연관되지 않는다. 왜냐하면 그에게 있어 카르마는 도덕을 위한 수단적 이론에 불과하기 때문이다. 그가 이런 태도를 취한 까닭은 카르마와 윤회의 관계를 인정할 경우 결국 카스트제도와 불가촉천민의 당위성을 인정하는 꼴이 되기 때문이다.

이상 불교의 개념에 관한 암베드카르의 특수한 해석을 살펴보았다. 그에게 있어 불교는 어디까지나 사회를 바탕으로 성립된다. 이 때문에 신비적이고 당장의 현실에서 설명 불가능한 것 혹은 내세와 관련된 개념들은 부정되거나 축소되어 졌다. 그의 불교 해석의 핵심 바로 인간의 평등과 사회정의의 실현이었다. 암베드카르는 불교를 통해 사회개혁을 꿈꾸었고 결국 힌두이즘이 지배하는 인도사회에 정면으로 도전하는 진보적인 사상으로 자리매김하게 되었다. 비록 그의 주장이 원시불교와 적잖은 차이를 보이지만 붓다가 희망했던 평등과 자비의 정신만은 바뀌지 않고 그 속에 녹아있음은 분명하다. 이상 인도의 현대 불교를 살펴보았다. 다음은 베트남의 현대 불교를 대표하는 틱낫한에 관해 살펴보도록 하겠다.

2. 틱닛한

암베드카르가 불교를 사회개혁과 참여의 관점에서 보았다면 지금부터 이야기 될 틱낫한의 경우 불교의 전통적인 교리와 수행법 등을 일반 대중의 관점에 맞추어 보급하려는데 힘쓴 인물이다. 암베드카르의 첫 번째 관심이 계층의 불평등에서 오는 사회 갈등의 해소였다면 틱낫한의 경우는 그 관심이 개인의 내적인 갈등과 고민과 번민 그리고 행복에 맞추어져 있다. 또 암베드카르의 불교가 다분히 세간적(世間的)인데 비해 틱낫한의 불교는 기본적으로 출세간(出世間)을 바탕으로 삼고 그것에 덧붙여 출세간의 문제를 다룬다. 그가 베트남 정부로부터 추방당하고 프랑스로 망명길에 오른 것 또한 국가의 대립에서 국가를 떠나 반전과 평화를 외쳤기 때문이다. 이런 그의 행보는 국가와 민중을 중심에 두는 암베드카르의 불교인식과는 분명한 차이를 보인다. 하지만 학자이며 정치가인 암베드카르와 달리 틱낫한은 대승불교인 임제종의 승려출신이었기 때문에 그의 세계인식과 태도가 암베드카르와 다른 것은 당연한 결과일 것이다. 그럼 지금부터 틱낫한이 누구인지 그리고 그의 불교가 가지는 특징이 무엇인지를 살펴보도록 하겠다.

1) 평화로운 삶을 만들려면

내면으로 불성을 닦고 밖으로는 중생 구제에 힘을 쓰는 대승불교의 특성 때문인지 틱낫한의 승려로서의 행보 또한 현실의 문제를 결코 소홀히 여기지 않았다. 그의 출생지는 베트남이며 그가 불문에 귀의(歸依) 한 것은 1942년 그의 나이 16세 때였다. 그리고 1946년 그는 프랑스와-인도차이나 사이에서 발발한 1차 베트남 전쟁을 맞이하게 된다. 전쟁을 직접 경험한 틱낫한은 그것이 가지는 모순을 자각하고 무엇이 진정한 평화로 나가는 길인가에 관해 깊이 있는 성찰을 가지게 된다. 그리고 그는 비폭력을 슬로건으로 내세워 전쟁의 종식과 더불어 전쟁이 가져오는 모든 분노와 증오를 정화하고자 힘썼다. 분노와 증오는 전쟁의 주된 원인이자 결과에 해당 된다. 분노는 또 다른 분노를 증오는 더 큰 증오를 낳게 된다. 그리고 분노와 증오가 만나 최악의 결과를 낳는 것이 전쟁이다. 이 때문에 전쟁은 마치 그 자체로 순수한 악이며 그 속에서 선함이나 평화로움을 찾는 것은 절대 불가능해 보인다. 하지만 틱낫한은 비폭력을 추구하며 전쟁 중에도 증오를 없애고 평화를 가질 수 있다고 주장했다. 여기서 그가 주장하는 평화는 단순히 전쟁의 반대인 사전적 의미만을 뜻하는 것은 아니다. 그가 말하는 평화는 다음과 같다.

> 그것은 눈에 보이는 곳에서 이해를 통해 자비를 실천하는 것입니다. 평화는 마음 다함(Mindfulness)을 실천하는 것이며, 우리가 깨닫는 것을 행동으로 옮기는 것이고, 곧 행동이며 행동의 결

과인 것입니다.[293)]

틱낫한은 평화의 주체를 자비의 실천에서 찾는다. 그리고 그 실천의 대상은 내 눈 앞에 보이는 모든 대상을 의미한다. 그 대상은 내 가족이 될 수도 있고 이웃이 될 수도 그리고 인간이 아닌 어떤 생물이 될 수도 있다. 그에 따르면 일상생활 속에서 마음을 다한다면 그것은 동정심을 기르는 것으로 이어지고 동정심은 폭력성의 억제로 이어진다고 한다. 1차적으로 자신의 내면을 조절했다면 그것을 바탕으로 나타나는 그의 행동은 그를 둘러싼 가족, 친구, 사회에 긍정적인 영향을 주게 된다. 그리고 이러한 마음 다함과 실천의 관계 단순히 원인과 결과가 아닌 마음 다함을 통한 실천은 행위자로 하여금 매 순간 새로운 깨달음을 가져다 줌으로써 마음 다함을 실천하는 자의 점진적인 발전을 가능하게 한다. 틱낫한은 마음 다함을 구체적인 기술로서 접근하는데 그 방법으로 심호흡을 제시한다. 그는 다양한 형태의 심호흡 법을 제시하는데 그것은 전통적인 불교의 참선법을 대중들에게 보다 쉽게 가르치기 위한 방편으로 보인다. 그 방식에 대해서는 추후 설명하도록 하겠다.

불교는 본래부터 마음을 다스리고 깨닫는 종교이다. 그리고 세계의 모든 현상과 존재의 근원을 마음으로부터 찾는다. 그러므로 폭력과 평화 또한 마음의 작용 혹은 마음으로부터 발생된 개념이다. 결국 마음을 어떻게 조절하느냐가 모든 감정과 현상의 원인이 되는 것이다. 우리는 종종 신년(新年)이 되면 1년의 목표를 세운다. '올해는 꼭 금연을 할 거야', '술을 줄일 거야', '다이어트에 성공할 거야' 등등의 계획들을 세우지만 그것은 오래가지 못하고 다시 다음 해의 목표가 되곤 한다. 그 이유는 무엇일까 그것은 바로 자신과의 약속을 어겼기 때문이다. 신년의 목표는 곧 자신과의 약속이며 그것의 실천 여부는 오직 자신의 마음먹

293) 틱낫한, 전세영 옮김, 『비움』, 중앙M&B, 13쪽

기에 달려있다. 탁닛한의 마음 다함의 출발은 바로 자신과의 약속을 충실히 이행하는 것으로부터 출발한다. 이 때문에 마음 다함을 하는 자 스스로에게 다음과 같을 약속을 하고 또 실천해야 한다.

> 내 안에 폭력의 씨앗을 품거나 물을 주지 않으며, 매일의 삶 속에서 평화를 실천하며 살아갈 것을 약속합니다.
>
> 우리는 매 순간 우리 자신을 부정적인 사고로부터 보호하고 우리안의 친절함과 착한 심성을 지킬 것을 약속합니다.

이들 약속에 대해 그는 다음과 같이 말한다. 이 약속은 그대가 그대 자신과 맺은 평화협정입니다. 그대가 사랑하는 사람들과 함께 일하고 살고 있는 사람들과 화해하고 의사소통하기 위한 것이며 그대의 삶을 바꾸기 위한 구체적인 약속입니다. 그대는 사랑하는 이들과 이 약속을 나눌 수 있습니다. 그대의 배우자와 아들딸에게 다가가 이렇게 말하면 됩니다. "사랑하는 이여, 정말 나를 사랑한다면 내 안에 있는 분노의 씨앗에 물을 주지 마세요. 대신 내 안에 있는 자비의 씨앗에 물을 주세요. 나 역시 그대를 위해 그렇게 하도록 약속합니다."[294]

분노의 씨앗과 평화의 씨앗을 키운다는 것은 일종의 업보 개념으로 해석될 수 있다. 말하자면 평소 분노와 짜증 노여움의 감정을 쉽게 가지는 사람은 그것으로 인해 폭력과 다툼 속에 자신을 던져 넣게 되고, 반면에 연민과 착함 그리고 사랑 등을 가지려 노력하는 사람은 그것으로 인해 자신의 주변 사람들과 좋은 관계를 형성하고 나아가 마음의 안식인 평화를 얻을 수 있게 되는 것이다. 그리고 이런 일련의 행동들은 모

---

294) 틱닛한, 전세영 옮김, 『비움』, 중앙M&B, 16쪽

두 일상생활 속에서 이루어지기 때문에 탁닛한은 기적을 멀리서 찾지 않는다.

> 그대가 찾고 있는 모든 멋진 것들은 그대 안에서 발견할 수 있다. 행복과 평화 기쁨은 그대 안에 있다. 그대는 굳이 다른 곳으로 찾아갈 필요가 없다. 그대의 진정한 집은 지금 이 순간 속에 있다. 지금 이 순간 살아 있는 것은 하나의 기적이다. 기적은 물 위를 걷는 것이 아니다.[295)]

평소 부정의 씨앗을 마음에 품고 분노와 짜증의 열매를 생산하던 누군가가 마음 다함을 통해 평화와 안식을 얻는다면 그것이야 말로 전쟁 속에서 평화를 얻는 것이며 기적이 아니고 무엇이겠는가? 그리고 일상의 전쟁 속에서 평화를 가지기 위해서는 전쟁의 종결을 위해 평화협정을 맺는 것처럼 자신의 마음이 어떤 부정 된 것도 가져오지 않겠다는 약속 즉 실천의 다짐을 해야만 한다.

2) 부정적인 감정을 조절하는 법

분노 · 증오 · 미움과 같은 부정적인 감정들은 우리를 폭력으로 인도한다. 만약 우리가 폭력에 몸을 맡긴다면 또 다른 폭력으로 이어질 뿐이다. 폭력을 제거하기 위해서는 앞서 말한 것처럼 마음 속 폭력의 씨앗을 제거하고 자비의 씨앗을 길러야 한다. 만약 내가 폭력의 씨앗을 마음 속에 품고 있다면 그리고 그것으로 누군가를 고통스럽게 한다면 이것을 제거해야 한다. 폭력의 씨앗은 바로 우리 마음 속 부정적 감정들이다. 무엇인가를 제거하기 위해서는 그것의 존재를 확인해야만 한다. 즉, 폭력의 씨앗인 부정적 감정을 제거하기 위해서는 내 마음 속에 부정적

295) 틱닛한, 류시화 옮김, 『마음에는 평화 얼굴에는 미소』, 김영사, 16쪽

감정이 있음을 인정해야 한다는 것이다. 탁닛한은 이것에 대해 다음과 같이 말한다. 만약 당신이 화가 났다면 그것을 인정하라 그리고 그것에 미소를 보내면서 이렇게 말해 보라.

> 안녕, 네가 거기 있다는 걸 잘 알아. 널 달래주기 위해 긴 호흡을 시작할 거야. 숨을 깊게 들이쉰다.…내 안에 네가 있다는 걸 알아. 숨을 쉰다. 이제 너를 달래 줄게[296)]

자신의 감정을 있는 그대로 인정하는 것은 자신의 마음을 다하기 위한 첫 번째 발걸음이다. 부정적 감정을 지녔음에도 불구하고 그것이 부정적 감정인 것은 인식하지 못한다면 제거하는 것 또한 불가능하다. 만약 그것을 인식하지 못하고 가만히 둔다면 점차 자라서 폭력이란 형태로 분출 될 수밖에 없다. 탁닛한은 부정적 감정의 표출 가운데 하나인 '화'에 대해 다음과 같이 말한다.

> 눈 돌리면 화나는 것투성이다. 부처의 가르침에 의하면 우리의 몸과 마음은 별개가 아니니다. 그러므로 마음의 병은 곧 몸의 병이 된다. 우리가 먹는 음식은 우리가 화를 일으키는데 매우 중요한 역할을 한다. 화가 가득한 고기를 먹으면 우리 몸은 그 화의 영향을 받는다. 그러므로 우리는 모든 음식을 잘 가려 먹어야한다. 음식 뿐 아니라 눈과 귀 코로도 화가 들어온다. 우리가 보는 것. 상대방과의 대화 속에서도 화가 들어오는 것을 막아야한다.[297)] 그리고 이런 화는 결코 외재적인 행동을 통해서 제거 할 수 없다. 왜냐하면 그것의 근원은 자신의 마음 즉 내부로부터 기인하기 때문이다. "슬픔과 절망을 잊으려고 많이 먹는 것은 옳지 않

296) 틱닛한, 전세영 옮김, 『비움』, 중앙M&B, 29쪽

297) 틱닛한, 최수민 옮김, 『화』, 명진출판사, 17쪽

다. 적게 먹을 때 우리는 제대로 먹을 수 있다. 먹는다는 것 자체가 훌륭한 수행이다."298)

마음이 일어났을 때 선한 마음이라면 더욱 길러야겠지만 악한 마음이라면 최대한 빨리 그것을 제거해야한다. 그렇다면 어떻게 악한 마음을 제거할 수 있을까? 탁닛한은 악한 마음을 제거하고 마음을 조절하는 방법으로 호흡과 걷기를 제시한다. 이들은 매우 단순한 행위이지만 오히려 그 단순함이 복잡한 우리의 감정을 다스릴 수 있는 훌륭한 수단이 된다.

마음 다해 호흡하기

틱낫한은 몸에 공기가 들어가는 것과 나가는 것으로 느끼는 것을 호흡 명상이라 칭하였다. 우리가 숨을 쉬는 것은 매우 자연스러운 일이다. 너무나도 자연스럽게 때문에 우리는 그것에 대해 의식하지 않는다. 대신 여러 가지 상념들이 우리의 마음을 지배한다. 이 때 우리는 그것들을 의식하기 때문에 의식된 감정에 쉽게 끌려가게 된다. 우리의 부정적인 감정 또한 마찬가지이다. 만약 스스로 화를 내고 있고 그것을 인식한다면 우리는 그 화를 제거해야 한다. 그것을 제거하는 가장 좋은 방법은 화가 일어나기 이전의 상태 가장 편안한 상태로 의식을 돌리는 것이다. 호흡을 하는 것은 가장 단순하면서도 자연스러운 것이다. 그리고 그 호흡의 과정에 따라 의식을 맞출 때 우리를 지배하고 있던 온갖 상념들로부터 자유로워 질 수 있다. 이것은 선불교의 수행방식을 크게 벗어나지 않는다. 중요한 것은 의식을 한 곳에 집중시켜 의식이 망년되게 흐트러지는 것을 막는 것에 있다. 다음은 틱낫한

298) 틱낫한, 전세영 옮김, 『비움』, 중앙M&B, 21쪽

이 말하는 호흡 명상법이다.

- 숨을 들이쉰다. 오직 숨쉬기에만 집중한다. 숨을 내쉰다. 나의 숨쉬기에만 집중한다. 들이쉬고 내쉬고….
- 숨을 들이쉰다. 들숨이 깊어진다. 숨을 내쉰다. 날숨이 깊어진다. 깊게 깊게….
- 숨을 들이쉰다. 숨을 내쉰다. 천천히 천천히….

틱닛한이 호흡 명상법을 권유하는 까닭은 그것이 어떤 상황에서도 손쉽게 실천할 수 있는 것이기 때문이다. 그가 말하길 호흡 명상법은 "앉아있거나 누워 있거나, 서 있거나 운전을 하거나, 일을 할 때도"[299] 할 수 있으며 또 의식적으로 호흡하는 것을 느낀다면 하고 있던 일을 더욱 또렷이 집중할 수 있게 된다고 말한다. 그리고 틱닛한은 호흡법과 함께 걷는 명상을 권장하는데 그 이유 또한 호흡 명상법과 마찬가지고 매우 간단하면서도 자연스러운 행위이기 때문이다.

마음 다해 걷기

틱닛한은 호흡을 통한 명상법 이외에 또 걷기 명상을 통한 마음 다함을 권장한다. 이 행위 또한 호흡하기와 마찬가지로 매우 단순한 형태를 취한다. 인간이 걷는다는 것은 호흡하는 것 만큼 자연스러운 것이다. 우리는 평소 온갖 번민을 가지고 걷는다. 하지만 번민을 갖고 걷는 것은 결코 우리의 마음에 평화를 가져다주지 않는다. 틱닛한이 말하는 걷기 명상은 번민이 아닌 걸음 자체에 포인트를 맞춘다. 그는 걷는 것에 자각을 요청한다. 여기서 말하는 자각은 현재에 대한 자각이

299) 틱닛한, 전세영 옮김, 『비움』, 중앙M&B, 32쪽

다. 한 걸음 내딛을 때 마다 나의 발과 땅이 부딪히는 것 그리고 온 몸의 세포가 살아 숨 쉬고 있음을 느낀다면 그 순간만은 어떤 해로운 생각도 들지 않을 것이다. 그리고 걷기와 맞추어 호흡하면 보다 깊은 평온함을 맞이할 수 있게 된다. 이 때문에 그는 숨을 들이 쉴 때는 "들이쉬고"라고 속삭이며 발을 내딛고, 내쉴 때는 "내쉬고"라고 속삭이며 내쉬기를 희망한다.[300] 이와 같은 명상법을 시행하는 까닭은 내가 상대방과 소통하기 위함이다. 타인의 말에 귀를 기울이고 모든 오해와 비방으로부터 자유롭기 위해서는 무엇보다 먼저 자기 자신이 평온해야 한다. 이제 틱닛한은 호흡을 통한 명상 속에 위의 목적들을 적용시킨다. 그 방법은 다음과 같다.

- 숨을 들이쉰다. 숨을 들이쉬고 있는 나를 느낀다. 숨을 내쉰다. 숨을 내쉬고 있는 나를 느낀다. 들이쉬고 내쉰다.…….
- 숨을 들이쉰다. 몸이 가라앉는다. 숨을 내쉰다. 미소 짓는다. 조용히 조용히 미소 짓는다.
- 숨을 들이쉰다. 내가 번민하고 있음을 느낀다. 숨을 내쉰다. 자비로운 마음으로 미소 짓는다. 나의 번민, 나의 미소, 나의 번민, 나의 미소….
- 숨을 들이쉰다. 우리 모두의 번민을 느낀다. 숨을 내쉰다. 우리 모두에게 새로운 계기가 있기를. 우리의 번민, 새로운 계기, 우리의 번민, 새로운 계기…
- 숨을 들이쉬다. 귀 기울인다. 숨을 내쉰다. 들려온다. 귀 기울이고, 들려오고, 귀 기울이고,들려오고….
- 숨을 들이쉰다. 그대가 아파하는 소리가 들려온다. 숨을 내쉰다. 내 마음을 다하여 그대를 끌어안는다. 그대의 상처 · 그대를 끌어

300) 틱닛한, 전세영 옮김, 『비움』, 중앙M&B, 33쪽

안는다.

- 숨을 들이쉰다. 그대의 잘못된 생각이 들려온다. 숨을 내쉰다. 성내지 않는다. 잘못된 생각…성내지 않는다.
- 숨을 들이쉰다. 그대를 아프게 했다는 걸 느낀다. 숨을 내쉰다. 미안…그대가 아팠다….
- 숨을 들이쉰다. 가슴을 연다. 숨을 내쉬다. 그대를 위한 공간이 거기에 있다…마음을 연다…그대를 위한 공간이다….
- 숨을 들이쉰다. 행복 하고 싶다. 숨을 내쉰다. 그대도 행복해지길 바라다. 나의 행복…그대의 행복, 나의 행복…그대의 행복…….
- 숨을 들이쉰다. 이제 우리는 행복하다. 숨을 내쉰다. 이것이 내가 원한 것이다. 우리의 행복…이것이 내가 원한 것이다.

평화를 위한 비폭력의 마음 가지기

틱닛한이 평화를 외치는 배경에는 그가 겪었던 전쟁의 체험도 크게 작용한다. 그가 주장하는 평화의 출발점은 개개인의 마음을 평화롭게 하는 것이다. 그리고 그것이 점차 확장되어 온 세상에 평화가 가득하기를 그는 희망한다. 마음 다함의 최종 목표 또한 개인의 평화와 인류의 평화에 있다. 하지만 그는 방 속에 틀어박힌 채 오직 자신의 마음만을 돌보는 형태의 평화를 말하지는 않다. 그의 평화에 대한 가르침은 반드시 행동으로 이어진다. 실제 그는 많은 사람들과 평화의 걷기 운동을 해왔으며 또 구체적인 비폭력에 관한 마음 다함 훈련을 제시하기도 했다. 그럼 그의 비폭력을 위한 마음 다함 훈련에 대해 알아보도록 하겠다.

/ 첫 번째 – 삶에 대한 경외심 /

삶이 파괴되면서 생겨난 고통을 자각하며 자비심을 기를 것을 서약하고 살아있는 생명을 보호하는 법을 배울 것입니다. 살생하지 않으며 다른 이들이 살생하는 것을 그냥 두지 않으며 살생하는 어떤 행위도 묵과하지 않을 것입니다.

/ 두 번째 – 관대함 /

착취와 도둑질 억압으로 인한 고통을 자각하면서 관대함을 기를 것을 서약하고 살아 있는 생명을 위하는 법을 배울 것입니다. 시간과 에너지, 물질적인 자원을 정말로 필요로 하는 이들을 위해 나누어 쓸 것을 서약합니다. 도둑질하지 않으며 다른 이에게 속한 어떤 것도 탐내지 않을 것입니다. 다른 이의 소유물을 존중할 것입니다. 그가 다른 이의 고통으로 이익을 얻는다면 그렇게 하지 못하도록 할 것입니다.

/ 세 번째 – 올바른 성생활 /

성적인 무절제로 인한 고통을 자각하면서 책임감을 기르고 고결함을 보호하기 이한 방법을 배울 것입니다. 사랑이나 헌신 없이는 성적 관계를 맺지 않을 것입니다. 타인과 나 자신의 행복을 지키기 위해 나와의 약속과 타인에 대한 약속을 존중할 것입니다. 아이들을 성적 착취로부터 보호하고 내 가족과 친구들이 성적인 무절제로 인해 다치지 않도록 최선을 다할 것입니다.

/ 네 번째 – 주의 깊게 듣고 상냥하게 말하기 /

타인의 말을 귀담아 듣지 않고 아무렇게나 말함으로 인한 고통을 자각하면서 주의 깊게 듣고 상냥하게 말하는 습관을 길러 기쁨과 행복을 선사할 것입니다. 말이란 행복을 낳을 수 있고 불행을 낳을 수도 있음을 명심하면서 진심으로 자신감과 기쁨, 희망을 격려하는 말을 쓸 것을 서약합니다. 확신하지 못하는 소식을 전하지 않을 것이며, 확신하지도 못하는 일을 비판하거나 비방하지 않을 것입니다. 불화를 만들지도 모를 말을 삼갈 것입니다. 그리고 크고 작은 갈등을 해결하기 위해 노력할 것입니다.

/ 다섯 번째 - 올바른 소비 /

무절제한 소비로 인한 고통을 자각하면서 육체적 정신적 건강을 기르기 위해 먹고 마시고 소비하는 것을 명상을 실천하듯 할 것을 서약합니다. 몸과 마음에 건강과 평화를 유지할 수 있는 것만을 섭취할 것을 서약합니다. 적당한 다이어트는 자기 변화와 사회 변화를 위해 중요하다는 것을 압니다. 알코올을 비롯한 다른 중독성 물질을 피하고 독소가 있는 음식을 피하며 TV프로그램이나 잡지, 책, 영화, 대화에서도 독이 있다고 생각되는 것을 멀리할 것을 서약합니다. 이러한 것들이 내 몸과 정신을 해롭게 한다면 그것은 선조와 부모 사회와 미래 세대를 배반하는 것임을 압니다. 내 안의 폭력과 분노 혼란 등을 변화시키기 위해 노력할 것입니다. 명상을 통한 식사를 실천할 것입니다.

틱닛한은 위의 다섯 가지 방법을 자각적으로 실천한다면 누구나 고통을 줄이고 평화를 강화할 수 있다고 말한다. 그의 마음 다함의 훈련이 단순히 자신만(Be)을 위하는 것이 아니라 나와 타자가 함께 공존(inter-be)에 초점을 맞춘다. 이 때문에 마음 다함의 훈련 아래에는 항상 상호존재의 기본 원칙이 깔리게 된다. 그리고 이들 훈련은 개인의 자각을 통한 자연스러운 실천을 요구하는 것이기 때문에 하나가 시행되면 나머지는 연속적으로 이루어지게 된다. 이러한 연속성은 개인의 내면으로부터 출발해 타자와의 관계에 까지 미치게 된다.

오해를 제거하기

오해는 나와 타자의 관계 속에서 폭력을 낳는 가장 큰 원인 중 하나이다. 오해는 우리에게 큰 고통을 가져다주기 때문에 마음의 평화를 획득하기 위해서는 무엇보다 우선 오해를 제거해야 한다. 고통은 고통을 받는 사람뿐만 아니라 고통을 가하는 존재 또한 고통 받는다. 그렇다면 우리는 어떻게 고통의 원인인 오해를 찾아 제거 할 수 있을까? 이것에 대해 틱낫한은 다음과 같은 방법을 제시한다. "문제가 생기면 먼저 고통의 원인을 찾아내야 합니다. 그대의 감정을 곰곰이 들여다보고 그것을 변화시켜야 하며, 타인의 애기에 기꺼이 귀 기울여야 합니다. 그렇게 한다면 고통의 원인을 제거할 수 있는 올바른 행동을 취할 수 있게 됩니다. 타인의 고통의 뿌리를 제거할 수 있다면 이제 그들이 그대를 괴롭히는 일도 없을 것입니다."[301]

오해를 제거 한다면 우리는 보다 타자의 진실 된 목소리에 귀를 기울일 수 있게 된다. 타자의 목소리에 귀를 기울인다는 것은 타자와 소통할 수 있음을 의미한다. 틱낫한은 모든 갈등을 원인을 나와 타자 사이에서 발생되는 부정적 형태의 활동, 즉 오해와 그것에 따른 타자의 불신 등에서 찾는다. 그리고 모든 부정적 형태가 해소 될 때 비로소 우리는 자연스럽게 화해 할 수 있게 된다. 틱낫한의 모든 방법들은 수준 높은 참선이나 어려운 교리문답을 필요로 하지 않는다. 나를 이해하고 그것을 바탕으로 타자를 이해하는 것, 나와 타자가 함께 할 때 비로소 진정한 행복과 평화를 가질 수 있다는 것 등등의 매우 소박하고도 일상적인 것에서부터 문제를 찾고 해결하고자 한다. 그는 또 가족과 부부 뿌리에 대한 교육 심지어 TV시청에 있어서까지 그가 주장하는 마음 다함 훈련을 적용시켜 마침내 개인들이 모든 일상 속에서 마음의 평화를 지니기를 희망한다.

301) 틱낫한, 전세영 옮김, 『비움』, 중앙M&B, 111쪽

3. 현대 불교의 특징

암베드카르와 틱낫한을 통해 전통 불교와는 조금 다른 인도와 베트남의 현대불교의 특성을 살펴보았다. 이들 불교는 단순히 종교에 그치는 것이 아니라 적극적인 사회참여를 특징으로 가진다. 암베드카르의 불가촉천민의 해방을 위한 불교, 틱낫한의 반전과 비폭력 그리고 평화를 위한 실천 불교는 2천년도 전에 형성된 불교가 현대 사회에 와서 어떻게 바뀌었는지를 보여주는 좋은 사례이다. 하지만 이들이 변화했다고 해서 불교의 본질이 사라진 것은 아니다. 암베드카르와 틱낫한의 불교 속에는 불교의 핵심이 자비와 배품의 정신이 살아있다. 개인의 수행이나 해탈의 문제보다 사회와 관계가 그것의 전면에 떠올랐다는 점은 시대와 사회의 요청에 따른 불교의 자그마한 변화라 할 수 있을 것이다. 전통적인 불교의 입장에서 본다면 이들이 실천하고 있는 불교는 다소 과격하거나 지나치게 세간적(世間的)일 수도 있다. 하지만 종교가 종교로서의 역할을 다하기 위해서는 그 시대의 문제를 외면하지 말아야 한다. 이런 측면에서 본다면 암베드카르와 틱낫한의 불교 인식은 불교의 본래 의미를 훼손하지 않고 시대의 요청에 발맞추는 지양(止揚)하는 모습이라 할 수 있는 것이다.

/ 참고문헌 /

B.R. Ambedkar. or cit. Vol. 1. Ct. K. N. kadam The Meaning of the Ambedkarit Conversion to Buddhism and Other Essays(Mumbai : Popular Parkashan. 1997)

B.R Ambedkar, The Buddha and The Future of His Religion(Jullunder: Bheem Patrika Publications, 1980)

Keer, Dhananjay Dr. Ambedkar : Life and Mission(Bombay : popular Prakashan. 1997

이명권, 『암베드카르와 현대 인도불교』, 한국학술정보(주), 2012

틱낫한, 류시화 옮김, 『마음에는 평화 얼굴에는 미소』, 김영사, 2002

틱낫한, 최수민 옮김, 『화』, 명진출판사, 2002

틱낫한, 전세영 옮김, 『비움』, 중앙M&B, 2003

10장

한류와 풍류

1. 동북아에서 한류

한국사회가 IMF로 인해 침체된 시기에 어느 날 갑작스레 다가와 한국인에게 문화적 자부심을 심어준 문화현상이 바로 한류이다. 한류 현상 초기에는 중국, 홍콩, 타이완 등 중화권 대중들에게 유행하더니 곧이어 베트남, 몽고, 태국, 일본 등의 아시아 지역 뿐만이 아니라 다른 문명권으로까지 확대되었다. 또한 그 유형에 있어서도 대중문화의 범위에 제한되지 않고 한류의 영향으로 인한 의류, 김치, 휴대폰과 같은 한국의 특정제품을 선호하는 현상(korea Wave)과 다른 나라와의 외교영역에까지도 그 영향력이 미치고 있다. 이와 같이 한류가 여러 지역과 다양한 유형으로 확대되면서 한류현상에 대한 연구도 다양한 각도에서 진행되고 있다.

현재 진행되고 있는 한류 현상에 대한 담론은 다양한 시각[302]으로 진행되어 왔지만 이 장에서는 '한류를 통해 문화보수주의적 관점을 취하느냐' 아니면 '범아시아적 입장에서 보아야 하느냐' 하는 관점을 중심으로 논의하고자 한다. 전자는 한류에 대해 피상적으로 한국의 문화이니 훌륭하다고 주장하였으며, 후자는 한류현상에서 한국 문화적 요소를 찾아보기 어려우며, 단지 자본주의의 상품에 불과하다고 평가하면서, 한류를 동아시아의 소통이라는 측면에서 보아야 한다고 주장한다. 하지만 양측 모두 한류의 정체성에 관해 충분한 논의가 결여되어 있다. 그래서 이 장에서는 이러한 문제점을 지적하고 거시적인 관점에서 한류와 한국 문화의 정체성의 관련성을 다루고자 한다. 이런 목적을 달성하기 위해 논문에서는 한국의 풍류정신을 통해 한국 문화의 특징을 분석하고, 이 특징에 의거해서 한류현상을 분석함으로써 한류의 동인이 바로 한국적 정신에 있음을 논증하고자 한다.

2. '韓流'와 한국문화

최근 한류에 관한 중요한 논의 중에 하나가 한류현상을 통해 문화 민족주의와 범아시아주의 내지 세계주의 중 어떠한 입장을 견지하는지에 대한 것이다. 한류 현상에 대해 문화 민족주의적 입장은 "한국 대중문화의 성공에는 분명 이유가 있음을 확인하게 된다. 무엇보다도 한국인의 심성이 세계인의 심성을 진하게 감동시킨 것이다.[303]"라고 하면서 한국 대중문화의 해외 확산을 통해 문화적 자부심과 문화적 우수

302) 한류에 관해 기존의 논의를 분석하고 있는 논문으로는 논문으로는 신윤환의 「동아시아의 한류를 보는 눈: 담론과 실체」, 이준웅의 「한류의 커미니케이션 효과」, 조한혜정의 「글로벌 지각 변동의 징후로 읽는 한류 열풍」 등이 있다.

303) 박길성, "수출 성공하는 '한국적 감동'", 문화일보, 2001년 6월12일

성을 느낀다는 관점이다. 그러나 이런 주장이 설득력을 가지려면 우선적으로 한류현상에서 한국적 특징이 무엇이며, 그것이 어떻게 표현되어지고 있는지를 구체적으로 밝혀야 할 것이다. 이런 물음에 대해 구체적인 언급없이 단지 한류 현상을 통해 문화적 자부심을 가진다는 것은 그다지 설득력이 없어 보인다. 한국의 대중문화 중에서 한국적인 내용을 다루고 있다고 할 수 있는 장르로 생각해 볼 수 있는 것이 바로 사극이다. 특히 〈대장금〉은 아시아국가에 폭발적인 인기를 얻었지만 그 이외의 사극과 관련된 상품이 성공한 사례는 많지 않다. 한국에서 관람인수 천만 명을 돌파하면서 세간의 관심사가 되었던 〈왕의 남자〉도 일본에서는 크게 성행하지 못하였다고 한다. 사극 이외의 현대적 드라마는 서양적 문화와 흡사하게 느껴져 그다지 한국적인 것이 될 수 없다고 보는 경향이 있다. 실제로 2001년에 실시된 매일경제신문과 네이버가 공동으로 설문조사한 결과 1만 8천여 명의 네티즌 응답자 중의 30.9%는 한류가 한국의 문화라고 볼 수 없다고 대답했다. 이 조사가 비록 몇 년 전의 조사이고 네티즌이 조사 대상이라는 점을 감안한다고 할지라도 한류에 대한 일반적인 견해를 확인하는 데는 별 무리가 없다. 실제로 여러 학자들의 한류에 관한 글에서도 단지 한국적인 것을 잘 반영하지 못했다는 것에 대한 아쉬움만이 있을 뿐이다. 이에 대해 한국적인 것이 무엇인지에 대해 언급 없이 단지 한국에서 생산되었고 한국적 소재를 사용하고 있다고 해서 모두 한국적이라 할 수 있겠는가?

또한 문화 민족주의적 관점에서는 국수주의적 관점을 취하다 보니 한류 수용국의 반감을 사고 있다는 점 또한 문제점으로 지적할 수 있다. 한류 수용국들이 대체로 한국의 인접한 국가들로 동일한 역사적 경험을 공유하고 있다는 점이 한류 현상의 주요인이 되기도 하지만 또한 이런 역사적 경험으로 인해 한류 현상을 문화가 아닌 이데올로기적으로 쉽게 해석하고 받아들인다. 이런 표현이 노골적으로 드러나는 것이 한국과 중국의 관계에서 과거 한국은 중국의 문화 수신국이었다면 한류

현상을 통해 문화의 발신국이라는 주장을 들 수 있다. 이런 평가는 마치 중국인들에게 한국 문화가 중국을 정복하여 헤게모니를 장악하겠다는 의미로 받아들여지고 있는 것이 사실이다. 한류에 대한 역사적 해석이 한류 수용국들이 한국 드라마를 중단하거나 폐지하는 결과를 초래시키고 있다. 이런 사실로 볼 때 한류의 장기적인 발전을 위해 문화 민족주의적 입장에서 벗어나 한류를 수용하는 나라들과 호혜적인 문화 교류를 통해 한류가 아닌 아류(亞流)가 되도록 노력해야 할 것이다.

한류를 호혜적인 문화 교류로 보고자 하는 점에서 한류의 범아시아적 관점은 분명히 타당성이 있다. 그들은 한류현상을 서구 자본주의가 확대된 소비문화로 인식하면서도 이를 서구나 미국의 문화에 대항할 수 있는 문화적 블록 형성의 기회로 만들어야 한다고 주장한다. 한류현상을 통한 아시아 블록 현상은 미국 중심의 서구 자본주의와 문화를 막을 수 있는 방법이 될 수도 있다[304]. 그러나 그들이 간과하고 있는 것은 바로 아시아 블록을 어떻게 형성하는 것이 바람직한 것인가 하는 점이다. 이러한 아시아 블록을 형성하기 위해 우선적으로 역사적인 고찰을 해 볼 필요가 있다. 과거 동북아 공동체는 각국이 자기중심적 시각으로 해석하는 '중화주의'나 '일본주의'적 패권주의를 분명하게 인식해야 한다. 이런 중, 일 패권주의적 질서체제하에 동북아 민족 간의 관계는 평화적인 관계가 아니라, 종속적인 관계로서 각국이 자신의 이익을 위해 이웃 국가를 희생양으로 간주하였다. 특히 현대의 대중문화는 방벽이 없이 누구나 언제든지 쉽게 접할 수 있다는 점과 현대의 대중문화의 성패가 자본에 의해 결정되고 있다는 점을 고려한다면 아시아 블록은 또 다른 패권주의를 등장시킬 수 있다. 이런 맥락에서 일부 학자들이 주장하는 것과 같이 동아시아의 공동기반을 유교로 삼을 수 있는가에 대해 비판적 고찰을 해 볼 필요가 있다.

---

304) 조한혜정 등, 『한류와 아시아의 대중문화』 연세대학교출판부, 2003, 21~26

유교가 동북아 각국이 공유하고 있는 문화체계라는 점에서 분명히 설득력을 가진다. 그러나 이 논점은 아시아의 다른 이념적, 종교적, 문화적 요인들을 간과하고 있을 뿐만 아니라 동아시아의 특정한 가치 체계를 그것이 통용되던 역사적, 사회적 맥락을 무시한 채 현재적 시점에서 자의적으로 해석하고 있다는 측면이 강하다. 이런 해석은 현대판 유교적 중화주의의 부활의 가능성을 우려하지 않을 수 없다. 이러함에도 불구하고 우리는 유교자체를 우리의 고유한 전통문화인 걸로만 생각하는 경향이 있다. 물론 유교가 한국의 전통 문화가 아님을 부정하는 것은 아니지만 단지 유교의 보편성을 우리의 전통인 것으로 생각하는 것은 많은 오류를 범할 수 있다. 유교가 중국에서 들어와 한국적인 형태로 전환하였다면 우리가 관심을 가져야 할 것은 바로 '한국적' 유교이다. 이와 같이 지역간의 차이성을 등한시하고 유교를 공통적 기반으로 하는 동아시아 블록화는 새로운 중화주의를 등장시킬 수 있다. 이런 맥락에서 얼마 전에 중국에 돌풍적인 인기를 끌어든 〈대장금〉을 살펴 볼 필요가 있다.

〈대장금〉은 그동안 한류드라마들이 아시아인에게 선사한 한국의 현대문화에 대한 향유를 한국의 전통문화에 대한 직접적이고 체험적 향유로 변모시켜 놓은 것으로 평가되고 있다. 장금이의 스승인 한상궁이 가진 덕목들은 동양의 전통적 가치관과 지향성에서 우러나오는 것이다. 〈대장금〉이 유발한 이런 효과는 한국과 중국, 나아가 아시아 국가가 공유하고 있는 동양적 가치관과 정서가 한류의 중요한 원천이라고 평가한다.[305] 그러나 여기에서 유교적인 문화, 또는 동양적인 것이 과연 한국의 정체성이라 할 수 있는가 하는 것이다. 실제로 중국의 유명 배우 장궈리가 "한류의 근원은 모두 중국문화인데 한국인들이 마치 자기들 것

305) 김수이 편저, 『한류와 21세기 문화비전』, 청동거울, 2006, 24

인 냥 포장하고 있다."[306]고 하면서 한류의 문화정체성에 대해 비판하였다. 이런 비판은 〈대장금〉에서 한국적 고유성이 분명하게 드러나지 않았음을 의미한다.

이와 같다면 동양의 보편적인 문화 현상으로서 한류는 동양적 대중문화라고는 할 수 있어도 한국의 대중문화라고 하기는 무리가 따른다.

위에서 살펴 본 바와 같이 한국적인 문화의 정체성이 확보되지 않는 상황에서 동아시아 블록은 새로운 패권주의를 등장시킬 수 있다. 이것을 방지하기 위해서는 우선적으로 각국의 문화 정체성을 확립하는 것이다. 그러면 우리가 동북아 블록에 참여하기 위한 우리의 정체성은 무엇인가에 대한 충분한 연구가 된 이후에 아시아 블록화에 참여해야 한다. 이런 의미에서 한류를 통한 범아시아적 네트워크는 우선적으로 한류에서 한국적인 것이 무엇인가에 대한 충분한 인식이 이루어지고, 그 후에 한류 수용 국가들과 공동으로 문화 상품을 제작할 때 아시아적 네트워크를 구축하여 아시아적인 문화의 정체성을 탄생시킬 수 있다. 그렇다면 과연 '한국적'인 것은 무엇인가?' 이는 한국 문화의 정체성에 관한 물음이다. 정체성은 우선적으로 그 사물이 다른 사물과는 다른 개체성을 가져야 함을 의미한다. 이런 특징을 고유성이라 할 수 있다. 조지훈은 고유성에 대해서 다음과 같이 말한 적이 있다.

> '고유'라는 말은 문자 그대로 본디부터 있었다는 뜻은 아닙니다. 다른 것과 같으면서 다른 것과 구별되는, 다른 것에서는 다시 있을 것을 고유라고 하는 것입니다.(중략)....고유는 고유명사라는 말의 고유와 같은 뜻입니다. 마치 서울이란 도시, YMCA회관이란 건물, 여기서 말하고 있는 이 조지훈이라는 사람은 그 외관에 있어 다른 도시, 다른 건물, 다른 사람과 비슷한 존재이지만 우

306) 신윤환. 이한우, 『동아시아의 한류』, 전예원, 2006, 39

> 리는 이를 고유한 것으로 부르는 것과 같다는 것입니다. 비슷해서 다른 것과 아주 다르진 않고 여러 가지 흐름이 어우러졌지만 우리는 서울과 YMCA와 조지훈의 존재를 의심하지 않습니다. 그 까닭은 곧 서울과 종로 YMCA회관과 조지훈은 곧 외관과 유래와 역사와 내용과 의의의 여러 면에서 다른 것과는 구별되는 다른 개성과 특질을 지녔기 때문이다[307].

위의 내용과 같이 문화는 국가와 국가, 민족과 민족 사이에 교류하면서 서로 영향을 주고받은 것이라면 고유성의 문제는 조지훈이 이야기하듯이 다른 것과 구별되어 다른 곳에서든 찾아 볼 수 없는 것을 정체성이라 할 수 있다. 한국문화와 다른 문화와 비교하여 차별성을 찾아낸다면 그것을 '한국적'이라 할 수 있다. 이런 한국적 토대에서 중국사상을 수용하여 형성한 사상체계를 우리는 '한국적 유교', '한국적 불교', '한국적 도교', '한국적 기독교'라 할 수 있으며 그것은 분명히 중국적 사상과 일본적 사상과는 다른 것이어야 한다.

문화는 고유성이 정체성의 필요조건은 될 수 있어도 필요충분조건이 될 수는 없다, 어떤 사물이 다른 것과 차별성이 있다고 하더라도 그것이 변화하면서 과거에는 존재했지만 지금은 존재하지 않는다면 그 사라진 사물을 정체성이라 하기에는 무리가 따를 것이다. 현재와 연관이 없는 과거사 논의는 지적 호기심을 충족시켜 줄 수 있다고 하더라도 지금 우리가 누가인지를 밝히는데 아무런 의미도 가질 수 없을 것이다[308]. 이와 같이 정체성에 관한 탐색은 현대에서 과거로 거슬러 올라가 어떤 동일성을 찾아내야 할 것이다. 물론 현재와 과거 서로 외형은 다르다고 할지라도 양자 사이에 관통되고 있는 어떤 것이 있어야 한다.

한 집단의 정체성을 탐구하는데 있어 현재성이 하나의 조건이 된다

---

307) 조지훈, 『조지훈 전집 8』, 나남출판, 1996, 276

308) 탁선산, 『한국의 정체성』, 책세상, 2000, 102~110

고 하더라도 그 현재에 놓여 있는 '어떤 대상을 다루어야 하는가?' 하는 점 또한 매우 중요하다. 집단의 정체성을 다루는데 있어 단지 소수의 몇 명만을 대상으로 해서는 안 되고, 대중들을 대상으로 삼아야 할 것이다. 몇몇 소수 사람들에게만 존재하고 대부분의 사람에게 존재하지 않는다면 그 특성은 엘리트 계층의 정체성은 될 수 있지만 민족전체의 정체성이라고는 할 수 없다.[309)]

위와 같이 한민족의 정체성을 확보하는데 있어서 어떤 속성이 고유성과 현재성 그리고 대중성을 모두 갖출 때 비로소 그 민족의 정체성이 될 수 있다. 즉 다른 민족에게는 존재하지 않는 어떤 것이면서 과거에도 존재하고 지금도 존재하며, 현재를 살아가고 있는 대중들이 공유하고 이념, 또는 정신을 민족의 정체성이라 할 수 있다. 이런 정신은 시대에 따라 다양한 모습으로 드러날 수도 있다. 우리가 여름에는 얇은 옷으로 나를 드러내고, 겨울에는 두꺼운 옷으로 나를 드러내지만 옷을 입는 '나'는 결코 변할 수 없는 것처럼 우리 민족에게도 이런 것이 있다면 그것을 민족의 정체성 또는 이념이라 할 수 있다. 이런 민족 이념은 바로 한국적 불교, 한국적 유교, 한국적 기독교를 관통할 수 있는 고리가 될 수 있다. 이와 같이 단지 유교, 불교, 도교만을 이야기하는 것은 한국적인 것과 관계없는 타자에 불과하며 한국의 정체성에 대해 어떤 의미도 주지 못한다. 이와 같음에도 불구하고 중국 문화 내지 사상을 우리의 것으로 보는 것은 문제가 있다. 그렇다면 우리의 민족적 정신은 무엇일까?

309) 같은 책, 102~110

3. 한국의 풍류정신

일제강점기에 주체적이고 민중적인 역사관을 세우고자 노력한 단재 신채호 선생은 『조선상고사』에서 다음과 같이 말하고 있다.

> 화랑은 일시 신라 발흥의 원인이 될 뿐만 아니라, 후세에 한(漢)문화가 발호하여 사대주의파의 사상과 언론이 사회의 인심과 풍속, 학술을 지배하여 온 조선을 들어 지나화하려는 판에, 송도 중엽 이후로는 화랑의 서언이 아주 연멸하여 비록 직접적으로 그 감화를 받은 사람은 없지만, 그래도 간접으로 화랑의 유풍여운을 받아 가까스로 조선이 조선되게 하여 온 자는 화랑이다. 그러므로 화랑의 역사를 모르고 조선사를 말하려 하면 골을 빼고 사람의 정신을 찾음과 한가지인 우책이다.[310] (신채호, 『조선상고사』하, 제8편)

신채호 선생은 조선을 조선되게 하는 민족의 얼을 화랑으로 보고 있다. 여기에서 말한 화랑은 인물을 뜻하는 것이 아니라 韓민족의 정체성로서의 화랑도 또는 풍류도를 말하고 있다.[311] '풍류'라는 용어는 『삼국사기』「진흥왕조」에 화랑제도의 설치에 관한 기사 가운데 나온 말이다.

> 우리 나라에는 깊고 오묘한 도가 있다. 이를 풍류라 한다. 이 教를 설치한 근원한 선사(仙史)에 상세히 실려 있거니와, 실로 이는 삼교를 내포한 것이요, 모든 생명과 접촉하면 민중을 감화시킨다. (國有玄妙之道, 曰風流, 說教之源, 備詳仙史, 實乃包含三

---

310) 신채호 저, 이만열 주석, 『조선상고사』하, 제8편, 형설출판사, 1983, 321

311) 유동식, 『풍류도와 한국의 종교사상』, 연세대학교, 1997, 44

教, 接化群生)[312]

최치원은 우리의 고유한 정신인 '道' 곧 민족적 기질을 '풍류'라 본다. 그가 말한 현묘지도는 신라 당시에 있었던 풍류도라 보고 있다. 그는 풍류도를 바로 우리 고유한 道라고 보고 이것에 의거해 중국에서 들어온 유불선 삼교로서 설명하여 그 안에 이미 유불선의 삼교를 모두 포함하고 있으며 모든 사람들과 만나 교화하여 사람다운 사람이 되게 하는 것으로 본다. 그러면 이런 풍류도의 근원은 어디에서 왔을까? 이 물음에 대해 단재 신채호 선생은 "화랑은 본래 소두제단의 무사 곧 그 때에 선비라 칭하던 자인데 고구려에서는 조의를 입어 조의선인이라 하고 신라에서는 미모를 취하여 화랑이라 하였다고 본다."("조선사상 일천년대 제일 대사건")고 하였다. 여기에서 소두는 바로 무속제례 지역을 말하고 있음을 통해 화랑은 무속인의 출신임을 알 수 있고, 이런 사실을 통해 풍류도는 무속신앙에 근원을 두고 있음을 알 수 있다. 무속신앙의 형태는 상고시대의 제천행사에서 찾을 수 있다. 중국의 『위서』, 「동이지」에 보면 부여의 '영고', 고구려의 '동맹', 예의 '무천' 등의 제천의식은 봄, 가을에 제사를 드리되 음주가무로서 종교의례를 거행하고 있음을 알 수 있다. 제례의식은 모두 몇 일씩 밤낮을 가리지 않고 떡을 해먹고 술 마시며 노래와 춤으로 진행되었다. 음주가무는 사람들을 황홀경에 빠지게 한다. 이런 의례를 통해 신이 강림하는 강신체험을 가질 수 있다고 본다. 여기에서 설명되고 있는 종교의례는 오늘날 무교의 종교의례에서 쉽게 찾아 볼 수 있다.

무교에서 춤과 노래에 의한 종교 의례를 통해 귀신과 하나로 융합하는 강신체험을 하게 되는데 이것을 사상적으로 체계화한 것을 풍류도라 보고 있다. 여기에서 사상적 체계화란 무속신앙의 형태에 근거하여

312) 김부식 저, 이강래 옮기, 『삼국사기 I』, 한길사, 1998, 129

인간 세상을 이롭게 하고자 하는 홍익인간의 이념으로 볼 수 있다. 이런 목적을 위해 풍류도는 "원시 무교적 이념에 근거하여 삼교를 받아 들여 무교의 기복적 신앙을 도의에 의한 인격적 가치의 세계로 승화시키고 신령과의 만남의 수단이였던 음주가무의 종교의례를 인생과 예술과 자연으로 융합하였다"[313]. 이런 풍류정신을 배양하기 위해서는 평소에 수행을 해야 한다. 교육 방법으로 도의로써 몸을 닦고(相磨道義), 노래와 춤으로써 서로 즐기며(相悅歌樂), 명산대천을 찾아 노니는 것(游娛山水)이다. 도의로써 몸을 닦는 것은 바로 군생을 교화시키는 것(인생)이며, 기악으로서 군생을 교화시키는 것은 풍류를 터득하기 위한 것이며(예술), 명산대천을 찾아다니는 목적은 신령과의 교제를 위한 것(자연)이었다. 이와 같은 방법으로 풍류정신을 지닌 사람을 화랑이라 한다. 이런 풍류도의 정신을 유동식은 '멋', '한', '삶'의 범주체계로써 설명하고자 한다.

첫째, 풍류의 특징은 멋을 추구한다. 풍류사상에서 멋은 화랑이 노래와 춤으로써 서로 즐긴다는 교육방법에서도 잘 드러난다. '풍류' 이는 조선시대에 이르러 한국 미학의 중요한 핵심개념이 되었지만 그 원천은 풍류사상에서 찾을 수 있다. 유동식 선생은 "풍류의 의미 내용을 나타내는 가장 적절한 우리말은 '멋'이라고 생각한다."고 하였다. 여기에서 '멋'의 의미는 국문학과 예술계에서 다양한 논의가 제기되어 무엇이라고 정의내리기는 어렵지만 화랑도와 관련한 문헌에 국한해서 찾아보면 크게 두 가지로 설명할 수 있다. 하나는 외형적인 멋과 다른 하나는 내면적인 멋으로 구분 가능하다. 위에서 언급한 단재 신채호 선생의 글 중에서 "미모의 화랑을 취했다"에서도 알 수 있을 뿐만 아니라 또는『삼국사기』「신라본기」에도 "신라국기에서 말하기를 '귀인의 자제로 아름다운 사람을 가려 뽑아서 분을 바르고 곱게 단장하여 화랑이라 이름하

313) 정신문화연구원,『한국민족대백과사전』23권,「풍류」, 628

였다." 에서도 알 수 있듯이 화랑에게서 외형적인 아름다움을 중시했음을 알 수 있다. 지금도 굿을 보면 악사들이 남자임에도 불구하고 화장을 함에서도 이런 잔재를 찾아 볼 수 있다.

풍류에서 멋은 외형적인 멋뿐만 아니라 내적인 멋을 의미하기도 한다. 우리가 자주 사용하는 말에 "멋대로 하라"는 말이 있다. 이 말에서 "멋대로"의 의미는 비규격성, 비형식성, 내지 방종성으로 사용된다. 즉 어떤 형식과 틀에 얽매이지 않고 자신의 개성을 마음껏 드러내는 행위로도 설명할 수 있다. 이런 행위는 대체로 춤과 노래를 통해서 얻어지게 된다. 우리 민족은 춤과 노래를 통해 흥이 일어나게 되고, 이런 흥취가 바로 멋의 바탕이 된다고 한다[314]. 일반적으로 흥미가 없으면 멋이 없고 싱겁다고 한다. 흥은 기존 질서에 포장되어지고 억눌려진 恨을 시원스럽게 풀어내면서 신명(신끼)을 드러내게 된다. 그래서 풍류에서 개성과 자유는 개인이 가지고 있는 신명(신끼)를 드러내는 것이다. 이런 신명은 무교에서 바로 '신이 나온다'는 의미에서 그 유래를 찾을 수 있다. 무당이 춤과 노래를 통해 몰입의 단계에 이르러 탈아(脫我)의 상태에 놓여야 귀신과 하나가 된다는 것이다. 우리 민족은 실재로 몰입에 익숙한 민족이다. 이런 몰입이 바로 기존에 가지고 있던 질서와 틀을 깨어버리고 새로운 것을 창조할 수 있게 해 준다. 실제로 우리의 민족성을 평가하면서 '냄비뚜껑문화'라고 한다. 이 표현은 우리민족의 몰입성을 잘 말해주고 있다. 우리 민족은 한번 무엇이 좋다고 하면 앞뒤 가리지 않으며 개인을 넘어서 집단적으로 그것에 몰입하게 되는 경향을 볼 수 있다. 이런 몰입은 자체하면 극단으로 치우쳐 버리는 경향도 있지만 또한 어떤 것에 대한 열정과 창조하는 능력이 되기도 한다.

무속은 신명을 통해 신과 무당과 신도가 혼연일체의 상태에 빠지게 해 준다. 모든 것이 뒤죽박죽인 상태로 혼연일체가 되어 섞이게 된다.

---

314) 조지훈,「멋의 연구」, 최정호편,『멋과 한국인의 삶』, 나남출판, 1997, 648

이런 무질서의 상태는 굿하는 현장에서 쉽게 찾아 볼 수 있다. 처음에는 제상을 차려놓고 근엄한 것처럼 보이지만 얼마가지 않아 곧 난장판이 되어 버린 것을 볼 수 있다. 그러나 이러한 무질서 속에서도 신과 무당과 신도가 혼연일체의 조화를 이루게 된다. 무속신앙에서 반드시 언급해야 하는 것은 무당은 춤과 노래로 자신뿐만 아니라 신도와 관중들 또한 종교적 체험을 느끼게 하고, 이런 신명의 종교적 체험을 통해 신도와 관중들의 삶에 응어리진 한과 고통을 풀어 새로운 삶을 창조하게 해 준다.

위에서 언급한 이런 문화적 요소는 탈춤놀이에서도 찾아 볼 수 있다. 조동일은 탈춤을 가지고서 신명풀이를 설명하였다. 그는 신명개념이 바로 한국적인 것으로 보고 그 의미를 "깨어있고 밝은 마음가짐으로 힘차게 움직이는 상태"로 설명한다. 그리고 신명을 풀어내는 과정을 신명풀이로 보고 있다. 그러면서 신명풀이를 서양의 카타르시스나 인도의 라사적 경지와 비교하여 설명한다. 카타르시스에서는 적대적인 인물들끼리의 싸움의 불행한 결말을 통해 얻어진다면, 라사에서는 우호적인 인물들끼리의 차질이 원만하게 해결되는 것을 보고 우주조화를 원리를 깨닫는 것이라 한다. 이와 달리 신명풀이 연극인 한국의 탈춤은 서두에 앞놀이가 있고, 중간에 탈놀이가 있으며, 맨 마지막엔 뒷놀이가 있다. 앞놀이와 뒷놀이를 할 때는 놀이패와 관중 사이에 아무런 구별이 없이 모두 대등한 자격으로 함께 노래 부르고 춤을 추면서 흥겨워하고 신명을 푸는 행위에 바탕을 두면서 중간에서 적대적인 인물끼리의 싸움을 하고도 화합에 이루고 화합이 이루다고 또한 싸움을 하는 방식으로 전개된다. 이와 같이 스토리가 역동적으로 전개과정에서 신명을 풀게 된다.[315)]

둘째, 풍류의 특징은 또한 '한'으로 표현된다. 여기에서 '한'은 분명히

315) 조동일, 『카타르시스 라사 신명풀이』, 지식산업사, 1997, 145

수량적인 개념으로써 하나를 나타낸다. 그러나 이 하나는 절대수의 개념을 가진 것이 아니라 모든 것을 포괄하는 통일체를 의미한다. 여기에서 하나는 바로 화엄경의 "一卽多, 多卽一"에서 말하는 일이 바로 하나의 의미이다. 풍류도의 철학적 의미를 부여한 책이 바로 『천부경』이다. 천부경에서는 하나는 天 · 地 · 人 삼재를 존재하게 하는 뿌리로 본다. 여기에서 하나는 바로 天地人 삼재의 원융무애한 경지로 보고 있다. 이것은 삼태극의 형상으로 상징화된다. 바로 단군신화에서는 한웅(하늘), 땅(곰), 인(단군)이 결코 분리되지 않는다는 의미가 무교에서는 신(하늘), 신도(땅), 무당(매개)이 하나가 된 경지에서 유래한다. 이런 영향에 의해 풍류의 의미를 '한'으로 본다. 한국에서의 통일체적 세계관은 중국에서와 같이 자연적 규율이나 사변성에서 찾는 것이 아니라 무속이라는 종교성에서 찾고 있다. 최치원은 무교의 一卽三의 통일체적 사유방식에 의거해 유교와 불교 그리고 도교가 결코 다른 것이 아니라 풍류(한)에서 융합될 수 있어 그 안에 이미 포함되어 있음을 설명하고자 한다. 이런 사유방식은 한국의 문화는 분해성을 강조하기 보다는 통합성을 강조한다. 이 특징은 하나의 재료로 만든 음식을 선호하는 것이 아니라 비빔밥과 김치와 같이 여러 재료를 섞어서 먹는 음식문화에서도 잘 나타나고 있다.

셋째, 풍류는 바로 '삶'으로 표현된다. 최치원은 『낙랑비서문』에서 接化群生을 바로 삶으로 보고 유동식은 여기에서 말하는 삶을 생명이라는 생물학적 개념과 살림살이라는 사회적 개념이 동시에 포함되어 있다고 본다. 이것은 무속신앙의 궁극적인 목적과 관련성을 가진다. 무속신앙의 궁극적 목적은 결코 신에 대한 숭배가 아니라 바로 '현재 그리고 여기'에 있는 인간의 삶에 있다. 무교에서 죽은 사람을 위한 굿의 목적도 결코 죽은 사람을 위한 것이 아니라 현세에 남아있는 사람에게 재앙을 피하고 복을 기원하기 위한 것에 있음을 통해서 무속은 현실적이고 인간중심임을 알 수 있다. 무속은 삶에 있어서 저해하는 요소가 생길 때 살이 끼었다고 한다. 이런 살을 풀어서 그것을 물리쳐야 한다. 이를 위해서는 삶을 저해하는 것들에 충분한 인식이 필요하다. 그러므로 무속에서는 "무엇보다도 삶이나 생명현실에 대한 명확한 인식을 강조한다. 살의 정체가 드러나고 그것에 대한 싸움의 정신이 투철할 때 살풀이는 삶의 자리를 튼튼히 보장해 준다."[316] 이러한 점은 한국인은 현실을 벗어나 내세에서 구원을 요구하는 것이 아니라 현실생활에서 일상적인 삶을 강조하면서 삶의 문제에 대해서 충분한 인식을 하고자 함을 알 수 있다.

위의 특징은 무속적 문화에 잘 나타날 뿐만 아니라 한국인의 정신세계를 구성하고 있다. 우리 민족은 이런 풍류와 더불어 역사가 시작되었을 뿐만 아니라 삼국 시대, 통일신라, 고려, 조선, 일제강점기, 대한민국을 거친 긴 시간 동안 한번도 사라진 적이 없고 서민계층에 살아 있었다고 할 수 있다. 아니 어떻게 보면 우리의 역사가 진행되면서 형성되어진 문화라고도 할 수 있을 정도로 우리 민족은 무속에서 벗어난 적이 없다. 이런 무속문화에서 형성되어진 풍류정신은 한국문화의 심층의식에 자리 잡고 주체적으로 외래 사상을 수용하여 융합하면서 전개되었다. 한국의 토착사상인 풍류정신은 중국에서 들어온 불교사상과 결합되어진 형태로 발전하여 팔관회나 연등회와 같은 불교제례행사에서도 찾아 볼 수 있으며, 성리학이 중국에서 유입되면서 성리학이 지배사상이 되었다라고 하더라도 서민들의 의식과 삶의 방식에는 여전히 풍류문화가 잠재해 있었다. 조선후기에 들어 유교적 신분사회가 약화되면서 표면으로 자신의 모습을 드러내면서 민속화, 탈춤, 판소리, 살풀이 등 여러 장르의 대중문화를 형성하게 되었다. 그 이후의 동학은 유교의 신분 사회로 인해 도탄에 빠진 민중을 건지기 위해 민간에 유행하는 풍류사상을 가지고 와서 당시의 사회적 혼란을 극복하고자 하였다. 일제 강

---

316) 강현두, 『한국의 대중문화』, 나남신서43, 도서출판 나남, 1987, 225쪽

점기에는 민족의 정체성을 확립하기 위해 풍류정신이 강조되었고 해방 이후에는 서양의 기독교를 수용하여 또한 한국적 기독교로 드러나게 하였다. 이와 같이 최치원이 언급한 바와 같이 풍류정신은 한국적 서민문화를 정립하였을 뿐만 아니라 외래문화를 수용하면서도 나름대로의 독자성과 우수성을 가질 수 있게 한 정신이라 할 수 있다. 이런 풍류정신이 1980년대 이후에 서양의 대중문화를 만나게 되어 새로운 계기를 마련하고 있다.

4. 한류현상에서 풍류정신

한류의 성공은 결코 정부나 기업의 투자나 치밀한 전략에 의한 의도적인 결과가 아니라 우연적인 결과라는 것이 일반적인 평가이다. 그러면 도대체 무엇이 한류를 중국을 비롯한 아시아의 대중문화로 만들 수 있었는가? 무속신앙에 기반을 둔 풍류사상은 해방 이후에는 근대화 운동이 일어나면서 서구의 합리성이라는 잣대에 재단되어 또 한 번 탄압의 대상이 되었다. 잠재되어 있던 풍류정신은 90년대 이후 이데올르기적 압박에서 어느 정도 벗어나면서 대중문화 부분에서 그 특성이 강하게 드러났다. 90년대 중반부터 뿌리내리기 시작한 뉴미디어가 대중들의 사회, 경제적 역할을 증대시켰고 대중문화 부분의 활성화되면서, 멋과 욕망을 강조하는 풍류정신과 쉽게 만날 수 있게 되었다고 생각한다. 그러면서 대중음악, 드라마, 상업영화 등의 장르에서 우리의 예술적 기질을 가장 잘 드러낼 수 있었던 문화적 창구가 되었다고 본다.[317] 무교적 전통이 여러 차례의 탄압을 받으면서 현대 한국인의 의식에 여

317) 최민성, 「한류지속의 동력으로서의 한국 문화의 정체성」, 『인문콘텐츠』, 6호, 163

전히 깊이 뿌리 박혀 있다면 한국의 대중문화의 표면 현상에서는 잘 드러나지 않지만 그 안에는 여전히 존재할 것이다. 불교와 결합하여 불교의 옷을 입은 것처럼 서양적 대중문화라는 옷은 입었지만 그 안에 여전히 풍류적 체계가 숨어 있다. 이와 같이 구체적인 한류의 상품들에선 우리가 흔히 거론되는 한국적 내용을 쉽게 찾아 볼 수 없다. 그들 장르는 형식적으로 미국을 중심으로 서구의 대중문화나 그것을 차용하는 일본의 대중문화를 빌려 온 것들뿐이라 할 수 있다. 그러나 중국매체가 한류를 평가하면서 "한국은 본토문화를 원료로 삼고 유럽과 미국의 조미료를 빌어다가 맛있는 빵을 만들어 내었다"고 한 것처럼 한국적인 것에 근거해서 서양의 대중문화를 재료로 해서 나타나고 있다고 할 수 있다. 한류 현상의 표면적인 형태는 서양적인 것인 것처럼 보이지만 그 현상을 일으킨 동인에는 여전히 한국적인 것일 수 있다. 한국 전통적 내용만을 작품의 소재와 형식으로 해야만 한국적인 것이라고는 할 수 없으며 전통적 소재이든 서양적인 소재이든 그 안에 다른 민족과는 다른 정신 체계인 풍류적인 요소를 찾아 낼 때 그것을 한국적 대중문화라고 할 수 있다. 그러면 앞에서 풍류의 정신과 관련된 내용을 한류에 대한 평가를 통해서 살펴보고자 한다.

첫째, 2001년 방영된 SBS 〈그것이 알고 싶다〉에서 "아시아에서 부는 한국 대중 문화의 열풍(2001.7.21)은 일본, 중국, 베트남의 대중들에게 우리 대중문화의 특성을 어떻게 평가하는가를 질문하였다. 그들은 하나같이 우리의 대중문화콘텐츠가 "강한 테마", "격렬함", "열정", "활력", "다양성", "개성"이라고 하였다. 한국 음악의 경우는 댄스음악이 유행한다. 음악의 경우는 미소년 미소녀로 구성된 그룹이 빠른 음악에 맞춰 격렬한 춤을 추며 강렬하고 폭발적인 에너지와 힘을 과시하는 장면은 현지 가수나 그룹은 도저히 흉내 내지 못한다고 현지인들은 생각한다. 특히 브레이크 댄스라는 장르에서 B-boy들은 열악한 환경에서 춤에 대한 열정 하나로 세계 대회를 석권하고 있다. 이런 열정은 풍유정신에서 이야기하는 몰입의 단계와 유사하다. 이런 몰입의 정신 또한 한국인들에게 낯선 정신은 아니다. 월드컵 축구에서 보여 준 5천만 국민들의 몰입에 전 세계인이 경악을 금치 못한 것만으로도 우리 민족의 몰입성을 말할 수 있을 것이다. 이런 민족성이 B-boy를 탄생시켰다고 할 수 있다. 그리고 무속신앙에서도 볼 수 있듯이 굿에서 음주 가무를 통한 몰입은 바로 기존질서를 부정하고 혼돈의 상태에 접어드는 것인데 이런 과정은 결코 어떤 단계가 아니라 어느 순간에 비약적으로 재앙에서 복으로 전환하게 된다는 점은 바로 약동적인 창의성을 설명해 주고 있다. 드라마의 경우도 줄거리나 구성에서 항상 다음 편을 기다리게 하는 변화의 굴곡이 큰 역동성이 있다는 평가를 하고 있다.

중앙일보에서도 한국에 온 유학생들에게 한류의 원동력이 무엇인가 하는 설문조사를 한 적이 있다. 이 질문에 '역동적이면서 창의적인 기법'이라고 한 중국유학생들이 가장 많았고, 다음으로 '춤과 노래를 즐기는 생활태도' 라고 한 유학생들이 많았다. 그들의 견해를 통해 한류가 발전할 수 있었던 동력은 바로 한류의 주체들이 창의적이고, 춤과 노래를 통해서 풍류를 즐기는 기질을 갖고 있다는 것이다[318]. 이것은 결코 한류의 주체들에게만 해당되는 것은 아니라, 앞에서 살펴본 바와 같이 2000여 년 전 중국의 역사서인 〈『삼국지』「동이지」〉의 기록과도 일맥상통한 내용이다. 〈동이지〉에는 우리 민족을 춤추고 노래를 즐기는 민족으로 기록되어 있다. 이런 중국유학생과 동이지의 기록은 비록 시간과 사회적 배경은 서로 다르다고 하더라도 그 평가는 동일한 내용이다. 지금도 우리 민족은 그 어느 민족보다 봄, 가을에 명산대천을 찾아 음주가무를 즐기고 있고 끼가 넘치는 민족이라 할 수 있다. 이 뿐만 아니라 근대 이후 오랫동안 다른 체제에서 살아온 중국동포들도 우리의 노래와 춤을 잊지 않고 가무를 즐기며 미국 또는 유럽에서 대단한 음악적

318) 유상철, 안혜리 등 『한류 DNA의 비밀』, 생각의 나무, 2005, 63

재능을 발휘하는 동포들도 많다. 이러한 창의적이고 역동적인 풍류 기질은 몇몇 연예인에게서 강하게 나타나겠지만 한국인들의 보편적인 기질이라 할 수 있다. 이와 같이 역동적이면서 창조적인 풍류를 즐기는 한국인의 감성이 바로 창조적이고 재미있는 문화상품을 만들어 아시아권의 대중문화를 만들어 냈다고 할 수 있다.

둘째, 한국의 대중문화는 멋을 추구하는 미학적 요소가 뛰어나다는 점을 들 수 있다. 영상미를 비롯하여 연예인들의 외형적 아름다움, 부드러움으로 감싼 카리스마, 헤어스타일 이런 것이 한류인 핵심이다. 천연조건으로서 한국 연예인은 키도 크고 멋있고 얼굴도 잘 생겼다. 그래서 한류 수용국의 매니아에게 물어보면 왜 한류 붐이 일기 시작했느냐 물어보면 배우들이 멋있다는 것이 일반적인 평가이다. 또한 한류 드라마에서 볼 수 있는 조화미 또한 높이 평가받고 있다. 한류 드라마는 서양의 대중문화나 홍콩영화에서는 대립된 캐릭터가 분열되어 상호간의 긴장관계가 조성되며, 이런 관계를 신명으로서 푸는 것이 아니다. 그리고 타자에 대한 폭력을 통해 타자의 파괴와 정복에서 쾌감을 찾는 할리우드식의 카타라시스적 정화와도 뚜렷이 구분되는 가치관과 미학을 제시하고 있다. 이와 같이 한국의 대중문화는 타자와의 갈등관계에서도 끊임없는 화해를 통해 도달하고자 하는 동일성의 가치관과 미학적 요소를 이미 내포하고 있다고 할 수 있다[319]. 또한 우리 대중문화에서는 내용과 형식의 측면에서 제작자, 연출자, 배우, 작가, 혹은 가수, 작곡가, 기획자 등이 어울러져 만든다는 측면에서도 조화의 특징이 잘 드러나고 있다. 이런 특성이 한국의 대중문화의 보편적이라고는 할 수 없어도 상당한 작품에서 드러나고 있기 때문에, 그 안에는 이미 풍류정신이 이미 내재해 있다고 할 수 있다.

셋째, 한국의 TV드라마가 그 주제나 소재가 현실과 동떨어져 있는 유

319) 김수이 편저, 『한류와 21세기 문화비전』 청동거울, 2006, 16

토피아적인 내용이 아니라 현실적 문제를 잘 반영하고 있다는 것에서 찾을 수 있다. 인민일보는 "한국 드라마가 진솔한 생활 모습, 진한 인정과 세태, 소박한 감정 표현"[320] 등을 자랑한다는 기사를 통해서 한류 수용국이 한국 드라마의 작품성이나 예술성을 어느 정도 인정하면서 동시에 대중성을 강조한다. 이런 점은 TV 시청자들이 쉽고 편하게 느낄 뿐만 아니라 자신의 일상적인 삶을 반성한다는 점에서 한류의 상품적 가치를 가지고 있으면서도 자신의 삶을 반성하고 문제를 해결하고자 하는 태도는 그들의 삶의 문제를 풀어주는 심리치료적 기능을 동시에 주고 있다는 점으로 평가해야 할 것이다. 이런 점은 풍류사상에서 이야기하는 接化群生적 요소의 기능을 지니고 있음을 알 수 있다.

한국의 대중문화 장르 중에 영화와 드라마에서 있어서 이야기 전개방식에 있어서 독창성과 우수성이 있다고 한다. 동일한 내용이라도 영상미와 어우러져 재미나게 풀어내는 영상 서사 능력이 뛰어나다. 예를 들면 일본에서 한류의 본격적인 서막을 올린 욘사마 열풍이 일기도 하였지만 일본에서의 겨울연가 열풍의 원인이 이야기전개방식에 있다고 한다. 겨울연가를 방영한 NHK의 2004년 조사결과 일본인의 63%가 겨울연가의 매력을 스토리로 꼽는다. 일본에서 크게 히트한 겨울연가 주제가(51.4%) 배용준과 최지우 등 주연배우(50.4%) 매력적인 등장인물 캐릭터(27.3%)는 모두 스토리보다 나중 순위로 밀렸다. 이런 내용 또한 서양이 몇몇 유명한 배우들의 캐릭터에 스토리를 만드는 것과는 달리 우리의 영상매체는 오히려 스토리에 유명한 배우들을 선정하는 것 또한 큰 차이성이 있다. 이러한 이야기 전개방식은 바로 풍류정신에서 현실에 맺힌 한을 풀기 위해 현실에 대한 충분한 분석에서 배양되어진 스토리 전개방식의 흥미로움에서 그 원인을 찾아 볼 수도 있다. 또한 한국의 대중문화는 스토리가 작가에 의해 완성된 대본을 가지고 제작하

320) 신윤환, 이한우 편, 『동아시아의 한류』, 전예원, 2006, 25

는 것이 아니라 미완성의 대본을 가지고 제작한다는 것이다. 그 이유는 시청자들의 요구에 의해 제작되어진다는 것이다. 이러한 이야기 전개 방식은 다른 국가의 대중 문화에서 보기 드문 방식이다. 이런 내용은 무속이나 신명풀이에서 관중들이 단지 일방적 관람이 아니라 행사자체에 직접 참여 주인공들과 더불어 그 신명을 체험하는 것에서 알 수 있다. 이는 다른 국가의 대중문화에서 찾아보기 특유한 스토리 전개방식이라 할 수 있다.

위에서 살펴본 바와 같이 한국의 대중문화는 표면적으로는 한국적인 것이 없어 보인다고 하더라도 한류 작품 속에 상당한 양의 풍류정신이 이미 포함되어 있음을 논의하였다. 그리고 이런 논의과정에서 풍류정신이 앞에서 언급한 정체성의 조건, 즉 고유성, 현실성, 대중성을 가지고 있음을 나름대로 논증된 것 같다. 이와 같다면 풍류정신을 한국의 정체성으로 볼 수도 있을 것이다.

5. 한류의 미래

이 장에서는 한류의 발생원인을 풍류정신을 통해 살펴보았다. 여기에서는 한류가 빠른 시일내에 침체기에 벗어날 수 있는 방안에 대해 간단하게 논하는 것으로 결론을 삼고자 한다. 최근에 한류가 침체하게 된 원인에 대한 여러 가지 견해가 쏟아져 나오고 있다. 신중일 한류전략연구소 소장은 “한류가 일방적인 문화침투로 인식돼 각국마다 자국 문화를 보호하려는 움직임을 촉발했고, 한류 콘텐츠의 참신성이 점차 떨어진 데다 작품 가격이 지나치게 상승한 것도 한류의 역풍으로 작용하고 있다”고 평가하고 있다. 이외에도 저질성 문화상품 수출, 개별 작품의 완성도 미비, 마케팅전략부족 등을 한류 침체 원인으로 이야기 된다. 이런 한류의 문제점을 근본적으로 극복하고 한류 활성화를 위해서는 다음과 같은 노력을 기울여야 한다고 생각한다.

첫째, 한류의 침체기를 벗어나기 위해서는 각 분야에서 노력을 해야 하겠지만 우선적으로 한류를 경제적으로 접근하기 보다는 문화적으로 접근해야 한다. 21세기는 문화는 시대임을 이야기하고 하고 있는 것처럼 경제의 발전은 문화에 의해 결정되어진다. 이런 시대적 조류에 부합하게 될 때 비로소 한류의 경제적 효과를 기대할 수 있을 것이다. 이런 시대에 문화상품이 대중들에게 호응을 얻기 위해서는 우선적으로 문화상품이 저질적인 상품을 생산하기 보다는 양질의 컨텐츠를 제작해야 한다는 인식을 각 분야의 종사자들이 가져야 할 것이다.

둘째, 한류를 장기적인 발전을 위해서는 문화 수용국과 관계가 일방통행적 문화교류에서 호혜적인 문화 교류체계를 이루도록 노력해야 한다. 앞에서도 언급한 바와 같이 일방적인 문화상품의 수출은 한류 수용국이 자신의 문화를 잠식해 버리는 것이 아닌가 하는 두려움을 느끼게 되어 결국 한류를 거부하고 있다. 이러한 태도보다는 한류 수용국의 문화상품을 수입할 수 있는 제도를 마련해서 그들의 문화를 대중들로 하여 상대국의 문화를 이해하고 존중할 수 있는 분위기를 조성해야 할 것이다. 이와 같은 상호 교류에서 범아시아적 가치와 이념을 조성할 수 있고, 나아가 다른 문명권과의 평등한 교류를 통해 인류의 보편가치를 정립할 수 있을 것이다.

셋째, 본론에서 언급한 바와 같이 한국의 문화상품에 한국적인 요소가 있다면 그것은 결코 우리가 의도적인 결과물이 아니라 단지 우리의 민족성이 대중매체 문화와 잘 결합되어서 얻어진 우연한 결과물에 불과하다. 한국의 특수성은 앞에서 언급한 바와 같이 정신뿐만 아니라 표현 기법에도 분명히 존재한다고 본다. 모든 사물은 내용과 형식이 있듯이 문화적 정체성에 있어서도 내용과 형식은 있을 수 있다고 본다. 그 내용이 바로 정신이라면 형식은 바로 표현 기법에 해당된다. 내용은 좋은 그릇에 담을 때 더욱 빛을 볼 수 있다. 한국 대중 문화가 침체하게 된 것은 정치적인 문제도 있겠지만 틀에 박힌 소재와 이야기 전개방식에 한류 수용국의 대중들이 식상할 단계에 이르렀기 때문일 것이다. 우리의 정신을 잘 담을 수 있는 기법을 찾는 것이 실제로 한류가 침체에서 벗어나 발전할 수 있는 유일한 방법이라 해도 과언이 아닐 정도로 중요한 문제이다.

/ 참고문헌 /

신채호 저, 이만열 주석, 『조선상고사』하편, 제8장, 형설출판사, 1983

김부식 저, 이강래 옮김, 『삼국사기 I 』, 한길사, 1998

조동일, 『카타르시스 라사 신명풀이 연극 영화미학의 기본원리에 대한 생극론의 해명』 지식산업사, 1997

조한혜정 등, 『'한류'와 아시아의 대중문화』, 연세대학교 출판부, 2003

신윤환. 이한우 편, 『동아시아의 한류』, 전예원, 2006

유동식, 『풍류도와 한국의 종교사상』, 연세대학교 출판부, 1997

김수이 편저, 『한류와 21세기 문화비젼』, 청동거울, 2006

강현두, 『한국의 대중문화』, 나남신서43, 도서출판 나남, 1987

정신문화연구원, 『한국민족대백과사전』, 「풍류」, 628

유상철, 안혜리 등, 『한류 DNA의 비밀』, 생각의 나무, 2005

최정호, 『멋과 한국인의 삶』, 나남출판, 1997

최민성, 「한류지속의 동력으로서의 한국 문화의 정체성」, 『인문콘텐츠』, 6호, 163

참고문헌

참고문헌

1. 경전

『大學』, 『道德經』, 『莊子』, 『雜阿含經』, 『華嚴經』, 『河南程氏 遺書』, 『禮記』, 『周易』, 『論語』『孟子』『中庸』『荀子』『韓非子』『漢書』, 『張載集』, 『二程集』, 『四書章句集注』, 『漢書』, 『史記』, 『三國遺事』, 『列仙傳』, 『呂氏春秋』, 『佛教大藏經』, 法藏, 『華嚴五教藏』(서울: 조계종출판사, 2001), 『尙書』, 『周書』

張載, 『張載集』

程顥, 程頤, 『二程集』

朱熹, 『朱子集』

黎靖德 篇, 『朱子語類』

李顒, 『二曲集』,

方以智, 『藥地炮莊』, 廣文書局印行, 民國六十四年.

范浚, 『香溪集』.

李滉, 『退溪先生言行錄』, 『退溪先生文集』

2. 단행본

거자오광, 『중국 사상사』, 일빛, 2013

강영안, 『타인의 얼굴』(서울: 문예출판사, 2004)

『주체는 죽었는가?』 (서울, 문예출판사, 1996년)

고조선단군학회, 『고조선단군학』 창간호, 1999

김형효, 『맹자와 순자의 철학사상』, 서울, 삼지사, 1990

단군학회 지음, 『단군과 고조선 연구-남북학자들이 함께 쓴』, 지식사업사, 2005

『두산동아백과사전』

권혁기, 『마쓰시타 고노스케-일본이 낳은 경영의 신』, ㈜살림출판사, 2009

김헌식, 『복종하며 지배하라』, 2009

나길보 저, 송철규 역, 『제갈공명처럼 생각하고 행동하라』, 2004

나채훈, 『삼국지에서 배우는 2인자 리더십』, 2005

데이빗 히넌 · 워렌 베니스 저, 최경규 역, 『위대한 이인자들』, 2000

Wm. 시어도어 드 베리 지음/ 표정훈 옮김, 『중국의 '자유' 전통』, 이산, 1998

몽배원, 김용섭 『중국철학과 중국인의 사유방식』, 철학과 현실사, 2005

박병석, 『중국 상인 문화』, 교문사, 2001

박원재, 『유학은 어떻게 현실과 만났는가?』, 서울, 예문서원, 2001

박형민, 『자살, 차악의 선택』, 이학사, 2010

방동미, 정인재역, 『중국인이 보는 삶의 세계』, 서울, EjB, 2004

신채호, 『조선상고사』 ; 단재 신채호기념 사업회(1997), 『신채호전집』.

아리스토텔레스, 최명관역, 『니코마코스윤리학』, 서울, 을유문화사, 1974

안호상, 『민족사상과 정통종교의 연구』, 민족문화출판사.1996

Erich Fromm 저. 김철수 역주, 『자유로부터의 도피』, 계명대학교 출판부, 2012

왕빈, 『신화학 입문』, 금란출판사. 1980

이명권, 『암베드카르와 현대 인도불교』, 한국학술정보(주), 2012

이을호, 『한 思想의 苗脈』, 思社研. 1986

이승환, 『유가사상의 사회철학적 재조명』, 서울, 고려대학교출판부, 1998

이철희, 『1인자를 만든 참모들』, 위즈덤하우스, 2003

유상철, 안혜리 등, 『한류 DNA의 비밀』, 생각의 나무, 2005

윤이흠 외, 『단군 - 그 이해와 자료』, 서울대학교출판부, 1994

이택후 저, 정병석 역, 『중국고대사상론』, 한길사, 195쪽, 2005

야스퍼스 지음, 김정현 옮김, 『기술 시대의 의사』, 책세상, 2010

余英時 著, 鄭仁在 譯, 『중국근세종교윤리와 상인정신』, 대한교과서주식회사, 1993

林殷 지음, 문제곤 옮김, 『한의학과 유교문화의 만남』, 예문서원, 1999

정인재, 「순자의 정명론」, 『철학학지』, 영남대학교, 1982

조긍호, 『유학심리학』, 서울, 나남출판, 1997

존 브래드쇼 지음 김홍찬, 고영주 옮김, 『수치심의 치유』, 사단법인 한국기독교상담연구원, 2006

찰스 테일러 지음, 송영배 옮김, 『불안한 현대 사회』, 이학사, 1996

최정호, 『멋과 한국인의 삶』, 나남출판, 1997

풍우란 박성규 옮김, 『중국철학사(하)』, 까지, 1999

한국학중앙연구원, 『한국민족문화대백과』, 2010

한국철학사상연구회 논전사분과 엮음, 『현대중국의 모색』, 동녘, 1992

한용환, 『소설학 사전』, 문예출판사. 1999

한자경, 『불교철학의 전개』, (서울, 예문서원, 2001)

『일심의 철학』, 서광사, 2002

헤르만지몬 지음, 이미옥 옮김, 『히든참피언』, 흐름출판사, 2009

틱낫한, 류시화 옮김, 『마음에는 평화 얼굴에는 미소』, 김영사, 2002

틱낫한, 최수민 옮김, 『화』, 명진출판사, 2002

틱낫한, 전세영 옮김, 『비움』, 중앙M&B, 2003

3. 논문

권상우, 「기업의 사회적 책임에 대한 주자학적 접근」, 『동양사회사상』 15집, 2007

김보경, 『유교소외론의 이념형적 구성과 적용』, 계명대학교 대학원 박사학위논문, 2011

김서인, "檀君論"「신앙생활」11-3, 1952 ; (1976), 『김인서 저작전집』, 5권, 교문사, 1952

김주실, 「20세기 한국의 단군 연구와 최근의 경향」『차세대 인문사회연구』 2권, 동서대학교 일본연구센터, 2006

김일권, 「"단군론"의 역사적 변천 연구」, 서울대학교 석사논문, 1995

남명진, 「壇君神話에 나타난 韓國人의 原初的 人間觀」『동서철학연구』 제26, 한국동서철학회, 2002

박종천, 「한국인의 신 관념 생성」『상생의 신학』, 한국신학연구소. 1991

신철균, 「민족화합의 통일철학으로서의 '한' 사상 소고」『한국철학연구』 12, 해동철학회, 1982

윤종빈, 「壇君神話에 나타난 韓國人의 人間理解」『유학연구』 제3집, 충남대학교 유학연구소, 1995

유남상, 「한국 고대 사상에 나타난 인본정신」『새마음 논총』 창간호, 충남대 새마을연구소, 1977

유권종, 「동양고전에서 사용되는 심병의 용례와 의미」, 『철학탐구』, 제2집, 중앙대학교 철학연구소.

윤성범, 「한국인의 신 관념 생성」『한국적 신학』, 선명문화사, 1972

윤승준, 「六堂 崔南善의 '壇君論' 硏究」『인문학연구』 37집

이삼열, 「현대철학과 포스트모더니즘」, 『철학과 현실』, (1997년, 겨울호, 철학문화연구소),

이승환, 「唐君毅的人文宗教思想硏究」『중국학논총』 32집

이영찬, 「유교의 소외원리」, 『사회과학논총』, 제21권 1호, 계명대학교 사회과학연구소, 2002

이현이, 「朝鮮朝에 있어서 壇君의 認識」『석당논총』 16권, 동아대학교 석당학술원. 1990

원쭈어평, 「은대 시기 노예주 계급의 덕개념)」『중국철학』 제8집

선우미정, 「교육이념인 홍익인간의 유교철학적 고찰」 『동양철학연구』 70집, 동양철학연구회

장윤수, 「張橫渠의 人文經濟論: 井田制의 理念과 實踐意志」, 『동아인문학회 제9회 국제학술대회자료집』, 동아인문학회, 2008

전도웅, 「한국 무교와 교육사상」 『용인대학교 논문집』 2집, 용인대학교

전연경, 「소위 전이해와 단군신화」 『기독교사상』, 8-9월, 대한기독교서회. 1963

정병석, 「이옹의 회과자신설(悔過自新說)과 치유적 사유」, 『철학』, 제98집.

정용환, 「맹자의 도덕 감정론에서 부끄러움의 의미」, 『철학논총』, 제66집, 새한철학회, 2011

정인재, 「유상-중국상인의 신뢰와 윤리」, 『기업윤리연구』 제6집, 2003.

최민성, 「한류지속의 동력으로서의 한국 문화의 정체성」, 『인문콘텐츠』, 6호, 163

허호익, 「단군신화에 대한 기독교적 이해」 『한국기독교신학논총』 20집

홍승표, 「한국인의 사회심리적 문제점과 동양사상을 통한 해결방안」, 『인문학논집』(41집), 계명대학교 한국학연구원, 2010.

홍원식, 「유교문화권과 자본주의의 발달」, 한국철학사상연구회 논전사분과, 『현대신유학 연구』,

4. 외국서

胡適, 『中國哲學史大綱』, 上海, 商務印刷館, 1986,

方立天, 『中國佛教哲學要義』(北京,人民大學出版社, 2002

梁漱溟, 『中國文化要義』, Hongkong, 集成圖書公司, 1984

黃宛峯, 『禮樂淵藪』,中國河南, 河南大學出版社, 1997

胡道靜主編, 『國學大師論國學』(上), 「樂的情神與禮的情神-儒學思想系統的基礎」, 中國北京, 東方出版中心, 1998

牟宗三, 『政道與治道』, 臺灣, 學生書局, 1996

牟宗三,『圓善論』, 臺灣, 學生書局, 1985

余敦康,『中國哲學論集』, 深陽, 遼寧大學出版部, 1998

탕야오(唐堯),『노자병략개술』,『중국철학사문집』, 고림인민출판사, 1980

치스허(齊思和),『중국사탐구 · 손자병법시대의 고찰』, 中華書局, 1981

장광즈,『중국철동기시대』, 삼련서점, 1983

張慶, "再論政治儒學, 劉君寧主編,『經濟民主與經濟自由』, 三聯書店, 1997.

張德勝,『儒商與現代社會..義理關契的社會學之辨』, 南京大學出版社, 2002.

陸曉, (美)乔治 恩德勒 編,『發展中國經濟倫理』, 上海社會科學院出版社, 2003.

蔣慶,『政治儒學』, 三聯書店, 2003.

許倬雲,『從歷史來看管理』, 廣西師範大學出版社, 2005.

M.Boisot and J.Child. "From fiefs to clans and network capitalism: Explaining China's emerging economic order," Administerrative Science Quarterly, 41, 1996.

크릴(H.G .Creel)『what is Taoism?』, Chicago and London, 1970

B.R. Ambedkar. or cit. Vol. 1. Ct. K. N. kadam The Meaning of the Ambedkarit Conversion to Buddhism and Other Essays(Mumbai : Popular Parkashan. 1997)

B.R Ambedkar, The Buddha and The Future of His Religion(Jullunder: Bheem Patrika Publications, 1980)

Keer, Dhananjay Dr. Ambedkar : Life and Mission(Bombay : popular Prakashan. 1997

房秀麗,「李二曲悔過自新說之詮解」,

권상우,「從'關係的思惟模式來探索朱熹宇宙本體論」,『孔子研究』, (2003년 6기, 山東, 孔子基金會)